中國學術思想 研究輯刊

二三編

林慶彰 主編

第 11 冊

北宋四子的「誠」論

李旭然 著

花木蘭文化出版社

國家圖書館出版品預行編目資料

北宋四子的「誠」論／李旭然 著 — 初版 — 新北市：花木
蘭文化出版社，2016〔民 105〕
目 4+224 面；19×26 公分
（中國學術思想研究輯刊 二三編；第 11 冊）
ISBN 978-986-404-562-4（精裝）
1. 宋元哲學
030.8   105002147

ISBN-978-986-404-562-4

9 789864 045624

中國學術思想研究輯刊
二三編　第十一冊   ISBN：978-986-404-562-4

北宋四子的「誠」論

作　　者　李旭然
主　　編　林慶彰
總 編 輯　杜潔祥
副總編輯　楊嘉樂
編　　輯　許郁翎
出　　版　花木蘭文化出版社
社　　長　高小娟
聯絡地址　235 新北市中和區中安街七二號十三樓
　　　　　電話：02-2923-1455／傳真：02-2923-1452
網　　址　http://www.huamulan.tw 信箱 hml810518@gmail.com
印　　刷　普羅文化出版廣告事業
封面設計　劉開工作室
初　　版　2016 年 3 月
全書字數　194718 字
定　　價　二三編 24 冊（精裝）新台幣 46,000 元

北宋四子的「誠」論

李旭然　著

作者簡介

李旭然，男，出生於 1982 年 7 月，貴州貴陽人，2014 年畢業於西北大學中國思想文化研究所，獲專門史（中國思想史）專業博士學位，主要研究方向爲宋明理學史，現爲洛陽師範學院馬列主義理論教研部講師。

提　要

　　「誠」是中國思想史的重要範疇之一，被認爲是最難理解的概念。「誠」字最早出現在古代文獻中，在先秦時期被思想家們廣泛討論。隨著討論的不斷深入，「誠」的意義也逐漸以人爲中心而不斷發展。宋明理學是哲學化的儒學，「性與天道」是理學討論的核心問題。周敦頤、張載和二程，作爲宋明理學的奠基人，從儒學的傳統中尋找資源，他們高度重視《大學》與《中庸》中的「誠」，以「誠」爲中心，對世界的構成與發展、倫理道德的培育、封建國家學說等問題進行了系統的討論，在理論上進行了創新，形成了關於「誠」的理論，簡稱爲「誠」論。

　　周敦頤、張載和二程以「誠」作爲中心，圍繞著「誠」進行的一系列的論述，「誠」就成爲周敦頤、張載和二程的理論基石。通過對周敦頤、張載和二程的「誠」論進行研究，釐清四子作爲理學奠基者的思想線索，對於宋明理學的產生與發展等問題的研究，具有非常重要的意義。從中國思想史的發展來看，體現了融彙諸家學說而貫通爲獨特的思想系統的發展脈絡。

目

次

緒　論

　　「誠」是中國思想史的重要範疇之一，在古代文獻中就已出現，戰國時期又被孟子、荀子等思想家所討論，從簡單的「誠者，實也」、「誠者，信也」等表示實在、實有的意義，逐步轉變爲具有道德屬性和哲學思辨等多重意義的複雜概念。作爲理學奠基人的周敦頤、張載、大程和小程，高度重視「誠」概念，結合世界的構成與發展、倫理道德的培育、封建國家學說等問題，對「誠」進行了多方面的討論，在理論上進行了創新，形成了關於「誠」的理論，簡稱爲「誠」論。他們的「誠」論，成爲了理學後續發展的基礎，對周敦頤、張載和二程的「誠」論進行研究，對於整個宋明理學的繼承、發展等問題的研究無疑具有非常重要的意義。從中國思想史的發展來看，這也體現了融彙諸家學說而貫通爲獨特的思想系統的發展脈絡〔註1〕。因此，本文以「北宋四子的『誠』論」爲題展開討論。

一、研究背景

　　在理學史上，周敦頤、張載、二程與邵雍並稱爲「北宋五子」，邵雍的學術方法和內容卻與其它四子大不相同。在《伊洛淵源錄》中有《康節先生》一卷，卻並非編著者朱熹自爲，是「書坊自增耳」〔註2〕。邵雍爲人「放曠」，

〔註 1〕張豈之：《關於中國文化的「會通」精神》，見張豈之：《張豈之談中華傳統優
　　　　秀文化》，陝西出版集團，2012 年，第 79～85 頁。
〔註 2〕〔宋〕黎靖德編：《朱子語類》，王星賢點校，中華書局，1986 年，第 1477
　　　　頁。以下簡稱《朱子語類》。

對於「盡誠」一事戲稱爲「且就平側」〔註3〕。邵雍又認爲:「至理之學,非至誠則不至。物理之學或有所不通,不可以強通。強通則有我,有我則失理而入於術矣。」〔註4〕雖然承認至誠,但以物理之學不可強通,「我」就不能盡「誠」,也就不能達到「至誠」的境界。在體用關係上重體輕用。而且,邵雍的學術以《易》象數學爲主,在理學形成過程中未能占主導地位〔註5〕。

司馬光的情況與邵雍相似。朱熹將司馬光與「北宋五子」並稱爲「六先生」,並作有《六先生像贊》,說明司馬光與理學有密切關係。小程曾說:「某接人多矣,不雜者,司馬君實、邵堯夫、張子厚三人耳。」〔註6〕所謂不雜,在於司馬光的爲人,司馬光對劉安世說:「平生只是一個『誠』字,更撲不破。誠是天道,思誠是人道。因舉左右手顧之,笑曰:『只爲有這個軀殼,故假思以通之,及其成功一也。』」〔註7〕司馬光重視人的篤實工夫,就是《中庸》說的誠之、《孟子》說的思誠,提出:「誠之者人之道,言好學從諫人所爲也。……擇善而固執之,博學審問慎思明辨篤行,謂賢人之好學者也。」〔註8〕求至誠之道在於人爲,朱熹說:「溫公所謂『誠』,即《大學》所謂『誠其意』者,指人之實其心而不自欺者言也。」〔註9〕與邵雍正好相反,在體用關係上,司馬光重用輕體。司馬光也重視《易》學,著有《潛虛》,其中虛氣說近於張載,試圖以氣論爲基礎而闡發道德性命之理,又試圖調和《易》圖書學與《易》象數學,司馬光的思想與理學類似卻不同。

有鑒於此,邵雍與司馬光雖然與周敦頤、張載、二程有著密切的關係,他們的「誠」論在方法和內容上與周敦頤、張載、二程的「誠」論不類〔註10〕,

〔註3〕〔宋〕朱熹編:《伊洛淵源錄》,叢書集成初編影印本,中華書局,1985年,第49頁。

〔註4〕〔宋〕邵雍:《邵雍集》,郭彧整理,中華書局,2011年,第154頁。

〔註5〕張豈之主編:《中國儒學思想史》,陝西人民出版社,1990年,第367頁。

〔註6〕〔宋〕程顥、程頤:《二程集》,王孝魚點校,中華書局,2004年,第21頁。以下簡稱《二程集》。

〔註7〕《宋元學案》卷二十,《元城學案》。《黃宗羲全集》(第四冊),浙江古籍出版社,2005年,第55頁。

〔註8〕〔宋〕司馬光:《答韓秉國第二書》,《司馬溫公文集》卷七十七,明崇禎元年吳時亮刻本。

〔註9〕朱傑人、嚴佐之、劉永翔主編:《朱子全書》(第二十三冊),上海古籍出版社、安徽教育出版社,2002年,第3137頁。

〔註10〕二程並不以司馬光與邵雍爲眞正的學者:「君實之能忠孝誠實,只是天資,學則元不知學。堯夫之坦夷,無思慮紛擾之患,亦只是天資自美爾,皆非學之功也。」見《二程集》,第27~28頁。

不符合宋明理學的「一貫」之旨。本文的研究對象是北宋理學的「誠」論，具體而言是周敦頤、張載和二程的「誠」論。周敦頤曾經指導二程讀書，二程「中正而誠則聖」與周敦頤「聖，誠而已」相一致，二程的主敬說是對周敦頤主靜說的發展〔註11〕。二程與張載反覆切磋學問，在「清虛一大」和「窮理盡性以至於命」兩大問題上爭論很多，張載提出的理一分殊、對天命之性和氣質之性的劃分為二程吸收〔註12〕。周、張、二程四人之間存在著思想上的密切聯繫，因此，本文以「北宋四子的『誠』論」為題，分析理學主要內容中的「誠」，進而說明「誠」在理學思想中的意義。

　　宋明理學名之為理學，是以理作為世界的終極本原即本體，由此來進行對理的探究的學問，故而得名。周敦頤和張載均不使用理字來指稱他們的學問，而是使用道、太極和太虛。小程雖然自稱天理二字是他們兄弟的「體貼出來的」，也更多地使用「道」而不是理。從「理」的角度將周敦頤、張載和二程共同視為理學的創始人，有牽強之處。周敦頤、張載和二程共同推崇《大學》、《中庸》和《易》，將《大學》、《中庸》和《易》相結合而將儒家哲學推至新的階段〔註13〕，則對他們關於「誠」的觀點進行梳理，並以「誠」作為中心，結合道、理、氣、心、性、仁等方面的內容，這樣「誠」就不只是一個單純的哲學範疇，而是周敦頤、張載和二程本身所具有多方面意義的理論體系的一種具體表現，借助「誠」論以釐清他們作為理學創始人的思想線索。

　　「誠」的意義是多重的，張岱年說：「誠是中國哲學中最難理解的概念。」〔註14〕《中庸》講「誠者，天之道也；誠之者，人之道也」，「誠」既有終極本原的本體意義，又有關於人的自我實現的工夫和修養意義。在《大學》中，「誠」與「心」相結合，成為「八條目」中的重要一環。《大學》與《中庸》的誠既相聯繫，又有區別，「《大學》說誠，只說人道；而《中庸》說誠，人道以外還兼天道；有的是解釋人生道德，有的是解釋宇宙本體」〔註15〕。「誠」在《中庸》中的重要性要高於《大學》。《易傳》當中，又有「閑邪存其誠」

〔註11〕盧鍾鋒：《論朱熹及其〈伊洛淵源錄〉》，《孔子研究》1990年第3期。
〔註12〕侯外廬、邱漢生、張豈之主編：《宋明理學史》（上），人民出版社，1997年，第122～126頁。
〔註13〕朱伯崑：《易學哲學史》（第二卷），華夏出版社，1995年，第4～5頁。
〔註14〕張岱年：《中國哲學史方法論發凡》，中華書局，1983年，第133頁。
〔註15〕賈豐臻：《中國理學史》，上海書店，1984年，第34頁。

和「修辭立其誠」的話語，這涉及德性修養和修辭學的問題。因此，對「誠」的討論必然是多方面的。理學家們的創新，就在於將《大學》《中庸》和《易傳》中的誠結合起來，使誠的多重意義展現出來。

周敦頤認爲：「誠者，聖人之本。『大哉乾元，萬物資始』，誠之源也。『乾道變化，各正性命』，誠斯立焉。」〔註16〕他將《易》和《大學》、《中庸》相結合，將「誠」的本體和工夫與《易》的生生不息的世界演化相結合，首開理學家「誠」論之先河。在《太極圖》和《太極圖說》中，周敦頤以太極作爲世界產生和演化的根源，在《通書》中卻以「誠」作爲世界產生和演化的根源，既將《中庸》裏「誠」的形上的思辨性進一步理論化爲本體論，又爲《大學》裏作爲修養環節的「誠」找到了立足點和現實的把握之處，通過「誠」來實現人與天的合一，這就是周敦頤的成聖之道。

張載認爲：「天人異用，不足以言誠；天人異知，不足以盡明。所謂誠明者，性與天道不見乎小大之別也。」〔註17〕就人的主體性和天的無所不包的整體性而言，天與人都是眞實無妄的，人又出於天，則天人必然合一而不能相悖離，這就是「誠」的天道與「誠之」的人道的合一。性的根本來自天，故有天性之說，具體可分爲物性、人性等具體的性，卻全部本之於天，天通過具體的性來顯現自身。人不同於物者，在於人有主體能動性，能從自己的性上去尋找人性的根源何在，能因天之「誠」而「自誠明」，以「誠」來實現天人合一，故張載認爲：「義命合一存乎理，仁智合一存乎聖，動靜合一存乎神，陰陽合一存乎道，性與天道合一存乎誠。」〔註18〕最後都落實到了「誠」上，是本體與工夫合一。

大程借學問講習入手，認爲：「『修辭立其誠』，不可不子細理會。言能修省言辭，便是要立誠，若只是修飾言辭爲心，只是爲僞也。若修其辭，正爲立己之誠意，乃是體當自家敬以直內、義以方外之實事。道之浩浩，何處下手？惟立誠才有可居之處，有可居之處才可以修業也。」小程於此補充道：「人患居常講習空言無實者，蓋不自得也。爲學，治經最好。苟不自得，則盡治《五經》，亦是空言。今有人心得識達，所得多矣。有雖好讀書，卻患在空虛

〔註16〕 〔宋〕周敦頤：《周敦頤集》，陳克明點校中華書局，2009 年，第 13 頁。以下簡稱《周敦頤集》。
〔註17〕 〔宋〕張載：《張載集》，章錫琛點校，中華書局，2006 年，第 20 頁。以下簡稱《張載集》。
〔註18〕 《張載集》，第 20 頁。

者，未免此弊。」〔註19〕在二程看來，《五經》所記先王政事是眞實的，其中所包含的道理也是誠的，治學要識得所以治的「誠」，道理和事件便能合而爲一併能落到實處。人無論是向本體處追問人是誰、從哪裏來、到哪裏去，還是在人事上的自我實現，都離不開「誠」。不「誠」不僅無物，也就沒有眞實的人和眞實的天。

　　由此可見，周敦頤、張載和二程的思想雖然各有不同，卻共同地圍繞著「誠」而進行討論。他們對「誠」的討論不是空說一個「誠」字，而是聯繫著多方面內容來展開的，對「誠」的關注是他們思想的一個共同點，因此，將他們對「誠」的討論稱之爲「誠」論。

二、研究現狀

　　很多學者均在不同程度上討論到了「誠」的問題。中國的思想家們慣於以解釋經典著作的方式來表達自己的思想，在經典著作中，《中庸》一書中「誠」的理論水平最高，理學家們的「誠」論是以《中庸》爲中心的，故目前對於誠論研究，主要集中在對《中庸》中「誠」的研究和對理學家「誠」論的研究。

1. 對《中庸》中誠的研究

　　胡適《中國哲學史大綱》認爲：「《中庸》最重一個『誠』字。誠即是充分發達個人的本性。……人的天性本來是誠的，若能依著這天性做去，若能充分發達天性的誠，這便是『教』，這便是『誠之』的工夫。」〔註20〕馮友蘭《中國哲學史》（上）〔註21〕認爲《中庸》引伸了孟子的學說，以誠來合內外之道，是人修養的最高境界。侯外廬、趙紀彬、杜國庠著《中國思想通史》（第一卷）〔註22〕，分析了孔子、曾子、《中庸》之間的思想關聯，認爲《中庸》是思孟學派唯心主義的放大，造就了後世儒教說和天人合一的宗教論。徐復觀《中國人性論史》（先秦篇）〔註23〕認爲「誠」即是仁，所以，「誠」是萬物一體的狀態，不僅是精神的，還是實踐的。吳怡著《中庸誠的哲學》〔註24〕

〔註19〕《二程集》，第 2 頁。

〔註20〕胡適：《中國哲學史大綱》，上海古籍出版社，2000 年，第 205 頁。

〔註21〕馮友蘭：《中國哲學史》（上），華東師範大學出版社，2000 年。

〔註22〕侯外廬、趙紀彬、杜國庠：《中國思想通史》（第一卷），人民出版社，1995年。

〔註23〕徐復觀：《中國人性論史》（先秦篇），上海三聯書店，2001 年。

〔註24〕吳怡：《中庸誠的哲學》，東大圖書有限公司，民國七十三年。

從源頭和背景上考察《中庸》中的「誠」，比較了《大學》和《中庸》裏的「誠」的不同意義，指出《中庸》的「誠」字具有向上和向下雙重作，兼具天人合一和內聖外王。安延明《中國哲學史上「誠」觀念的形成》〔註25〕對「誠」的演變發展進行了考察，認為《中庸》對前秦的「誠」觀念進行了理論總結，而宋明理學把「誠」論推至理論巔峰。程宜山《〈中庸〉「誠」說三題》分析了「誠」在天道與人道中的意義，提出「人道之誠實為天道之誠之載人者。因此，有常不已，即運行不息而有不易之規律，即誠的基本意謂。」〔註26〕葉蓬的《「誠」析》認為儒家在「道德形而上的高度上」運用「誠」概念，必然要落實到道德主體上，所以誠「必兼有天道之自在和人道之自為雙層意味」，「誠為本體，首義乃天人不二」，「誠為心體，意味著個體的圓融潤澤、通暢無礙」，兩相結合，故「誠」是生生不息的〔註27〕。張洪波在《〈中庸〉之「誠」範疇考辯》中，認為《中庸》以「誠」言性，卻不同於孟子，反而更接近荀子，表明《中庸》中的「誠」是綜合的產物〔註28〕。張亞寧《〈中庸〉「誠」的思想》認為「誠是天道而統一了體用」，「誠是人的道德品質和道德境界而溝通天人、連接物我」，因而誠是「道德修養的途徑和功夫」〔註29〕。李天道《「誠」：中國美學的最高審美之維》，從審美的角度出發，結合西方美學的方法，考察了「誠」在審美上的意義，提出：「在中國美學中，『誠』即人生的自由與生命之美」，「『反身而誠』則正是『誠』這一自由自在審美境域的澄明與綻出」〔註30〕。孟琢《對〈中庸〉「誠」的文化內涵的歷史解釋》，以訓詁學的方法考察「誠」的起源，認為「『誠』源自春秋時期『壹』的觀念，其本體論內涵由先秦特定的文化思維模式所決定」，但在戰國時期分化開來，「『壹』往往用來闡釋政治思想，『誠』被用於指稱主觀的道德世界和精神狀態」〔註31〕。

〔註25〕 安延明：《中國哲學史上「誠」觀念的形成》，The idea of Cheng（Integrity）：Its formation in the history of Chinese philosophy，密歇根大學博士論文，1997 年。

〔註26〕 程宜山：《〈中庸〉「誠」說三題》，《孔子研究》，1989 年第 4 期。

〔註27〕 葉蓬：《「誠」析》，《中國哲學史》，1998 年第 1 期。

〔註28〕 張洪波：《〈中庸〉之「誠」範疇考辨》，《武漢大學學報》（哲學社會科學版），2007 年第 4 期。

〔註29〕 張亞寧：《〈中庸〉「誠」的思想》，《孔子研究》，2009 年第 6 期。

〔註30〕 李天道：《「誠」：中國美學的最高審美之維》，《社會科學研究》，2011 年第 6 期。

〔註31〕 孟琢：《對〈中庸〉「誠」的文化內涵的歷史解釋》，《社會科學論壇》，2011 年第 2 期。

2. 對理學家誠論的研究

　　周敦頤思想中的「誠」，被普遍本認為是本體論概念。馮友蘭認為周敦頤《通書》中「誠為人性之本然。聖人之所以為聖，即在復其本然而已。」〔註32〕錢穆認為周敦頤的誠是「要把後天一截工夫逆挽到先天本體上去，這一說法，已把道家自然，以及釋氏出世太重本體的觀念沖淡而融合了。」〔註33〕張岱年認為「誠」首先是一種人生理想論，「誠是寂然不動的，而神有感而遂通之妙。……聖人以誠為體，以神為用，而善察己。」〔註34〕張君勱認為周敦頤的「誠即構成世界的理」，「周敦頤將『誠』的概念應用到宇宙上。然後將同一概念應用到聖人上。」〔註35〕唐君毅認為周敦頤的「誠」就是太極〔註36〕，以此作為對中國哲學、特別是儒學獨特形態的解說。侯外廬等人認為周敦頤所著《易通》的思想核心即是「誠」〔註37〕，從而構建出以「誠」為核心的宇宙論、人性論、道德論和教育論。張立文認為周敦頤《通書》的主要思想是「誠」，「誠」是寂滅不動的，不能直接轉化為感而遂通的神〔註38〕。

　　張載本人將「誠」與「明」連用，張載思想中的「誠」，主要被認為是與認識論和修養論相關。馮友蘭認為張載不專講「誠」，而講「誠明」，「誠即天人合一之境界；明即人在此境界中所有之知識也。此非『聞見小知』，乃真知也。」〔註39〕突出了「誠」的知識論意義。張岱年認為張載、大程（包括小程在內）的人生理想論則是與「誠」相近的與天為一論，「亦皆言誠，但誠不是他們的中心觀念。」〔註40〕侯外廬等人認為張載在道德問題上重視「誠」，「張載把誠作為天性的本質，是為了突出天性的道德內容。」張載思想中的「誠」不只是一個道德概念，而是用「誠」來構建天、地、人的三位一體。

　　二程雖然重視「誠」，往往與「敬」連用，故二程思想中的「誠」表現修

〔註32〕馮友蘭：《中國哲學史》（下），華東師範大學出版社，2000年，第215頁。
〔註33〕錢穆：《中國學術思想史論叢》（卷五），安徽教育出版社，2004年，第54頁。
〔註34〕張岱年：《中國哲學大綱》，江蘇教育出版社，2005年，第313頁。
〔註35〕張君勱：《新儒家思想史》，《中國現代學術經典·張君勱卷》，河北教育出版社，1996年，第117頁。
〔註36〕唐君毅：《中國哲學原論·導論篇》，中國社會科學出版社，2005年，第226～227頁。
〔註37〕侯外廬、邱漢生、張豈之主編：《宋明理學史》（上），人民出版社，1997年，第73～75頁。
〔註38〕張立文：《宋明理學研究》，人民出版社，2002年，第129頁。
〔註39〕馮友蘭：《中國哲學史》（下），華東師範大學出版社，2000年，第235頁。
〔註40〕張岱年：《中國哲學史大綱》，江蘇教育出版社，2005年，第314頁。

養論，相關的研究也集中於此。馮友蘭認爲大程的「誠敬」工夫是一種渾然與物同體的精神境界，與孟子的養浩然之氣相同〔註41〕，但是沒有提及小程對「誠」的觀點。張君勱很重視二程思想中「敬」的修持工夫，沒有討論二程思想中的「誠」。錢穆認爲二程將「誠」與「敬」連用，是溝通體與用的程門工夫，「惟依字面看，誠字偏於體段方面者多，敬字偏於工夫方面者多。故程門言存心工夫。尤多用敬字。」〔註42〕張立文認爲二程的「誠」專指道德意義上的道、天理〔註43〕。

3. 其它方面的研究

王公山《先秦儒家誠信思想研究》〔註44〕從古典文獻學的角度出發，將「誠」界定爲誠信，肯定誠信思想是先秦儒家留給中華民族的重要道德資源。作者指出《大學》的「誠意」與《中庸》的「誠」是誠信思想的載體，區別之處在於，《大學》的誠信思想重人道，《中庸》的誠信思想重天道。作者又認爲《中庸》「誠身」的目的是爲了獲得統治者的賞識，從而能治理國民，故其中的「誠」帶有濃厚的功利色彩。

姜飛《修辭立其誠——中國文學眞實觀念的歷史和結構》〔註45〕從比較文學的視野出發，認爲「誠」字的本意是眞、眞實、眞理，文學創作的必要根據是眞實性，「誠」在中國文學理論當中佔有重要位置。作者認爲「誠」論是中國固有的文學眞實理論，源於「修辭立其誠」，所以「誠」論即可由「修辭立其誠」來概括。作者又認爲「誠」論之「誠」是不透明的，有其自身局限。通過對先秦至晚清的「誠」論的梳理，作者得出的結論是，中國文學史上的「誠」論包括經驗眞實和人倫眞理，二者纏繞而構成了「誠」論的歷史。

美國學者 Theo A.Cope 在《儒學中的「誠」及其在心理學和心理分析中的意義》〔註46〕，依據榮格的心理學自性化理念來研究儒學中的「誠」，將「誠」

〔註41〕馮友蘭：《中國哲學史》（下），華東師範大學出版社，2000 年，第 126～127 頁。

〔註42〕錢穆：《中國學術思想史論叢》（卷五），安徽教育出版社，2004 年，第 113 頁。

〔註43〕張立文：《宋明理學研究》，人民出版社，2002 年，第 129 頁。

〔註44〕王公山：《先秦儒家誠信思想研究》，山東大學博士論文，2005 年。

〔註45〕姜飛：《修辭立其誠》，四川大學博士論文，2006 年。

〔註46〕〔美〕Theo A.Cope：《儒學中的「誠」及其在心理學和心理分析中的意義》，華南師範大學博士論文，2007 年。

定義爲一種心靈上的最高秩序構建的「神話」，卻以文化和歷史的方式落到了實處。這對於理解理學家們因「誠」而成聖的心理，有很大的啓發性。但是，理學家們對《中庸》中「神」的理解，並不具有神秘主義的意義，指定然不易的天理、天道，要在行動中追求之，在人的活動中體現天理、天道，使現實生活與理想合一。

此外，于濱《論周敦頤「誠」的思想》〔註 47〕、孟耕合《北宋〈中庸〉之「誠」思想研究》〔註 48〕、李智群《二程誠論研究》〔註 49〕、張景龍《論〈中庸〉「誠」的思想及其特色》〔註 50〕、王王《「誠」的理論構建》〔註 51〕等一批碩士論文，也對北宋理學的「誠」論進行了研究。其中頗有新意，但是，研究層面沒有展開。

綜合來看，在中國思想史上，「誠」兼具天道和人道兩方面的意義，所以「誠」本身就是溝通天人的，「誠」論即是天人合一論。「誠」既是本體論範疇，又涉及了道德修養、心靈境界、文化審美、政治倫理等多個方面。以往的研究，在不同的方面都有論述，但是方法和側重點不同，其中詳略有別，故而對北宋理學「誠」論的研究，主要集中在「誠」的形而上本體論和修養工夫論，不同的學者或重前者，或重後者。對於誠的社會政治作用研究較少，不符合理學講求體用一源、下學上達的特點〔註 52〕。在前人研究的基礎之上，仍然可以對北宋理學的「誠」論進行研究，從多個方面對理學家的「誠」論進行分析。本文試圖在現有的研究基礎上，結合多方面的內容，對周敦頤、張載和二程的「誠」論進行分析，進而顯現「誠」論在理學中的重要地位。

三、研究方法和內容

中國思想史是「理論化的中國社會思想意識的發展史」〔註 53〕，因而對

〔註 47〕于濱：《論周敦頤「誠」的思想》，山西大學碩士論文，2008 年。
〔註 48〕孟耕合：《北宋〈中庸〉之「誠」思想研究》，復旦大學碩士論文，2009 年。
〔註 49〕李智群：《二程誠論研究》，中南大學碩士論文，2009 年。
〔註 50〕張景龍：《論〈中庸〉「誠」的思想及其特色》，中央民族大學碩士論文，2010 年。
〔註 51〕王王：《「誠」的理論構建》，山西大學碩士論文，2012 年。
〔註 52〕侯外廬、邱漢生、張豈之主編：《宋明理學史》（上），人民出版社，1997 年，第 10 頁。
〔註 53〕張豈之：《原序》，載張豈之主編：《中國思想史》，西北大學出版社，2012 年，第 8 頁。

中國思想史的研究就要同時注重歷史和思想，並將它們統一起來。在本文的研究當中，基本的方法是邏輯與歷史相結合、分析與歸納相結合。

由於思想家本身是社會活動的參與者，體現在學術交往和社會生活中，他們的思想就往往具有社會參與作用。「誠」在理學家的思想體系中，表面上看，集中在對經典中「誠」的解釋和闡發，「誠」又具有由個人、主體向外擴張的特點，最明顯的就是《大學》「八條目」中通過「誠」來連接個人修養和治理天下國家。理學家的「誠」論既是理論建構，也是對社會歷史問題的反映，這體現在他們的人生態度、政治理想等多方面。理學是哲學化的儒學，理學家們的「誠」論卻不能離開其所處的社會歷史環境，邏輯與歷史之間有著曲折的聯繫。

從文獻爲出發，以周敦頤、張載和二程的思想中關於「誠」的討論爲對象，分析其中的思想內涵。同時結合古代典籍的注疏，考察「誠」論的歷史來源，反映了周敦頤、張載、二程「誠」論的特點，澄清他們的「誠」論的思想線索。理學家們的以「誠」爲中心而展開的討論，不是對古代思想的簡單復述，是在古代思想資源的基礎上，建構新的理論，所以，本文在使用分析與歸納相結合的方法時，實際上也是在使用建構的方法〔註54〕。

本文是圍繞北宋理學家們對「誠」的討論展開的，加上引號是爲了以強調「誠」的重要性。但是，「誠」的本意是眞，由眞可推衍出眞理、眞實、眞誠等意義，用加引號的方式表達出「誠」的獨特性，眞、眞的、眞理、眞實、眞誠也就需要加上引號。如果這樣，就出現了「誠」是「眞」、「誠」是「眞理」、「誠」是「眞實」、「誠」是「眞誠」之類的表達式，繁瑣且同義反覆。因此，出於行文簡潔的考慮，本文採用去引號的方法〔註55〕，以下的行文中不再給誠加上引號。

綜上所述，本文分析誠的理論意義，發掘誠作爲思想概念在社會問題上的實踐性，考察並把握誠的多方面意義，使誠論的研究多樣化和具體化，分別闡述其中的本體論、心性論、境界論及政教論。

〔註54〕「建構主義是這樣一種觀點：認知者構造（construct）、構成（constitute）、製作（make）或產生（produce）其認知對象，並把它作爲知識的一個必要條件。」見〔美〕湯姆‧羅克莫爾：《康德與觀念論》，徐向東譯，上海譯文出版社，2011年，第12頁。

〔註55〕〔美〕唐納德‧戴維森：《眞與謂述》，王路譯，上海譯文出版社，2007年，第15～17頁。

　　首先，在本體論上〔註56〕，誠既然是「誠有是物」，誠是能夠單獨作為本體，以此成為世界萬物和個體存在的本源。同時，又由於理學家們都強調「反身而誠，樂莫大焉」，如周敦頤以誠作為聖人之本，所有人都以成為聖人為目標，那麼誠就既是一個心性論的問題，又是具有從主體上陞到本體的意義。

　　既然涉及主體與客體的關係問題，就可能產生認識論的問題，《中庸》講「唯天下至誠，為能盡其性；能盡其性，則能盡人之性；能盡人之性，則能盡物之性。能盡物之性，則可以贊天地之化育；可以贊天地之化育，則可以與天地參矣。」則人已經參與到了世界的建構之中，人應該是能夠認識到誠的作用的，並且也應該能以誠為認識的主體、對象和手段，從而努力地以窮盡物理，最終上達天理、下盡人事。

　　由以上兩點，可見誠的思想具有參與世界構建的作用，誠由概念而實踐，誠就不只是抽象的哲學範疇

　　其次，在心性論上，無論是主靜、還是主敬，亦或是大心、虛心，都離不開心思澄明的空闊的心理狀態，就是「萬物皆備於我」的實在感和滿足感。就整個宋明理學史上的修養論來看，誠的目的仍然在於求得天人合一、內外合一、物我合一，同時使個人的修養與世界的生成變化相一致，誠如果作為心性論的修養工夫，必須證明誠如何能夠使內在的精神世界與外在的物理世界相溝通、相統一，用誠的實在、實有去充滿心靈和現實生活，即自明誠和自誠明兩條道路的匯通，從而達到萬物一體的境界。最終個人的修養在社會環境中與禮樂秩序和節。

　　再次，在境界論上，理學家們的目標無一不是成聖，在成聖的途徑上各有不同，聖人的境界是與天合一，聖人的境界必然與誠有關〔註57〕。境界論

〔註56〕這裏說的本體論，不是柏拉圖哲學中的那種與現象世界分離、比現象世界更真實的 ontology，而是與現象世界之「用」不可分離「根本之體」，現象與本體俱為真實的，即明清之際的李顒所言：「『明道存心以為體，經世宰物以為用』，則『體』為真體，『用』為實用。」見〔明〕李顒：《二曲集》，中華書局，1996 年，第 149 頁。相關的討論，可參見〔日〕島田虔次：《關於體用的歷史》，楊際開譯，吳震校，載吳震、〔日〕吾妻重二主編：《思想與文獻——日本學者宋明儒學研究》，華東師範大學出版社，2010 年，第 44～54 頁。

〔註57〕「同天的境界，儒家亦稱之為誠。……天當然是同天，所以誠是天之道。人與物間，則有內外人己之界限。有此等界限，而欲取消此等界限，未誠而欲求誠，即所謂『誠之者』。」見馮友蘭：《新原人》，《三松堂全集》（第四卷），河南人民出版社，2001 年，第 570～571 頁。

又是與人的個人修養工夫相關的。因此，從邏輯順序上說，境界論是心性論的自然發展〔註58〕。

最後，在政教論上，《大學》所謂的「三綱領、八條目」，誠意是其中的關鍵一環，期望從個體的修養最後可以達到國家的治平，於是在理學家看來，誠在現實的政治生活中是起著承上啓下作用的。但是，在中國古代的政治思想中，政治不僅包括行政活動，也包括了「教化」，以使天下人皆能向善〔註59〕。

〔註58〕儒學本無境界的説法，但是儒學有天人合一的説法，要求人自我提升至天的層次。這種自我提升以活動著的人之心性爲實現手段，境界離不開現實世界。因此，儒學的境界論既是心靈境界，又以客觀的方式呈現出來，由此而貫通天人、物我。未必如蒙培元所認爲的，境界純粹是主觀的「心靈之境」。見蒙培元：《心靈超越與境界》，人民出版社，2005年，第75～76頁。

〔註59〕〔美〕劉子健：《中國轉向內在——兩宋之際的文化轉向》，趙冬梅譯，江蘇人民出版社，2012年，第36頁。

第一章　理學產生以前的誠論

在中國思想史上，誠是一個具有多重意義的範疇。誠的多重意義是經過了較長時間的發展而逐漸形成的，故對北宋四子的誠論進行研究，首先要考察理學產生之前，歷代思想家是如何對誠進行討論的。

第一節　先秦時期的誠論

1. 前諸子時代的誠論

在典籍之中，誠字最初的意義是信，如《詩·大雅·崧高》的「申伯還南，謝於誠歸」，《國語·晉語三》的「貞為不聽，信為不誠」。《說文解字》中，誠與信的定義是互詮的，即「誠，信也」與「信，誠也」〔註1〕。誠與信的這種關係，張舜徽認為：「信字當以舒申為本義……蓋言為心聲，有諸內，形諸外，得以自通其意，此舒申之義所由出。發於口必應於心，聽其言可知其人，故引伸之信字又有誠實之義。後人多用其引伸義而忘其本義。許君以誠訓信，亦取其引伸義也。」〔註2〕由此可見，在較早的時期，誠字的意義是非常樸素的。但是，誠字在使用時，涉及到了信、實等概念具有道德意義，誠往往與之連用而表達誠實、誠信的道德意義，如《左傳·文公十八年》的「齊、聖、廣、淵、明、允、篤、誠」，分指高陽氏的八名子弟，「此並序八

〔註1〕〔漢〕許慎：《說文解字》，中華書局，2011 年，第 52 頁。以下簡稱《說文解字》。

〔註2〕張舜徽：《說文解字約注》（第五卷），中州書畫社，1983 年，第 24～25 頁。

人，總言其德。或原其心，或據其行，一字爲一事，其義亦更相通」〔註3〕。誠雖然只是德目之一，卻可以溝通其它德目。

誠字的意義有所變化，是在《尙書》之中。南宋理學家眞德秀認爲誠字始出於《尙書》，提出：「唐虞時未有誠字，舜典允塞，即誠之義，至伊尹告太甲，始見誠字。」〔註4〕即《太甲下》中的「鬼神無常享，享於克誠」。誠字與宗教祭祀有關，強調的是祭祀時精神的虔敬，將祭祀者的眞情實感以毫不欺騙的方式呈現給鬼神，使祭祀者與鬼神相合一，從而能如先王一樣，「惟時懋敬厥德，克配上帝」。祭祀者的眞情實感即是誠，鬼神、上帝的意義等同於天，是天地間萬物的主宰〔註5〕，《尙書》之中即有這樣的用法：「我西土惟時怙，冒聞於上帝，帝休。天乃大命文王，殪戎殷，誕受厥命。」〔註6〕因而這裏雖然講的是天命與人間治亂的關係，祭祀者與鬼神、上帝合一的意義是明顯的，可能是天人合一的原始形態。《尙書》中的誠字，其基本意義雖然仍是信，卻因爲由誠而產生的這種天人合一的特性，而上陞到了天德高度，因此具有了天人合一的意義。《太甲》被認爲是僞作，其中出現的誠字，是否具有宇宙論意義尚不能確定。但是，《康誥》卻被認爲是眞作，《太甲》與《康誥》在宗教性上是一致的，誠字具有的天人合一的意義應該是成立的。誠除了信、眞實之外，也就有了「一」的意義〔註7〕。

誠字沒有出現在《易經》的卦辭當中，《易經》中信的同義字是「孚」：「信發於中，謂之中孚。」〔註8〕誠、信是發自於內的，孚的意義雖然是信，也可以被解釋爲誠，故「人主內有誠信，則雖隱微之物，信皆及矣。」〔註9〕因爲誠、信之德的這種內在性，在相傳爲孔子所作《易傳‧文言》之中，誠的用法直接與道德相連，皆冠以「子曰」：

> 龍德而正中者也，庸言之信，庸行之謹，閑邪存其誠，善世而
> 不伐，德博而化。

〔註3〕 《春秋左傳正義》卷二十。

〔註4〕 〔清〕張玉書等編：《新修康熙字典》（下），上海書店，1988年，第1786頁。

〔註5〕 馮友蘭認爲「《詩》、《書》、《左傳》、《國語》中所謂之天，除指物質之天外，皆似指主宰之天」。見馮友蘭：《中國哲學史》（上），華東師範大學出版社，2000年，第35頁。

〔註6〕 《尙書‧康誥》。

〔註7〕 「一」字本作「壹」，清代考據學家劉淇認爲「壹，專一。猶言誠也、實也」。見〔清〕劉淇：《助字辨略》，商務印書館，民國二十六年，第144頁。

〔註8〕 《周易正義》卷六。

〔註9〕 同上。

君子進德修業，忠信所以進德也，修辭立其誠，所以居業也。

〔註10〕

《易》分爲《易傳》和《易經》，《易經》是上古占卜之書，《易傳》是對《易經》的解釋，表面上有區別。但是，《易傳》的解釋是圍繞著《易經》展開的，《易傳》儘管晚於《易經》出現，卻反映了《易經》的思想，這是《易》學哲學的特點〔註11〕。因此，本文將《文言》中提及誠字之處，放到前諸子時期。《文言》兩處誠字的基本意義仍是信、忠信，強調的是君子信而有德，誠信與誠德的意義相同，此信德是君子德業進步之所在，誠有道德修養的意義。

《繫辭上》云：「一陰一陽之謂道，繼之者善也，成之者性也。」〔註12〕君子的「立誠」與「存誠」都是繼善成性，若要尋找依據的話，就是道。道往往被冠以「天」之名，天道以日月往來、四時交替、寒暑相推的自然變化爲表現，天道必然是恒常不變的，君子之誠既然是德性的恒常之「庸」，誠因爲從屬於道有了恒常的意義，「閑邪」就是將與道無關的一切都排除掉，使言行與道相符合，言行不出於天道，人與天道都不變化，人與天道共具的眞實性——誠——也就自動保存了。

「修辭立其誠」的意義要複雜一些。《易》本是占卜之書，占卜是要眞實地反映鬼神對於事件的看法，必須以準確的語辭表達占卜的眞實結果，「修辭立其誠」本來是一個與宗教占卜有關的修辭學問題。據李熙宗的研究，「修辭立其誠」包含的修辭關係爲：

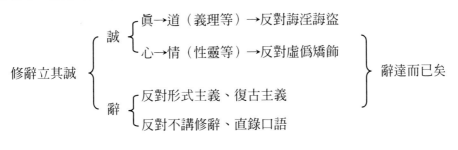

圖1〔註13〕

〔註10〕《乾・文言》。

〔註11〕朱伯崑認爲：「易學哲學的一個顯著特點，是通過對《周易》占筮體例的解釋，表達其哲學觀點的。這是其它流派哲學所沒有的。」見朱伯崑：《易學哲學史》（第一卷），華夏出版社，1995年，第7頁。

〔註12〕《繫辭上》。

〔註13〕參見霍四通：《「修辭」「立誠」關係辨》，《當代修辭學》，2012年第5期。

「易」的基本意義是「變易」，《易》變化不息，卦象隨之變化，《易傳》中的辭爲了說明變化與卦象，也不得不隨之而變化。但是，「辭也者，各指其所指。易與天地準，故能彌綸天地之道。仰以觀於天文，俯以察於地理，是故知幽冥之故，原始反終，故知死生之說」〔註14〕。「修辭立其誠」不只是「辭達而已」，更是要達於天地。在修辭當中，內在的眞、心表達爲外在言辭，「修辭立其誠」就是一種內外合一。修辭是要「質諸鬼神而無疑」的，「修辭立其誠」又有與天地鬼神合一的意義，即上下合一。自從「絕地天通」之後，占卜交由專門的職業人士操作，這是禮樂制度雛形。從事占卜的巫覡，要正確說明上天、鬼神的意志，就要通過本人的思想而組織準確的語言，此種語辭有固定的格式，從而使上下、內外通過語辭合一。這些固定化的儀式和形式化的語言，就是孔穎達說的「辭謂文教，誠謂誠實」〔註15〕。文教即禮樂制度，誠與辭的結合，就是內心之眞與禮樂制度的合一，「修辭立其誠」本來的鬼神、宗教的意義讓位於人文性的禮樂〔註16〕。儒學思想的核心是禮，《易傳》中出現的誠，正是反映了對禮的強調。「夫禮者，經天緯地，本之則大一之初」〔註17〕，禮樂制度源自於天而是眞實的。「修辭立其誠」落實到禮樂制度上，就有了天人合一的意義。「修辭立其誠」不僅是修辭學問題，也是天人政治論的問題，這在現實中是以禮的形式而解決，故「無辭不相接也，無禮不相見也，欲民之毋相褻也」〔註18〕。然而，《易傳》的成書年代受到質疑〔註19〕，《文言》中的以「子曰」方式出現的誠字，不能確定眞否是孔子所言〔註20〕。

〔註14〕《繫辭上》。

〔註15〕《周易正義》卷一。

〔註16〕盧國龍認爲楚國史官觀射父對「絕地天通」的解釋（見《國語·楚語下》），「是站在人文理性立場上對宗教的審視和引導」，而這種人文性就是通過禮樂而表達的種種儀式。見盧國龍：《「絕地天通」政策的人文解釋空間》，《世界宗教研究》，2010年第6期。

〔註17〕〔唐〕孔穎達：《禮記正義序》。

〔註18〕《禮記·表記》。

〔註19〕清人崔述斷言「《易傳》必非孔子所作……其冠以『子曰』字者，蓋相傳以爲孔子之說而不必皆當日之言」。見〔清〕崔述：《洙泗考信錄》卷三，《崔東壁遺書》，顧頡剛編訂，上海古籍出版社，1983年，第310頁。

〔註20〕吳怡相信《文言》中的誠字確爲孔子所說，認爲誠字之所以不見於《論語》，原因在於《論語》只記載了孔子的部分言論，「所以在孔子的論語之外，還有不少的言教，有的被編入了春秋三傳中，有的被編入了易經十翼中，有的被編入了禮記中」。見吳怡：《中庸誠的哲學》，東大圖書公司，民國八十三年，第18頁。

　　同樣備受質疑的《逸周書》，其《官人》篇中也出現了誠〔註21〕。《官人》篇提出對官員的任用和考察有六種方法：「觀誠、考言、視聲、觀色、觀隱、揆德」，其中，「觀誠」的詳細內容是：

　　　　富貴者觀其有禮施，貧賤者觀其有德守，嬖寵者觀其不驕奢，隱約者觀其不懾懼。其少者，觀其恭敬好學而能悌；其壯者，觀其連接務行而勝私；其老者，觀其思慎強其所不足而不逾。父子之間，觀其孝慈；兄弟之間，觀其和友；君臣之間，觀其忠惠；鄉黨之間，觀其信誠。省其居處，觀其義方；省其喪哀，觀其貞良；省其出入，觀其交友；省其交友，觀其任廉。設之以謀以觀其智，示之以難以觀其勇，煩之以事以觀其治，臨之以利以觀其不貪，濫之以樂以觀其不荒。喜之以觀其輕，怒之以觀其重，醉之以觀其恭，從之色以觀其常，遠之以觀其不二，昵之以觀其不狎。復徵其言以觀其精，曲省其行以觀其備。此之謂觀誠。〔註22〕

「觀」即是觀察，結合誠的信、真實之義，「觀誠」就是要觀察真實。「觀」之所在，是在各種活動當中，「觀誠」也就是現代人所謂的實事求是。考察官員的行為是為了考察官員的德性，為評價和選拔官員提供依據，德性是內在於人的，上面也提到了「信誠」之德〔註23〕，「觀誠」雖然表現為外在的行動，實質是一種向內的探尋。由外向內地「觀誠」，原因在於「誠在其中，必見諸外」，將內在的誠與外在的實相聯繫，內外必然一致，於是，將內在的誠真實向外展現出來就是「觀誠」的結果。《官人》篇中的誠，不僅是內在的德性，也是德性的展現。

2. 諸子的誠論

　　《論語》中，誠字的主要用法是作副詞，如「子曰：『善人為邦百年，亦

〔註21〕《逸周書》的成書年代尚不確定，而《官人》篇與《大戴禮記》的《文王官人》篇內容相同。張懋鎔推測《官人》篇乃節錄自《文王官人》篇。見黃懷信：《逸周書源流考辯》，西北大學出版社，1992 年，第 119 頁。但是，《文王官人》篇的成書年代也未確定，《官人》篇仍是值得懷疑的。

〔註22〕此段文字在不同版本中略有出入，此處取楊樹達在《論語疏證》中轉引的文本，標點稍異。見楊樹達：《論語疏證》，上海古籍出版社，2012 年，第 47 頁。

〔註23〕潘振雲認為：「鄉以誠相賓，黨以信相鬩，交之實也」。以實相交，即是以誠相交而彼此不欺，正是德性的表現。見黃懷信、張懋鎔、田旭東撰：《逸周書彙校集注》，上海古籍出版社，1995 年，第 813 頁。

可以勝殘去殺矣，誠哉是言也！』」〔註24〕誠字用於肯定「善人爲邦百年，亦
可以勝殘去殺」這句話的眞實性，表達了孔子對於這句話的信服〔註25〕。誠
字在《論語》的意義，仍然是信，不過用法上的變化導致了意義有所延伸。
在《論語》中，說到信的地方很多，孔子對弟子的要求之一便是「謹而信」，
曾子每日三省其身的內容之中有「與朋友交而不信」，子夏評價人是否有學問
的標準之一是「與朋友交言而有信」〔註26〕。這三種情況，都涉及到了與人
交往的問題，與人交往是通過語言而進行的，信就涉及到了說話者與聽話者
之間的關係問題。如果言而有信，信的眞實性就在其中，說話者和聽話者之
間的關係即是統一的，於是，信與一在意義上就是相同的。正如前面所說，
信是誠最基本的意義，信表達的是眞實、確實的意思，則孔子言信卻不言誠，
可能是出於詞義上相同的原因，因而不必另外用誠字來說明與信字相關的內
容〔註27〕。

　　墨子對儒家的德目進行了分析和定義，如「仁，體愛也」、「義，利也」、
「禮，敬也」〔註28〕，卻沒有對儒家的誠進行說明。墨子卻對信下了定義:「信，
言合於意也」〔註29〕。這個「意」字，既可以是是己意，也可以是他人之意，
而己意與他意的關係本身就是相對而言的，用「言合於意」來定義信，就是
表示說話者與聽話者彼此之間互信而具有一致性。說話者與聽話者之間的關
係是相對的：對於說話者，聽話者是外在的；對於聽話者，說話者是外在的；
說話者爲「我」時，聽話者爲「人」；聽話者爲「我」時，說話者爲「人」。
因此，「言合於意」就蘊含著內外、人我的統一，信即是一。可見墨子關於信
的觀點，在根本上與孔子是一致的，因此，墨子言信卻不言誠，應該是出於

〔註24〕《論語·子路》。
〔註25〕安延明認爲「誠在這裏表達的是『我眞的相信這樣』。這涉及對另一個人說的
　　　　話的信念，而不是與孔子自己的言行有關」。見安延明:《中國哲學史上「誠」
　　　　觀念的形成》，密歇根大學博士論文，1997年，第45頁。
〔註26〕《論語·學而》。
〔註27〕誠字的用法爲作副詞和作形容詞兩種。作副詞時，有兩方面的意義，一是用
　　　　於表示事情確鑿，可譯爲實在、眞正、確實等；二是當所修飾的成分是一個
　　　　假定的事實，這時誠往往出現在復合句的前一分句，可用「如果確實」一類
　　　　詞語來翻譯。當誠作爲形容詞時，含有「眞實的」、「確實的」等意思。見何
　　　　樂士、敖鏡浩、王克仲、麥梅翹、王海棻:《古代漢語虛詞通釋》，北京出版
　　　　社，1985年，第56～57頁。
〔註28〕《墨子·經上》。
〔註29〕同上。

與孔子相同的原因。儒墨在當時並爲顯學，孔子與墨子對信字的使用方式的一致性，反映了兩派學說之間所具有的一致性。

老子批評儒家的仁、義、禮、智，提出「大道廢，有仁義」〔註30〕、「失道而后德，失德而後仁，失仁而後義，失義而後禮」〔註31〕，反對並批評儒家仁義禮智的學說，卻沒有批評誠，可見在《老子》成書之時，誠還不是儒家的重要概念。但是，老子同樣重視信、眞，這可從老子對道的描繪中看出來：

> 道之爲物，惟恍惟惚。惚兮恍兮，其中有象；恍兮惚兮，其中
>
> 有物。窈兮冥兮，其中有精，其精甚眞，其中有信。〔註32〕

精、眞、信都是對道的肯定，精說明道的純粹，眞說明道的眞實性，故道是難以表狀和把握的，卻不能否定道的存在，這就是道之信。精、眞、信雖然表述不同，卻都是對道的眞實性的肯定，信的意義仍是眞實。這一觀點被莊子所繼承，如《德充符》篇說的「人不忘其所忘，而忘其所不忘，此謂誠忘」。所謂誠忘，意指眞實地忘記，則莊子仍是在眞實的意義上來使用誠字。但是，在《莊子》的外篇與雜篇之中，有多處語及誠，如

> 修胸中之誠，以應天地之情而勿攖。〔註33〕
>
> 吾與之乘天地之誠，而不以萬物相攖。〔註34〕
>
> 夫內誠不解，行謀成光。〔註35〕
>
> 眞者，精誠之至也，不精不誠不能動人。〔註36〕

誠既是內在於人的，又是存在於天地之間的，「修胸中之誠」能夠與「天地之誠」相呼應，誠就具有了內外合一的意義。誠的本義是眞實，修道之人即是修誠之人、修眞之人，這樣的人因爲誠而與天地萬物的性質相同、相通，這就是《齊物論》中說的「天地與我並生，而萬物與我爲一」。《莊子》中的誠，是與人性論相關的。但是，外篇與雜篇被公認爲並非莊子的作品，乃莊子門

〔註30〕《老子》第十八章。
〔註31〕同上，第三十八章。
〔註32〕《老子》，第二十一章。
〔註33〕《莊子・徐无鬼》。
〔註34〕同上。
〔註35〕《莊子・列禦寇》。
〔註36〕《莊子・漁父》。

人與道家後學所作，其中關於誠的思想，乃是莊子學說和道家思想的發展，不能將之歸於莊子本人〔註37〕。

孟子將誠與反相結合，提出：「萬物皆備於我矣，反身而誠，樂莫大焉。」〔註38〕之所以要反，原因是孟子認爲解決問題的關鍵在人自身之內，而不是在人自身之外：

> 孟子曰：「愛人不親反其仁，治人不親反其智，禮人不答反其敬。行有不得者，皆反求諸己，其身正而天下歸之。《詩》云：『永言配命，自求多福。』」〔註39〕

就物理現象而言，萬物與「我」都各自有其形體，萬物肯定不能備於「我」。但是，孟子所說的「我」，雖然是一個活動著的、形體有限的人，卻又是作爲所有個體的人的總名，「我」兼具個體與全體兩方面的意義。萬物的形體大小無限，不可能完全具備於「我」的形體，「萬物皆備於我」就不是萬物的形體被「我」的形體所包容，而是指萬物與「我」有內在的相同的性質，當「我」反身而誠時，「我」能夠發現這種眞實的性質。這種眞實的性質內在於「我」與萬物。「我」與萬物存在的狀態是誠，反身而誠便是要自覺地去發明這種本來已經備於「我」的誠，這是由誠而轉爲誠之，「我」便獲得了主體性的意義，「我」與萬物就由於誠的相同的性質而相統一。詳細地說，便是：

> 居下位而不獲於上，民不可得而治也。獲於上有道：不信於友，弗獲於上矣；信於友有道：事親弗悦，弗信於友矣；悦親有道：反身不誠，不悦於親矣；誠身有道：不明乎善，不誠其身矣。是故誠者，天之道也；思誠者，人之道也。至誠而不動者，未之有也；不誠，未能有動者也。〔註40〕

相對於家庭而言，朋友是外在的，家中親人是內在的，「我」與萬物在本性上是相同的而一致的，在外的朋友和在內的親人也應該是一致的，故信於友的同時必然要悦於親，由此而能推己及人、由近及遠地漸次展開。誠又被冠以天道

〔註37〕 當然，《莊子》中誠的意義是不能否定的。現有的研究成果表明，《中庸》可能受到了《莊子》的影響，如日本學者森三樹三郎就提出：「《中庸》的『誠』是《莊子》的『眞』的改換説法，也可以説，它是爲了對抗《莊子》而産生的思想觀點。」見〔日〕森三樹三郎：《〈中庸〉的誠與〈莊子〉的眞》，王順洪譯，《中國典籍與文化》，1994 年第 2 期。

〔註38〕 《孟子‧盡心上》。

〔註39〕 《孟子‧離婁上》。

〔註40〕 同上。

之名，「天聖烝民，有物有則」，誠作爲天道，當然具有信、眞實的意義，即天道的不容置疑。誠之的方法是思誠，「心之官則思，思則得之，不思則不得也，此天之所與我者」〔註41〕。人生活在天道之下，因思誠而認識到我與萬物的統一性，進而能認識人我、內外的統一性，其實就是天道自上而下的統一性。結合上面所說的「我」通過反身而誠而具有的主體性的意義，當「我」自覺地意識到自身稟有天道，「我」所代表的人道就可以自下而上地與天道相統一。

　　人活動的主體性，最終落實於誠身，誠身的關鍵在明善。善是人的本性，孟子認爲人心之中與生俱來的「四端」是人性本善的顯現，通過擴充人心中的「四端」就是明善誠身的下手處，是人性之善的自我實現。實現這種人性之善，是通過人心的，故誠被加上了道德修養與道德實踐的意義時，誠就與心性論問題相關〔註42〕。就天道與人道的關係而言，儘管人有誠之、思誠的主體作用，天道卻是人道的來源、依據，顯得是由天道至人道的單向關係。正因爲有這種人的主體活動，天道被下拉到了人道之中，人以明善的方式來思誠，進而能身誠、親悅、友信，逐步地自內而外、自下而上地將誠顯現出來，由人道而上陞至天道，就是居下位而獲於上。在這個過程當中，天道之誠被顯現爲人性之誠，人性之誠是以人心的思誠而明瞭，天道的神秘性被人道的活動性消解〔註43〕，天人關係就應該是雙向的，絕不是單向的。由此可見，誠溝通了天與人，使天人合一的關係得以明確，誠除了主體性的意義，也有統一性的意義。

　　荀子也認爲誠是道德修養的方法，提出「君子養心莫善於誠，致誠則無它事矣。」〔註44〕將君子的致誠與養心並舉，荀子把心看作是人身上最重要的器官，起到主宰作用：「心者，形之君也，而神明之主也。」〔註45〕荀子又說：「凡治氣養心之術，莫徑由禮，莫要得師，莫神一好。」〔註46〕於是，「養

〔註41〕《孟子·告子上》。
〔註42〕正因爲明善誠身與人心、人性相關，所以，「這個誠字，是隨著心性問題的成熟，而逐漸發展的。」見吳怡：《中庸誠的哲學》，東大出版公司，1984年，第20頁。
〔註43〕關於孟子「反身而誠」，以至於「萬物皆備於我」的萬物一體的方法，馮友蘭認爲是神秘主義的。見馮友蘭：《中國哲學史》（上），華東師範大學出版社，2000年，第101～102頁。
〔註44〕《荀子·不苟》。
〔註45〕《荀子·解蔽》。
〔註46〕《荀子·修身》。

心莫善於誠」意味著的窮盡心的眞實性,在現實中就是以禮爲規範,在教師的引導下專心致志地追求誠。這種對誠的追求,自然是以天道作爲依據:

> 天不言而人推其高焉,地不言而人推其厚焉,四時不言而百姓
> 期焉。夫此有常,以至其誠者也。君子至德,嘿然而喻,未施而親,
> 不怒而威:夫此順命,以愼其獨者也。〔註47〕

天地四時的不言而喻的「常」,就是《天論》篇所說「天行有常」的天道,天道的眞實性然不容置疑,故天道之常是「至其誠者」。天道在現實中的顯現,是禮樂制度,荀子認爲:

> 禮有三本:天地者,生之本也;先祖者,類之本也;君師者,
> 治之本也。……故禮上事天,下事地,而隆君師。〔註48〕

君子以此禮作爲致誠的依據,君子之性必然是與天道相通,否則便不可能將自己的德性擴充至天德的高度,以誠養心就是要成就人的至誠之性,這看上去與孟子的觀點非常接近。但是,荀子主張性惡,需要化性起僞,而化性起僞的依據和標準是禮樂制度,荀子致誠的目的在於實現禮樂制度,與孟子的「反身而誠」的向內在尋找根據完全不同。荀子強調愼獨,即君子之德的培育完全繫於君子的主體性,這實際上與孟子所說的「反身而誠」的「思誠者」無二。荀子對「獨」的強調,在於「唯當是行以致能用心不二」〔註49〕,意指作爲誠、獨主體的君子專心不二,作爲個體的君子在面對天地萬物時,這種個體性以「獨」的方式而彰顯爲君子的主體性,以君子自己的主體性去統一天地萬物,愼獨即是誠獨。又因爲「天下無二道,聖人無兩心」〔註50〕,君子以愼獨的主體性去實行天下惟一之道,於政治上就是「推禮義之統,分是非之分,總天下之要,治海內之眾,若使一人」〔註51〕。此愼獨之君子,即是政治上「余一人」的聖王了〔註52〕。所以,「夫誠者,君子之所守,而政

〔註47〕 《荀子·不苟》。

〔註48〕 《荀子·禮論》。

〔註49〕 蔡錦昌:《荀子治氣養心之術的本色》,2008 年臺灣哲學學會年年會荀子討論小組論文。

〔註50〕 《荀子·解蔽》。

〔註51〕 《荀子·不苟》。

〔註52〕 荀子的聖王觀是以德爲基礎的,「聖王在上,決德而次定」,(《正論》)聖王是至德者,故以德爲標準來選官任人,從而確定政治秩序。可參見吳根友、劉軍鵬:《荀子的「聖王」觀及其對王權正當性的論述》,《浙江學刊》,2013 年第 5 期。

事之本也」〔註53〕。因此，結合荀子對禮的制度的強調，誠即是禮的別名〔註54〕，誠有了政治性的意義。

荀子的學生，法家的集大成者韓非子，並沒有承襲荀子思想中誠的多重意義，而是將誠的意義約化爲眞，如批評儒墨：「皆自謂眞堯舜，堯舜不復生，將誰使定儒墨之誠乎？」〔註55〕又如描述君主：「爲人主者，誠明於臣之所言，則別賢不肖如黑白矣」〔註56〕這句話裏誠明雖然並用，但誠字只是作副詞，卻根本不同於《中庸》裏所謂「自誠明」的用法，而是作假設〔註57〕，意思是「假如明瞭」、「假如明白」。

通過以上的概述，可知誠的意義是以人爲中心而不斷發展、豐富的，由最初的信、眞實之意，逐步增加了主體性、道德性、統一性、政治性等多方面的意義。在這個過程中，孟子和荀子的貢獻無疑是巨大的，墨子、老子、莊子、韓非子在誠字的使用上，並未超出誠字的信、眞實的基本意義。孟子和荀子對誠的探討，使誠在儒家思想中的地位，遠比在其它學派思想中的地位重要。就孟子和荀子對誠的意義的豐富和發展來看，二者雖然有所不同，卻都是以人爲中心，都在心性問題上考察了誠的意義。所以，誠就成爲了儒家的重要概念，這集中體現在《大學》與《中庸》之中。

第二節　《大學》與《中庸》的誠論

《大學》與《中庸》本來是《禮記》中的兩篇，後來受到重視而單獨成書。《大學》與《中庸》的作者與成書年代一直以來眾說紛紜而無定論，成爲學術界的重要問題。討論《大學》與《中庸》的作者與成書年代不在本文的研究範圍之內，這裏僅作一個簡要說明。

據《漢書·藝文志》的記錄，「《記》百三十一篇」。班固自注：「七十子後學所記也」〔註58〕。可見《禮記》自漢代成書之時，其中各篇的作者就是不可考證的，只是歸類爲孔子弟子的後學所記。《禮記》中「史子混雜」，「史

〔註53〕《荀子·不苟》。
〔註54〕正因爲荀子對誠的論述與禮相關，而荀子的禮其實是法的別名而具有強制性，所以周敦頤和二程批評荀子「不識誠」。
〔註55〕《韓非子·顯學》。
〔註56〕《韓非子·說疑》。
〔註57〕楊樹達：《詞詮》，上海古籍出版社，2008 年，第 192 頁。
〔註58〕《漢書》卷三十，《藝文志》。

有《夏小正》,《周書》之《謚法》、《文王官人》,《世本》之《五帝系》。子有《曾子》、《子思子》、《公孫尼子》、《孔子三廟記》,《家語》之《王言》、《儒行》、《本命》、《禮運》,《荀子》之《勸學》、《三年問》、《禮三本》」〔註59〕。《禮記》的內容來源複雜,既有史料記錄,也有思想發揮,《中庸》前後兩部分不一致的原因或許正在於此。

《大學》的作者一直不詳,但《大學》中出現了「曾子曰」,《大學》可能與曾子有關聯。曾子受學於孔子,傳學問於子思,子思門人傳學問於孟子,於是曾子被視爲儒學的傳承者,朱熹以此認爲《大學》是曾子爲傳授孔門教化而作〔註60〕。但是,朱熹的論證並無確實依據,清代學者崔述提出質疑:「《誠意章》云『曾子曰』云云,果曾子所自作,不應自稱曾子,又不應獨冠此文以『曾子曰』。……《大學》之文繁而盡,又多排語,計其時當在戰國,非孔子、曾子之言也。」〔註61〕《大學》之中論學與論教育頗近於荀子〔註62〕,修齊治平又同於孟子〔註63〕,很可能是以曾子、子思、孟子一系的思想爲主,又吸收了荀子的思想。

據司馬遷的記載,《中庸》的作者是子思〔註64〕,孟子受業於子思門人〔註65〕。按照這種觀點,《中庸》的成書年代就在《孟子》之前。東漢的鄭玄繼承了這種觀點,並且在唐代以官方頒佈的《禮記正義》的方式而成爲正統〔註66〕。自北宋疑古思潮開始,這種觀點受到普遍懷疑,歐陽修提出:「禮樂之書散亡,而雜出於諸儒之說,獨《中庸》出於子思。子思,聖人之後也,所傳宜得其眞,而其說異乎聖人……故予疑其傳之謬也。」〔註67〕崔述認爲「《中

〔註59〕顧實:《漢書藝文志講疏》,商務印書館,民國十三年,第47頁。

〔註60〕〔宋〕朱熹:《四書章句集注》,中華書局,2005年,第2頁。以下簡稱《四書集注》。

〔註61〕〔清〕崔述:《洙泗考信餘錄》卷一,《崔東壁遺書》,顧頡剛編訂,上海古籍出版社,1983年,第373～374頁。

〔註62〕馮友蘭:《中國哲學史》(上),華東師範大學出版社,2000年,第270～272頁。

〔註63〕郭沫若:《十批判書》,《郭沫若全集·歷史編》(第二卷),人民出版社,1982年,第140頁。

〔註64〕《史記》卷四十七,《孔子世家》。

〔註65〕《史記》卷七十四,《孟子荀卿列傳》。

〔註66〕孔穎達疏解《中庸》篇目之名時,引鄭玄語:「名曰《中庸》者……孔子之孫子思伋作之,以昭明聖祖之德。」見《禮記正義》卷六十。

〔註67〕〔宋〕歐陽修:《歐陽修全集》,李逸安點校,中華書局,2001年,第675頁。

庸》必非子思所作。蓋子思以後，宗子思者之所爲書，故託之於子思，或傳之久而誤以爲子思也」，進而斷定「《中庸》不但非一篇也，亦似不出於一手也：其意有極精萃者，有平平無奇者，即所引孔子之言亦不倫。何以參差若是？其非一人所作明甚，細玩則知之矣」﹝註68﹞。

　　歷代學者對於《大學》與《中庸》的作者和成書年代有各種各樣的分析和推測，莫衷一是。收錄了《大學》與《中庸》的《禮記》，最後成書於漢代，卻並無異議。因此，這裏將《大學》與《中庸》放到孟子和荀子之後來討論。

1. 道與誠

　　關於中庸，最早的表述見於孔子：

　　　　子曰：「中庸之爲德也，其至矣乎！民鮮久矣。」﹝註69﹞

孔子明確以中庸作爲至德，不是隨便什麼人都能達到的，故「民鮮久矣」。何晏注之爲：「庸，常也。中和可常行之德。世亂，先王之道廢，民鮮能行此道久矣」﹝註70﹞。這符合孔子對當時社會的描述：「好勇疾貧，亂也；人而不仁，疾之已甚，亂也。」﹝註71﹞在孔子看來，若要社會不混亂，必然是禮樂秩序的井然，所以孔子提出無禮必亂：「恭而無禮則勞，愼而無禮則葸，勇而無禮則亂，直而無禮則絞。」﹝註72﹞且孔子認爲克己復禮爲仁，中庸作爲至德，也就是要推行先王之道、恢復禮樂制度。先王之道是一個前後相繼的過程：「殷因於夏禮，所損益，可知也；周因於殷禮，所損益，可知也。其或繼周者，雖百世，可知也。」﹝註73﹞這裏把先王之道上溯到了夏禮，夏的建立者爲禹，孔子認爲自己同於禹：

　　　　子曰：「禹，吾無間然矣。菲飲食，而致孝乎鬼神；惡衣服，而致美乎黻冕；卑宮室，而盡力乎溝洫。禹，吾無間然矣！」﹝註74﹞

﹝註68﹞〔清〕崔述：《洙泗考信餘錄》卷一，《崔東壁遺書》，顧頡剛編訂，上海古籍出版社，1983年，第398～399頁。

﹝註69﹞《論語·雍也》。

﹝註70﹞《論語注疏》卷六。

﹝註71﹞《論語·泰伯》。

﹝註72﹞同上。

﹝註73﹞《論語·爲政》。

﹝註74﹞《論語·泰伯》。

孔子對於人格化的天和鬼神從未明確否定〔註75〕，禹能致孝於鬼神，其實就是與天、鬼神合一。可見作爲先王之道的禮來源於上天，先王之道的權威性得到了保證。由此而有黻冕文章以別尊卑貴賤，同時又能行仁政而使黎民百姓免死於溝洫，先王之道直行其中，先王之道無所不中，與之相關聯的中庸之道也就得以確立。孔子不但要紹述先王之道，更要使先王之道在將來還要繼續存在，先王之道是恒常的，必然要發用於政事，這就溝通了中庸之德與先王之道。

從《中庸》的命名來看，按《說文解字》的解釋，「中，內也。從口丨，上下通」〔註76〕，「庸，用也。從用、從庚。庚，更事也」〔註77〕。從字面上理解中庸之義，就應是發於內心而用於外部事物，上下通達，中庸二字相結合，表達了內外合一、上下和一。天地萬物是統一的，這個統一體在中國傳統思維的天人合一模式之中，就是天道，天道即是一個包括了一切在內的統一體：「一，惟初泰始道立於一，造分天地、化成萬物，凡物之屬皆從一。」〔註78〕於是中庸之「一」的特性無論在任何時間、任何地點、任何事情上都不會改變，即是「時中」之謂。就內外而言，作爲內在的「我」與作爲外在的「他／它」彼此相應而爲「一」，這種關係因爲是相對的而可以彼此逆轉，卻不會改變「一」的特性。《說文解字》對上與下的解釋分別爲「高也……指事也」、「底也，指事」〔註79〕，上下合一，即是上下之事相應而爲一，在《中庸》裏就是天道與人道的統一。孔子所謂的與禹無間然，雖然是古與今的統一，其實是天與人的上下統一，故中庸的「一」的特性並未改變。內外之間與上下之間由於相應的關係而能夠爲一，因爲「和，相應也」〔註80〕，中庸之道也就是中和之道，故鄭玄認爲《中庸》的寫作目的是「以其記中和之爲用也」〔註81〕。

至此，中庸之道的意義已經澄清，即先王之道、中和之道，其來源爲天，不容置疑，中庸之道即是天道。天道覆育萬物，包括人在內的萬物都是天道

〔註75〕侯外廬、趙紀彬、杜國庠：《中國思想史》（第一卷），人民出版社，1995年，第154頁。
〔註76〕《說文解字》，第14頁。
〔註77〕同上，第70頁。
〔註78〕同上，第7頁。
〔註79〕同上，第7頁。
〔註80〕同上，第32頁。
〔註81〕《禮記正義》卷六十。

的產物，人性、人心都在本源上與此天道相貫通，《中庸》以「天命之謂性，率性之謂道，修道之謂教」開篇，正是爲了說明這種貫通的一致性。這種一貫性恒常不變，即是「道也者，不可須臾離也，可離非道也」。天道隱約難見，天命、天性也由此而顯得虛無縹緲，以致具體的教化也因之而失去了依據。於是，命、性、道、教之間的一貫性，正如「民鮮久」的中庸，不是任何人都能把握的。《中庸》的作者意識到了這一點，提出以君子要以愼獨的方式來體會命、性、道、教之間的貫通關係。君子雖然在形體上表現而個體，但是，愼獨絕不只是個別人的特權，「獨」不是消極地排除一切的「獨」，「而是意識著他人或鬼神共同視線的獨。甚至在獨之中，也有在乎他人眼光這一事實，是根基於在共同體中生活的人類的狀態，並從其中稍微看出存在於愼獨主張的深層的共同體人類觀」〔註82〕。雖然表現爲「獨」，所面對的卻是包括一切的統一體。

　　同時，愼獨之「愼」有它義。清代考據學家斷定《中庸》的愼獨與《荀子》的愼獨意義一致，郝懿行認爲：「愼者誠也，誠者實也，心不篤實則所謂獨者不可見。」王念孫認爲：「《中庸》之愼獨，愼字亦當訓爲誠。」〔註83〕所以愼獨應爲誠獨。誠字的基本意義是信、眞實，結合《禮記》中所說的：

　　　　禮之以少爲貴者，以其内心者也。德産之致也精微，觀天下之物，無可以稱其德者，如此則不得以少爲貴乎？是故君子愼其獨也。〔註84〕

　　　　所謂誠其意者，毋自欺也。如惡惡臭，如好好色，此之謂自謙。故君子必愼其獨也。〔註85〕

誠獨是發自於内心的，而心爲人之思慮行動的主宰，誠獨就是要以内心的眞實爲根據去探賾索隱，眞實地面對自己的本性。而人之所以能誠，在於人的性命與天道本來是貫通的，天道的眞實性已經内在於人，誠獨的君子本身就是誠而眞實的，雖然從外在狀態上表現爲獨的個體，卻因爲與天地萬物相應而爲一，誠獨反而能與天地萬物同體，也即是「天命之謂性」。天地萬物各有其特性，雖然統一爲一整體，又各自爲一，故愼獨而與萬物爲一，並非形體

〔註82〕〔日〕島田哲男：《愼獨思想》，張季琳譯：《中國文哲研究通訊》第十三卷第二期，臺北：中央研究院中國文哲研究所，2003年6月。
〔註83〕王先謙：《荀子集解》，諸子集成本，上海書店，1996年，第29頁。
〔註84〕《禮記·禮器》。
〔註85〕《大學》。

上的與萬物為一，而是孟子式的「反身而誠，萬物皆備於我」，因為誠而在性質上得以統一。「夫誠者，君子之所守也」〔註86〕，誠是「獨」的依據和前提，不誠便不能「獨」，不「獨」則不能反觀自身，不能發現內在於「獨」體、卻又與天地萬物全體相同、通的誠的特性，以至於不能實現內外上下合一，對中庸之道的追求也就被放棄了。一旦體會到這點，便能積極地以誠獨的方式去尋找天地萬物為一的中庸之道，就是《中庸》所說的「致中和，天地位焉，萬物育焉」。

誠獨之所以是把握中庸之道的方法，《中庸》當中已經給出了原因：

誠者，天之道也；誠之者，人之道也。誠者不勉而中，不思而
得，從容中道，聖人也。誠之者，擇善而固執之者也。〔註87〕

誠即是天道，而天道覆育萬物，那麼生活在天道之下的人，就必然是誠的。天道與人的這種性質上的相同，就是前述中庸之道上下為一的特性。《中庸》中所表達出來的這種「一」的特性，是誠在《尚書·太甲》中的「一」的意義的發展。天與人之間因為誠而結合在一起，誠之的最終結果就是達於天道之誠。於是，天道不再飄渺虛無，而是真實地內在於人，故人以誠獨的方法，通過自身誠之的努力，找到了天人之間儘管隱微、卻又真實存在的誠的統一性。如此一來，誠獨之人即是誠之之人，也就能夠去除自身的不誠之處。而不誠之處，是明善誠身的方式去除的：

在下位不獲乎上，民不可得而治矣；獲乎上有道，不信乎朋友，
不獲乎上矣；信乎朋友有道，不順乎親，不信乎朋友矣；順乎親有
道，反諸身不誠，不順乎親矣；誠身有道，不明乎善，不誠乎身矣。
〔註88〕

這段話同樣出現在了《孟子》之中。不論《孟子》與《中庸》究竟是誰抄誰的問題，二者都在明善誠身的上有共同見解，正是說明了二者在誠的思想上具有一致性。從方法上看，誠身明善始於個人，個人是「獨」的，「獨」自一人的誠，時時事事以誠為標準來反省、反思於自身的行為，即是《大學》所謂「誠其意」，也是孔子「見賢思齊焉，見不賢而內自省也」〔註89〕的發展。

〔註86〕《荀子·不苟》。
〔註87〕《中庸》。
〔註88〕同上。
〔註89〕《論語·里仁》。

這種內省在《中庸》之中，就是誠獨、誠之。從行動上看，內心的誠以人的種種行為表現出來，如事君忠、事親孝，君、親是在上的，相對於內在的誠而言又是在外的，誠身明善的行動，本身就是融合了內外上下為一。明善誠身就意味著中庸之道的實現。中庸之道即是天道，天道是誠，明善誠身到了極致，就意味著從容中道於誠、無所不誠，聖人即是至誠之人。宋代理學家周敦頤誠為聖人之本、聖人即誠的原因，即在於此。這樣，誠既然是中庸之道、天道而古今一貫，誠不受時空限制，任何人一旦能誠獨、誠之，便可以通過誠而與天地萬物為一，以「我」之誠可推至他者之誠、萬物之誠、天道之誠，即是由「獨」體而至全體〔註90〕。其中根本性的東西，就是誠之天道，因而誠也就是形而上的本體，即可稱之為誠體，而中庸之德即可稱之為誠德，誠德即是至德。

在《大學》中，成就大學之道的首要任務是明明德，故「《大學》之篇，論成學之事，能治其國，章明其德於天下，卻本明德，所由先從誠意為始」〔註91〕。誠意與明明德之間就存在著必然聯繫。《大學》肯定了光明之盛德的存在，但是對於還沒有獲得明德的人而言，明德是客觀的、外在的，需要以自身努力的方式去「明」。人的思慮與行動的主宰，在於個人主觀的心意，明明德的過程就是要從主觀出發。所以，明明德不是誠德，而是可以通過誠的方式而獲取誠德。「明，照也」〔註92〕，明明德就是從內心出發，去「關照」明德、「顯明其至德也」〔註93〕，使內在與外在、主觀與客觀之間達成一致。因此，《大學》將此表達為：

> 古之欲明明德於天下者，先治其國，欲治其國者，先齊其家；欲齊其家者，先修其身；欲修其身者，先正其心；欲正其心者，先誠其意；欲誠其意者，先致其知，致知在格物。物格而後知至，知至而後意誠，意誠而後心正，心正而後身修，身修而後家齊，家齊而後國治，國治而後天下平。〔註94〕

〔註90〕有趣的是，荀子雖然批判子思、孟子，對這個問題的見解卻驚人地相似：「聖人者，以己度者也。故以人度人，以情度情，以類度類，以說度功，古今一度」。（《荀子·非相》）而孟子認為「堯舜與人同」，則《中庸》、孟子與荀子之間的這種相似性，或許因為同屬於儒學，因而存在著某種親緣性。

〔註91〕《禮記正義》卷六十六。

〔註92〕《說文解字》，第141頁。

〔註93〕《禮記正義》卷六十六。

〔註94〕《大學》。

三綱領與八條目形成了一個完整而縝密的鏈式關係，一旦某處斷裂則整個關係鏈就不能成立，心意必須誠、正，否則既不能明瞭何爲明德，推行明德於天下更是無從談起。中庸作爲至德，推行中庸之道於天下，即是推行《大學》所謂明德於天下，那麼在把握、推行中庸時，誠作爲主觀上知與行的關鍵而是必不可少的。所以，《大學》對誠的重視在於人的誠意：

> 所謂誠其意者，毋自欺也。如惡惡臭，如好好色，此之謂自謙。故君子必愼其獨也。小人閒居爲不善，無所不至，見君子而後厭然，揜其不善，而著其善。人之視己，如見其肝肺然，則何益矣。此謂誠於中形於外。故君子必愼其獨也。〔註95〕

在這段被稱爲《誠意章》的文字裏，誠意作爲明明德於天下的必不可少環節，由個人的內心開始，重點在「毋自欺」上，由內而外地將個人的一切東西真實地表現出來，「『誠』（眞實，眞誠）除了具有『眞實面對自己』『不欺騙』的意思之外，也被用於指一種普遍化的德性。它類似於『仁』，具有廣泛的意義……正因爲『誠』具有『德』的意義，它通常被簡單概括爲『擇善而固執之』」。〔註96〕愼獨即是誠獨，誠獨乃是由個體至全體，誠於中形於外即是內外合一，這與《中庸》是相同的，故《大學》之誠與《中庸》之誠是可以溝通的。二者之間也有不同。《大學》的誠不是獨立的，而是誠意，「這個誠意的誠，前面接格物，致知，是屬於知的路，後面接正心，修身，是屬於行的路。」〔註97〕《大學》中的誠，不具有《中庸》所說「誠者，天之道」的意義，反而是落在「誠之者，人之道」一邊，重視的是人如何知行的問題，是工夫而不是本體。就此而言，誠在《大學》之中的重要性的確不如《中庸》，意義也沒有《中庸》那麼豐富〔註98〕。但是，作爲誠之者的誠意，最終是與誠之天道合一的，這就溝通了《大學》之誠與《中庸》之誠，也溝通了人道與天道、工夫與本體。

〔註95〕《大學》。

〔註96〕〔美〕孟旦：《早期中國「人」的觀念》，丁棟、張興東譯，北京大學出版社，2009年，第31頁。

〔註97〕吳怡：《中庸誠的哲學》，東大圖書公司，1984年，第28～29頁。

〔註98〕現代新儒家強調「道德的挺立」，故極爲重視「愼獨」。如唐君毅將《大學》與《中庸》中的愼獨進行區分，認爲：「中庸以戒愼恐懼之義言獨，尤密於大學以自慊言愼獨者，則在中庸之戒愼恐懼，乃一既知道行道合道之德性心（即中庸之性德）恒自懼其將陷於非道之情。故戒愼恐懼，乃一能合於道之德性心之求自保自持。」由此而能自誠，最終入聖。見唐君毅：《中國哲學導論·導論篇》，中國社會科學出版社，2005年，第87～88頁。

2. 由內聖開外王

依據誠體，人有自誠的能力，從而使自身與中庸之道、天道爲一，卻需要經過長期的培養，便是《中庸》說的「修道之謂教」。儒家一向重視教化，而人之所以能被教化，源頭是孔子提出的人性論命題：「性相近也，習相遠也。」〔註99〕這個命題肯定了人在本性上的近似性，「在這一光輝的命題之下，氏族貴族的人類性觀點，即貧富由於天命的觀點就難以立足的」〔註100〕。孔子打破了氏族貴族壟斷教育的局面，開創了「私學」，受教育的對象爲「有教無類」。孔子的思想是以禮爲核心的，在教育上也以禮爲核心，故《論語》中記載了多條孔子與弟子討論禮的對話。以禮爲教育的核心內容，其目的不只在於個人道德的培育，更在於恢復先王之道。就孔子而言，因爲「周禮盡在魯」〔註101〕，當時魯國弱而齊國強，孔子是以魯國所存的周禮爲先王之道的遺留，以此爲依據而能夠推行先王之道於天下，「齊一變至於魯，魯一變至於道」〔註102〕。通過教育，由一人而至一鄉、由一鄉而至一國、由一國而至天下，繼承並代表著先王之道的禮，隨著教育的影響而逐漸展開。孔子的這種思想，在《中庸》裏的被表達爲：「好學近乎知，力行近乎仁，知恥近乎勇。知斯三者，則可以修身；知所以修身，則知所以治人；知所以治人，則知所以治天下國家矣。」也即《大學》所說的「修身、齊家、治國、平天下」。教育具有變化天下的作用，由單純的文化教育而轉爲具有政治功效的「化」〔註103〕，「《大學》、《中庸》『修身爲本』的思想是早期儒家德治主義或人治主義政治倫理思想的繼續和發展」〔註104〕。

〔註99〕《論語・陽貨》。

〔註100〕侯外廬、趙紀彬、杜國庠：《中國思想通史》（第一卷），人民出版社，1995年，第147頁。

〔註101〕《左傳・昭公二年》。

〔註102〕《論語・雍也》。

〔註103〕安延明對此作了詳細區分，認爲在「常」的誠之天道之下，有著「變」和「化」的細微差別。「變」（change）指的是，聖人因完備之誠而成爲他人的榜樣，他人傚仿之，從而人人能誠。「化」（transformation）指的是，聖人內心之誠強大到可以投射至周遭，影響、帶動他人向誠發展，引導人向善而成就他人之誠。見安延明：《中國哲學史上「誠」觀念的形成》，密歇根大學博士論文，1997年，第31～33頁。安延明的這種區分，都是以聖人爲核心，所不同者，在於「變」是被動的，「化」是主動的，故安延明借用亞里士多德的範疇，將「變」視爲目的因（final cause），將「化」視爲動力因（effective cause）。但是，誠是統一的，無論是主動的「變」還是被動的「化」，都只是誠的一方面，可以在學理上區分，卻不能夠割裂開而單獨對待。

〔註104〕張豈之主編：《中國儒學思想史》，陝西人民出版，1990年，第154頁。

《中庸》論教化爲「自誠明，謂之性。自明誠，謂之教。誠則明矣，明則誠矣。」〔註105〕這句話分爲兩層，一是誠明之性，一是明誠之教。《中庸》以性、道、教爲一貫，此處看上去雖然缺少了中間環節。但是，「誠者，天之道也」，則誠之天道本來就在性、教之中，自誠之天道而言，萬物莫不由誠而生長化育，故能自誠而明。前面也已提到，誠之天道須臾不離而又隱微難見，需以誠獨的方式去明瞭之，這恰好是教化所在，即「自明誠，謂之教」。但是，無論是自誠明抑或自明誠，出發點都是誠，所不同處僅在於自誠明是自上而下、由外而內，自明誠是自下而上、由內而外，二者共同構成了誠的整體，它們之間的關係即是雙向而統一的。這一點也爲《中庸》所肯定：

> 唯天下之至誠，爲能盡其性，能盡其性，則能盡人之性，能盡人之性，則能盡物之性，能盡物之性，則可以贊天地之化育，可以贊天地之化育，則可以與天地參矣。

> 其次致曲，曲能有誠。誠則形，形則著，著則明，明則動，動則變，變則化。唯天下至誠爲能化。

天道至誠，天道覆育的萬物無所不誠，至誠之人能盡己之性、盡人之性、盡萬物之性，也就意味著明瞭天地萬物，天地間的一切對至誠之人不再是隱微的、神秘的。至誠之人因爲誠，已經與天地萬物爲一，至誠之人與天地不再有彼此之分，命、性、道、教俱集中體現於至誠之人，至誠之人即是自誠明之人，也即是無需教化的聖人。但是，聖人作爲儒家的理想人格，極難實現，故孔子明確的聖人只有堯、舜、禹，偶而提及周文王、周武王。這些聖人們同時又是教化天下的王者，在《中庸》這裏，自誠明的道路雖然被肯定，更爲切實的卻是面向所有人的自明誠的道路，即聖人何以教化天下，以使先王之道實現的問題。這也就是如何把聖人直承於天道的心中之誠，轉化爲外在的禮樂政教的問題，換言之，即如何由內聖開出外王。

孔子肯定「人之生也直」，劉寶楠解之爲：「蓋直者，誠也。誠者，內不自以欺，外不以欺人，《中庸》云：『天地之道，可一言而盡也。其爲物不二，則其生物不測。』不二者，誠也，即直也。」〔註106〕人生而誠，不過受到了後天的蒙蔽而不能誠，故教化首先要使人明白誠是什麼、誠以怎樣的方式內在於自己而又不爲自己所知，從而明瞭自身之誠，最終以至於明瞭天地萬物

〔註105〕《中庸》。
〔註106〕劉寶楠：《論語正義》，諸子集成本，上海書店，1996年，第125頁。

之誠，這就是自明誠。因為自明誠是向人的內在、本身去探尋，表現為「獨」的狀態。「獨」的依據是誠，自明誠仍是以誠獨的方式去把握。隨著「明」的進展，對誠的認知不斷加深，最終明瞭心中之誠與天地之誠乃是一致的，便是《大學》說的「此謂知本，此謂知之至也」，也即是《中庸》所說「其次致曲」的展開。致曲的關鍵在人心上，若人心不明於誠，則誠之天道只能是孤懸於外而與人無關，所以需要《大學》中的「誠意」工夫。自明誠的自下而上、由內而外就是要誠心為之，直行心中之誠，使「人之生也直」的人性之誠顯現出來，誠於中而形於外。一旦自明誠到了極致，天地萬物無所不明其誠，無所不盡其誠，天地萬物皆為至誠：

> 誠者物之終始，不誠無物。是故君子誠之為貴。誠者，非自成己而已也，所以成物也。成己，仁也；成物，知也。性之德也，合外內之道也。故時措之宜也。

誠之之人的不斷提升，由常人向賢人君子、賢人君子向聖人的發展，也就打破了自誠明與自明誠的表面隔閡，即體現了誠的統一性。聖人之德即是至誠之德，聖人與天道之誠無間，能夠以「性之德」而合內外，能以至誠而化天下。聖人引領人類社會，就要以誠進行教化，即「意誠而後心正，心正而後身修，身修而後家齊，家齊而後國治，國治而後天下平」〔註107〕。

　　人之所以為人，自有其特殊性。人作為萬物之一，卻「得天地五行之秀」〔註108〕、「道五行之常」〔註109〕，與萬物區別開來。以誠體觀之，天地、五行、人皆為誠而真實無妄，而人作為其中最靈秀者（周敦頤語「惟人也，得其秀而最靈」〔註110〕），所以人本身是能夠被教化的，即致曲而能化者。但是，教化並非單向的，既有聖人先王之教，也有凡人之學，教與學乃是相互促進的，即是

> 玉不琢，不成器，人不學，不知道。是故古之王者，建國君民，教學為先。《兌命》曰：「念終始典於學。」其此之謂乎！〔註111〕

> 雖有嘉肴弗食，不知其旨也；雖有至道弗學，不知其善也。是故學然後知不足，教然後知困。知不足，然後能自反也；知困，然

〔註107〕《大學》。
〔註108〕《禮記‧禮運》。
〔註109〕《禮記‧樂記》。
〔註110〕《周敦頤集》，第6頁。
〔註111〕《禮記‧學記》。

> 後能自強也。故曰：「教學相長也。」《兌命》曰：「學學半。」其此
> 之謂乎！〔註112〕

聖人教凡人以道，凡人學之而進於道，教化之功，在於使凡人自明誠，最終
能自誠明，所以教與學乃是同等重要。教與學的依據都是誠，教與學的雙向
性也就要求彼此誠而爲一。否則「使人不盡其誠，教人不盡其才」〔註113〕，
反而使人不能自明己誠，不僅不能達到至誠之域，反而愈發蒙昧，則有教化
之名卻實無教化之功，實爲不誠之教、不誠之學。內心既然不誠、不聖，當
然開不出外王來。

回到儒家的教化傳統上看，孔子雖以六藝教育弟子，卻是以禮爲核心，
以仁爲最高道德，其理想的政治制度是以禮爲名的先王之道，由此而來的先
王之政即是仁政，儒家的教化不出於此。故《中庸》語：

> 大哉聖人之道！洋洋乎發育萬物，峻極於天。優優大哉！禮儀
> 三百，威儀三千，待其人然後行。故曰：「苟不至德，至道不凝焉。」
> 故君子尊德性而道問學，致廣大而盡精微，極高明而道中庸。溫故
> 而知新，敦厚以崇禮。

聖人之道即是中庸之道，也即是誠，這便是聖人所具有的德，即天地之間的
至誠，此至誠與萬物之誠並無分別，聖人與萬物的並行而不悖，其實就是俱
誠而爲一。聖人上能峻極於天，下能在禮儀威儀之中從容而行。但是，不經
過禮樂的教化陶冶，人就不會知道自己之誠。顏淵感歎道：「夫子循循然善誘
人，博我以文，約我以禮。」〔註114〕說明孔子以禮來教育和規範弟子，從而
使弟子的德性和學問得以培養。學禮到了極致，即是孔子所謂「從心所欲不
逾矩」，故能悠遊中道。禮是先王之道，先王之道來源於天，又因爲「誠者，
天之道也」，則禮即是誠，孔子之教與弟子之學於禮，德性與學問皆盡於誠，
三達德與五達道也就隨之而實現。以此，儘管誠是高明的天道，卻又潛沉進
了日常生活之中，表現爲禮的種種儀式。惟有辨析了誠的這種高下相形而又
統一的特性，才能以誠爲依據，隨著事物變化行動而又不變其誠，即「至道
不凝」。可以說，教化的目的、依據和過程全在於誠。誠落於實處，一方面是
要隨時以誠獨的方式而自誠、思誠、誠之，反觀思慮、言語、行動是否爲誠，

〔註112〕《禮記・學記》。
〔註113〕同上。
〔註114〕《論語・子罕》。

這是「溫故而知新」；另一方面，始終以禮爲規範和立足之處，如非禮勿視聽言動之類，這是「敦厚以崇禮」。

「天命之謂性，率性之謂道，修道之謂教」一語，因爲誠而具有的一貫性，一旦落實於教化，便可與培育內心之誠、中庸之至德，「《中庸》所說的誠既有形式態度眞誠執著的意思，也有道德修養達到高度自覺境界的意思」〔註115〕。人人皆能如此，即是中庸之道推行開來，並以禮樂制度的形式出現，這便是由內聖開出外王的途徑。誠作爲至德，只能爲聖人具備，聖人又是創制禮樂者，禮樂制度就是誠的外在表現形式，可爲文獻記載證明：

> 禮樂，德之則也。〔註116〕
>
> 成禮樂，德之則也。〔註117〕
>
> 樂者，德之華也。〔註118〕

結合孔子對周公的盛德與周公創制周禮的稱讚而言，周公式的聖人必然統一了內心的誠德與外在的禮樂。郭沫若對德與禮關係的的研究表明：「德字照字面上看來是從值（古直字）從心，意思是把心思放端正，便是《大學》上所說的『欲修其身者先正其心』。但從《周書》和『周彝』看來，德字不僅包括著主觀方面的修養，同時也包括著客觀方面的規模——後人所謂『禮』。……禮是由德的客觀方面的節文所蛻化下來的，古代有德者的一切正當行爲的方式匯集下來便成爲後代的禮。……還有《周書》和『周彝』大都是立在帝王的立場上來說話，故爾那兒的德不僅包含著正心修身的工夫，並且還包含有治國平天下的作用：便是王者要努力於人事，不使喪亂有縫隙可乘；天下不生亂子，天命也就時常保存著了。」〔註119〕

聖人能躬行誠之天道，所有人因此而服從誠（即禮）的教化，聖人與凡人因爲誠而統一起來，一切都在誠而已。隨著誠之天道、中庸之道的推行，即是「本諸身，徵諸庶民，考諸三王而不繆，建諸天地而不悖，質諸鬼神而

〔註115〕張豈之主編：《中國儒學思想史》，陝西人民出版社，1990 年，第 147 頁。

〔註116〕《左傳·僖公二十七年》。

〔註117〕《國語·周語上》。

〔註118〕《禮記·樂記》。

〔註119〕郭沫若：《先秦天道觀之進展》，《郭沫若全集·歷史編》（第一卷），人民出版社，1982 年，第 336～337 頁。

無疑，百世以俟聖人而不惑」〔註120〕，也是「天之歷數在爾躬，允執其中，四海困窮，天祿永終」〔註121〕。

3. 神秘主義問題

《中庸》中誠涉及了天道與人道合一的問題，被認爲是神秘主義的。《中庸》中至誠的天道悠遠，或許蒙著神秘的面紗，誠之的篤實人道卻體現著天道，這在《大學》中顯露無疑。因此，這裏對誠神秘主義問題稍作說明。

天人合一的關鍵，在於如何將「一」實現。張舜徽認爲先秦諸子所論的道，別名爲「一」〔註122〕。如前所述，中庸之道是合內外上下爲一的，誠既然是天道，誠的別名因而也是「一」。《中庸》提出的誠之天道，要求誠之的人道與之相一致，誠是貫通了天道與人事的，誠既然是「一」，誠就具有天人合一的意義，《中庸》最遭質疑的就在於此。孔子不否定天，對天的態度是矛盾的，「因爲他在一方面保留著『天』、『神』的西周形式，在另一方面卻反對了春秋時代的形式主義思想，提出了人事第一的道德化的新內容，以代替鬼神的宗教支配。這和他的『禮』的思想，適相一貫」〔註123〕。《中庸》卻與孔子不同，「孔子僅把西周『天人合一』的宗教思想還原於人倫思想，但子思卻把人倫思想擴大而爲更廣泛的宗教思想。西周是以先王配天，子思索性就以孔子配天」〔註124〕。所謂以孔子配天，便是以孔子爲生而知之的聖人，然而孔子並不以生而知之的聖人自居：

> 子曰：「我非生而知之者，好古，敏以求之者也。」

> 子曰：「若聖與仁，則吾豈敢？抑爲之不厭，誨人不倦，則可謂
> 云爾已矣。」〔註125〕

若用《中庸》的話來說，孔子只能是自明誠之人，而非自誠明之人，孔子必非至誠而與天合一的聖人，孔子必然不能從容中道、與天合一的境界，也就意味著孔子乃是有過與不及的凡人。孔子正是認爲自己有過，故說：「加我數

〔註120〕《中庸》。

〔註121〕《論語・堯曰》。

〔註122〕張舜徽：《周秦道論發微》，中華書局，1982年，第34～35頁。

〔註123〕侯外廬、趙紀彬、杜國庠：《中國思想通史》（第一卷），人民出版社，1995年，第155頁。

〔註124〕同上，第380頁。

〔註125〕《論語・述而》。

年，五十以學易，可以無大過矣。」﹝註126﹞以此，歐陽修批判《中庸》，認為：
「若孔子者，可謂學而知之者，孔子必須學，則《中庸》所謂自誠而明、不
學而知之者，誰可以當之與？……孔子亦嘗有過，故曰：幸，苟有過，人必
知之。……則《中庸》之所謂『不勉而中，不思而得』者，誰可以當之與？」
﹝註127﹞連孔子都不是自誠而明的聖人，《中庸》對聖人的至誠如神的誇大，自
然是不能成立的。

　　《中庸》以誠為天道，誠之天道是無息、不二，相應於天道的、包括人
在內的萬物也應是無息、不二的，天與人在性質上的相同造就了誠的這種天
人合一，所以，《中庸》說：

> 故至誠無息，不息則久，久則徵，徵則悠遠，悠遠則博厚，博
> 厚則高明。博厚所以載物也，高明所以覆物也，悠久所以成物也。
> 博厚配地，高明配天，悠久無疆。如此者，不見而章，不動而變，
> 無為而成。天地之道，可一言而盡也。其為物不二，則其生物不測。
> 天地之道，博也，厚也，高也，明也，悠也，久也。﹝註128﹞

悠遠、博厚、高明所形容的是天地萬物的統一體，即誠的統一體，自誠明與
自明誠並不矛盾。前者自上而下，是從先天的誠上說，後者自下而上，是從
後天誠上說；前者是本體、境界，後者是工夫、修養。誠本來是合內外上下
為一的，先天與後天、本體與工夫、境界與修養即是合一的：

> 或生而知之，或學而知之，或困而知之，及其知之一也。或安
> 而行之，或利而行之，或勉強而行之，及其成功一也。﹝註129﹞

知是內在的，行是外在的，誠是合內外上下為一的，無論以何種方式、在何
種層面上的知、性，本質都相同。以心中所知而行事，以誠而統一內心與外，
即知行合一。必須承認自誠明的生而知之是一種理想，現實中卻由明至誠，
也就可以由自明誠而至於自誠明，即由後天的工夫、修養可以達到先天的本
體、境界，即誠之而至誠。雖然，《中庸》對至誠的境界描述有著濃厚的神秘
主義色彩：

> 至誠之道，可以前知。國家將興，必有禎祥；國家將亡，必有

﹝註126﹞《論語・述而》。
﹝註127﹞〔宋〕歐陽修：《歐陽修全集》，中華書局，2001年，第675～676頁。
﹝註128﹞《中庸》。
﹝註129﹞同上。

> 妖孽。見乎蓍龜，動乎四體。禍福將至，善，必先知之，不善，必
> 先知之。故至誠如神。〔註130〕

如前所述，至誠並非可以一蹴而就，是要通過誠獨、誠之、思誠的努力，以教化為內容而實現的，故孔穎達疏解此段為：

> 「至誠之道，可以前知」者，此由身有至誠，可以豫知前事。
> 此至誠之內，是天生至誠，亦通學而至誠，故前經云「自誠明，謂
> 之教」，是賢人至誠同聖人也。言聖人賢人俱有至誠之行，天所不欺，
> 可知前事。〔註131〕

現實的學知就代替了神秘的生知，神秘性的前知、前定乃是通過學習這樣的現實工夫與修養而顯現，這也是為何《大學》中以格物致知在先、正心誠意在後的原因。學與知的目的是要修身、齊家、治國、平天下，就不得不以禮樂制度為依據。而荀子認為：「夫誠者，君子之所宗者，而政事之本也。」〔註132〕以誠為依據而展開的一切活動，都是切實的而非單純想像出來的，這即是「道不遠人」。儘管「至誠如神」從字面上看，有著強烈的「以德配天」的神秘主義色彩，卻仍是以個人道德修養和政治倫理為主要內容，「《大學》一書主導學問，《中庸》所謂自明誠謂之教，以教化樹立政治之丕基，徹底陶鎔國民，同止於至善」〔註133〕。神秘主義問題也就轉到了修養和教化的問題，被融入了人事之中而被消解掉。因此，不能把宗教性視為誠的首要性質〔註134〕。

第三節　漢宋之間的誠論

1. 董仲舒對誠的「深察」

西漢的儒學大師董仲舒，提出「吾以心之名，得人之誠。人之誠，有貪有仁。仁貪之氣，兩在於身」〔註135〕。蘇輿解之為：「誠，猶實也。言因名以

〔註130〕《中庸》。
〔註131〕《禮記正義》卷六十。
〔註132〕《荀子・不苟》。
〔註133〕顧實：《大學鄭注講疏》，至誠書店，民國二十六年，第1頁。
〔註134〕〔美〕包弼德：《歷史上的理學》，王昌偉譯，浙江大學出版社，2010年，第137頁。
〔註135〕《春秋繁露・深察名號》。下文引自《春秋繁露》處，皆只注明篇名。

得其實。」〔註 136〕因人之名而可知人之實，那麼信、眞實仍是誠字在這裏的基本含義。但是，這個誠字出現於《深察名號》篇中，該篇作爲《春秋繁露》的一部分，與董仲舒「天人感應」說應當是相關的。「天人感應」說一方面以陰陽五行說爲理論基礎，另一方面，又是爲漢武帝的「大一統」的政治要求而服務。誠在董仲舒的思想體系中，就與「天人感應」、陰陽五行、「大一統」之間，有著曲折的聯繫。

董仲舒以人心之名而得人之誠，應是意指人的眞實本性在於人心，而人本身又有仁與貪兩種性質，原因在於「爲生不能爲人，爲人者天。人之人本於天，天亦人之曾祖父也」〔註 137〕。由於人本於天，天有陰陽之分，所以人之身也有陰陽之分，故

> 天有陰陽之施，身亦有貪仁之性。天有陰陽禁，身有情慾柢，
> 與天道一也。〔註 138〕

> 天地之符，陰陽之副，常設於身，身猶天也，數與之相參，故
> 命與之相連也。〔註 139〕

人的仁與貪兩種不同狀態源於天道之陰陽，這很可能是受到了《易傳》中「一陰一陽之謂道」觀點的影響，因爲董仲舒認爲：「天地之常，一陰一陽。」〔註 140〕仁爲陽而貪爲陰，但最終俱「與天道一」，仁爲善與貪爲惡，皆是源自於天而眞實的，統一於人。因而董仲舒說的誠，就是天的眞實性，進而由天下降至人，人就因此有了與天相溝通的眞實性。人必然同時擁有仁與貪之性，同時肯定了人性善與人性惡，調和了性善論與性惡論的矛盾，進而將人性分爲三等。仁與貪在人的具體活動中，是通過人心的主宰作用來完成的，所以仁性或貪性顯現出來時，總是表現爲仁心或貪心，於是有仁人之誠與貪人之誠，這就是「以心之名，得人之誠」的原因。

董仲舒又認爲：「天凡在陰位者皆惡亂善。」那麼欲行仁善之正，就要使天在陽位，「故變天地之位，正陰陽之序，直行其道而不忘其難，義之至也」〔註 141〕。陽尊陰卑決定了陽比陰重要，也決定了仁善比貪惡重要。從本性上

〔註 136〕〔清〕蘇輿：《春秋繁露義證》，中華書局，2002 年，第 294 頁。
〔註 137〕《爲人者天》。
〔註 138〕《深察名號》。
〔註 139〕《人副天數》。
〔註 140〕《陰陽義》。
〔註 141〕《精華》。

看，「天德施，地德化，人德義」〔註 142〕，「體莫貴於心，故養莫重於義，義
之養生人大於利」〔註 143〕。人的本性（德）是義，人的身體中心爲主宰，養
心以義爲重。而心在身內，爲身之主宰，養心以義，就是要培養心的仁善去
抵抗心的貪惡，所以，「柆眾惡於內，弗使得發於外者，心也。故心之爲名柆
也。人之受氣苟無惡者，心何柆哉？」〔註 144〕蘇輿將「柆」解爲「禁」〔註 145〕，
心所「柆」者，就是心中之惡。人人皆以義養心，並將之施行於政治，「所以
治人與我者，仁與義也。以仁安人，以義正我」〔註 146〕。這是對孟子「仁宅
義路」的繼承。由「我」開始，自內向外地實行仁義，即是儒家推己及人的
傳統，天下人莫不仁義，自然就能以仁善去除貪惡，既是人德之義的完全實
現，也是建立政治秩序的必然要求。

　　在董仲舒看來，政治秩序是：「君爲陽，臣爲陰；父爲陽，子爲陰；夫爲
陽，妻爲陰」〔註 147〕。強調的是陽主而陰從，將每個人放入這個系統當中，
董仲舒所認可的理想政治秩序即是自上而下、陽主陰從地推行仁義，也就使
仁善之誠得以最大化的實現，貪惡之誠又被壓制。然而，貪惡是源出於天之
陰而爲誠者，意味著貪惡乃是不可以被消滅的，否則只剩下仁善，不符合董
仲舒將天道視爲陰陽相互交替出入的觀點，董仲舒說道：

> 天道大數，相反之物也。不得俱出，陰陽是也。〔註 148〕

> 天道之常，相反之物也，不得兩起，故謂之一。一而不二者，
> 天之行也。陰與陽，相反之物也，故或出或入，或左或右……行而
> 不同路，交會而各代理，此其文與？〔註 149〕

既然仁善與貪惡俱爲誠而不可易的，統治者就要設法將「兩在於身」的「仁
貪之氣」統一起來，並使之和諧。仁貪之別的根源在陰陽二氣，此爲天人共
有的，「有其理而一用之。與天同者大治，與天異者大亂。故爲人主之道，莫
明於在身之與天同者而用之……使德之厚於刑也，如陽之多於陰也」〔註 150〕。

〔註 142〕《人副天數》。
〔註 143〕《身之養重於義》。
〔註 144〕《深察名號》。
〔註 145〕〔清〕蘇輿：《春秋繁露義證》，中華書局，2002 年，第 294 頁。
〔註 146〕《仁義法》。
〔註 147〕《基義》。
〔註 148〕《陰陽出入》。
〔註 149〕《天道無二》。
〔註 150〕《陰陽義》。

相應地，在政治上除了施行仁政以符合天之陽，也需要施行刑殺而符合天之陰。就「大一統」之集權於皇帝而言，此陰陽相互出入交替爲一的天道，意味著行仁善之政的同時，也採取刑殺而裁制貪惡，二者的結合與實施，就是禮樂的制度化。

禮樂制度是外在的，以之保持內在於人的仁善之誠與貪惡之誠的統一性，其實是追求內外合一，即是《中庸》所說「中和」、「性之德也，合內外之道也」。仁善與貪惡的來源既然是天道，皇帝又被稱爲天子，皇帝就是代表天道而活動者，換言之，即是天子替天行道。天子以其仁善去壓制其貪惡，天子仁則天下皆仁。因此，董仲舒思想中有關誠的部分，最終是爲了突出皇帝的主宰性，爲皇權專制的合理性作解釋。

2. 經學家的解釋

自漢武帝採納董仲舒「罷黜百家，獨尊儒術」的建議之後，儒學成爲正統學說，學者們工作的重心是對經典進行注解，中國思想史發展至「經學時代」〔註151〕。收錄了《大學》與《中庸》的《禮記》，在經學體系中的地位並不高，只是作爲《周禮》和《儀禮》的補充，其中的《大學》與《中庸》也不被重視。直到東漢末年，經學大家鄭玄作《三禮注》，《禮記》擺脫了對《周禮》和《儀禮》的依附地位，隨後《禮記》的地位不斷上陞而取代了《周禮》和《儀禮》〔註152〕。儘管如此，《大學》和《中庸》受到的關注仍然較少。漢代思想的主要特點，是論證源自於天的皇權〔註153〕，故鄭玄未對《大學》中偏人道的誠作解釋。對於《中庸》中的誠，鄭玄的解釋也集中在天道方面。

鄭玄認爲：「天命謂天所命生人者也，是謂性命。木神則仁，金神則義，火神則禮，水神則信，土神則知。……率，循也。循性行之之謂道。修，治也。治而廣之，人傚仿之，是曰教。」〔註154〕將仁義禮智信與五行相結合，認爲這就是人的本性，率性而爲即是要推行仁義禮智信，對人的教育就要以仁義禮智信爲內容。既然仁義禮智信爲人所固有，則人性必然是善。性、道、教的一貫，使得人的一切行爲就要以仁義禮智信爲出發點和歸宿，故鄭玄在

〔註151〕馮友蘭：《中國哲學史》（下），華東師範大學出版社，2000 年，第 3～4 頁。
〔註152〕龔建平：《意義的生成與實現》，商務印書館，2005 年，第 47～54 頁。
〔註153〕侯外廬、趙紀彬、杜國庠、邱漢生：《中國思想通史》（第二卷），人民出版社，1995 年，第 51～53 頁。
〔註154〕《禮記正義》卷六十。

解釋「誠身有道，不明乎善，不誠乎身矣」一句時，提出：「言知善之爲善，乃能行誠。」〔註155〕在鄭玄看來，仁義禮智信作爲人性，因其源自於天而是眞實存在的，仁義禮智信是誠的、眞實的，知性之善而推行之即是至於天，所以，他說：「言誠者，天性也。誠之者，學而誠之者也。因誠身而有大至誠。」〔註156〕大至誠即爲最誠者、最眞實者，在《中庸》的語境之中就是天，由大至誠的天而有大至誠的性，由學而能誠身，能盡人之性能而上達於天，突出了下學而上達的修養。依據仍在於天，故「盡性者，謂順理之，使不失其所也」〔註157〕。順應天的要求即是率性，而其道理在於天使之然，所以天是出發點和歸宿，有著強烈的必然性色彩，鄭玄所謂「順理」之理，就是不可抗拒的必然性的理，其意義與後來理學家們說的「天理」相等同。「誠者，天之道也」，表達了誠即天道的思想，就可以一轉而爲誠即天理。

延至唐代，經學仍是儒學的主要形式。爲統一經義，唐太宗命孔穎達召集諸儒對《五經》進行疏解。孔穎達認爲「禮是鄭學，今申鄭義」〔註158〕，故在《禮記正義》的編纂時，秉承疏不破注的原則，儘量引伸鄭玄的注解，不以突破鄭說爲目的。所以，孔穎達對《中庸》中誠的理解，大致與鄭玄相同，但也有所發展。「誠身有道，不明乎善，不誠乎身矣」的解釋，孔穎達的觀點是：「言欲行至誠於身，先須有道明乎善行，若不明乎善行，則不能至誠乎身矣。」〔註159〕這與鄭玄的觀點是完全相同的。孔穎達也同樣重視通過學習而培養誠的方法，認爲：「誠之者人之道者也，言人勉力學此。至誠是人之道也，不學則不得，故云人之道。」〔註160〕這就把至誠的天道置於人的活動範圍之內，雖然至誠是人道，不通過學習卻不能知曉，人是先學而後至誠。自明誠的終點也是至誠的天道，誠與明是相統一的，「是誠則能明，明則能誠，優劣雖異，二者皆通有至誠也。」〔註161〕與鄭玄重視天道不同，孔穎達認爲天道與人道同等重要。

此外，據史書記載，南北朝時期已經有《中庸》的注解單行本出現。南

〔註155〕《禮記正義》卷六十。
〔註156〕同上。
〔註157〕同上。
〔註158〕《禮記正義》卷五十。
〔註159〕《禮記正義》卷六十。
〔註160〕同上。
〔註161〕同上。

朝宋的隱士戴顒「述莊周大旨，著《逍遙論》，注《禮記・中庸》篇」〔註162〕。戴顒的《中庸》解現已佚亡，但就《宋書》的記載來看，當是以玄學思想來解釋《中庸》。《中庸》的道、性、命之語，與玄學的有無之辨、性情之辯等主題有相契合處，《莊子》雜篇之中亦有多處言誠，且為「三玄」之一，戴顒可能是以《莊子》來解《中庸》。南朝梁武帝著有《中庸講疏》，但該書也已佚亡。梁武帝以捨身事佛而聞名，卻又「文思欽明，能事畢究，少而篤學，洞達儒玄」〔註163〕。梁武帝的思想可能是調和儒、玄、佛三家為一，《中庸講疏》很可能就反映了這樣的思想。遺憾的是，戴顒與梁武帝的著作已不可見，因而無從知曉他們對於誠的討論。

3. 理學的前奏

唐代統治者重視儒學，卻也支持佛學，佛學得到了很大的發展。甚至在安史之亂後，社會秩序和經濟發展遭受嚴重打擊的同時，佛教卻獲得了畸形的發展。雖然依託於寺院經濟的義疏佛學消退，以明心見性為宗旨、簡易方法為教門的禪宗興起〔註164〕。在這種背景之下，產生了韓愈的反佛思想。韓愈的理論依據是《大學》。因為《大學》論證了治國平天下的實現過程，既符合儒學經世致用的傳統，也涉及了心性問題，故韓愈用《大學》來說明「抽象之心與具體之政治社會組織可以融會無礙，即儘量談心說性，兼能濟世安民，雖相反而實相成。……退之於此足以奠定宋代新儒學之基礎。」〔註165〕韓愈的學生李翱，則重視具有更高理論水平的《中庸》。

《復性書》是李翱的代表作。李翱認為儒學並非不言性命，只是世人不知儒學所謂性命為何物，故「性命之書雖存，學者莫能明」〔註166〕。所謂「性命之書」即是《中庸》。《中庸》以「自誠明，謂之性」，故人性在李翱看來，即是誠明的，也是儒學人性論不同於佛道的原因。李翱人性論的特點是性情不分：

〔註162〕《宋書》卷九十三，《隱逸傳》。
〔註163〕《梁書》卷三，《武帝下》。
〔註164〕〔美〕斯坦利・威斯坦因：《唐代佛教》，張煜譯，上海古籍出版社，2010年，第65～67頁。
〔註165〕陳寅恪：《論韓愈》，載《金明館叢稿初編》，讀書・生活・新知三聯書店，2001年，第322頁。
〔註166〕《復性書上》。

> 是情由性而生，情不自情，因性而情，性不自性，由情以明。
> 性者天之命也，聖人得之而不惑者也；情者性之動也，百姓溺之而
> 不能知其本者也。〔註167〕

人生而有天性，性發於內而情動於外，所以不能無情，故由性可見情，由情可見性，性情之間就表現爲內外關係。《中庸》說：「誠者，天之道也。」因此，聖人即是以天性、天道之誠爲依據來節制情，誠明即是以天道、天性而明之，復性即是復誠。李翱認爲誠明並重，他將聖人描述爲：

> 聖人者，人之先覺者也。覺則明，否則惑，惑則昏，明與昏謂
> 之不同。明與昏性本無有，則同與不同二皆離矣。夫明者所以對昏，
> 昏既滅，則明亦不立矣。誠者，聖人性之也。〔註168〕

聖人之所以爲聖人，在於聖人之性爲誠。先要經過明的階段，才能恢復誠的聖人之性，復性的關鍵在於如何能「明」。李翱認爲明誠的過程，首先是「弗慮弗思，情則不生，情既不生，乃爲正思。」〔註169〕正思便是無所思，於是「思無邪」；其次，是「齋戒其心」，「知本無有思，動靜皆離，寂然不動者，是至誠也」〔註170〕；最後，「其心寂然，光照天地，是誠之明也」〔註171〕。由李翱所提出的這種內在修養論，將誠定性爲「動靜皆離，寂然不動者」，誠就是不動的本體，即誠體。萬物皆是誠體的產物，則萬物皆的性質皆誠，故聖人以誠應對萬物，萬物的性質就顯露無疑，即是《中庸》說的自誠明。但是，李翱的目的不在於構建誠的理論體系，他是爲了說明儒學人性論的實在性，以排抵佛家和道家的學說。李翱以誠爲依據來說明人性論的方法，爲理學所繼承和發展。後來，理學家們建立了誠本論的思想體系，李翱的復性理論被發展爲天地之性與氣質之性的區分，以性制情說被發展爲存理滅欲的理論。李翱對誠的討論，客觀上起到了上承經學、下啓理學的作用。

四書升格運動完成於北宋初年，《大學》與《中庸》格外受到重視〔註172〕。之所以這樣，除了學術上的原因，也有政治上的原因。在北宋統一中原之前，

〔註167〕《復性書上》。

〔註168〕同上。

〔註169〕《復性書中》。

〔註170〕同上。

〔註171〕同上。

〔註172〕束景南、王曉華：《四書升格運動與宋代四書學的興起——漢學向宋學轉型的經典詮釋歷程》，《歷史研究》，2007年第5期。

經歷了五代十國的割據混戰，北宋統治者面臨著重建政治秩序的難題，《大學》與《中庸》之所以在政治上受到重視，「原因就在於這兩篇論文抓住了儒學的中心內容，對早期儒學中關於政治倫理的內容加以綜合、深化，適應封建社會的需要做了系統論證」〔註173〕。據范祖禹記載：

> 景德四年……帝（按：宋眞宗）宴餞侍講學士邢昺於龍圖閣，
> 上掛《禮記中庸篇圖》，昺指「爲天下國家有九經」之語，因講述大
> 義，序修身尊賢之理，皆有倫貫。坐者聳聽，帝甚嘉納之。〔註174〕

邢昺以疏解《論語》而聞名於世，所撰《論語正義》的特色是：「大抵剪皇氏之枝蔓而稍傅以義理，漢學、宋學茲其轉關。」〔註175〕邢昺爲皇帝講解《中庸》，就應是闡發其中義理。《中庸》開始受重視，對於《中庸》的研究方法也從經學注解，轉向了闡發義理。《大學》與《中庸》雖然是《禮記》的組成部分，它們的內容卻是個人修養與政治倫理相結合，而非空講義理或專注於禮儀節文，陳振孫把《大學》、《中庸》視爲儒學「正傳」：「漢儒輯錄前記，固非一家之言，大抵駁而不純。獨《大學》、《中庸》爲孔氏之正傳。然初非專爲《禮》作也。」〔註176〕在這樣的文化學術氛圍之中，《大學》與《中庸》中的誠也逐漸被北宋學者關注，其中包括了公認的理學先驅范仲淹和歐陽修〔註177〕。

范仲淹肯定自誠明，認爲：「聖人生稟正命，動由至誠，發盛德而非習，本天性以爲明。」〔註178〕《中庸》以「天命之謂性」，聖人生而秉承了完全的天性，所以是「稟正命」之人。「誠者天之道」，「正命」也即是誠，聖人生而就是誠者，聖人以誠而動而無所不明，即是聖人乃自誠明者。范仲淹也承認自誠明之生知與自明誠之學知的分別，並以此來區別聖人與賢人，「生而德者，實茲睿聖；學而及者，惟彼賢良。顏生則自明而臻，謂賢

〔註173〕張豈之主編：《中國儒學思想史》，陝西人民出版社，1990年，第148頁。
〔註174〕〔宋〕范祖禹：《帝學》卷三，文淵閣版《四庫全書》，第696冊。
〔註175〕〔清〕永瑢：《四庫全書總目》卷三十五，《論語正義提要》。
〔註176〕〔宋〕陳振孫：《直齋書錄解題》卷二，上海古籍出版社，1987年，第47頁。
〔註177〕關於范仲淹與歐陽修二人與宋明理學的關係，可參見李存山：《范仲淹與宋代新儒學》，《湖南大學學報》（社會科學版），2008年第1期；徐洪興、楊月清：《試論歐陽修與北宋理學思潮的興起》，《復旦學報》（社會科學版），1997年第6期。
〔註178〕〔宋〕范仲淹：《范仲淹全集》，四川大學出版社，2007年，第15頁。

人而可擬；夫子則自誠而至，與天道彌彰」〔註179〕。范仲淹並不認爲自誠明與自明誠是對立的，在仁德上可以合一，故他說：「發乎仁義，遂使跂而及之；著乎聖神，所謂誠則明矣。且夫明乃誠之表，誠乃明之先。存乎誠而正性既立，貫乎明而聖德乃宣。」〔註180〕將誠與明視爲互爲表裏的關係，誠而必須明，明則必須誠，自誠明與自明誠互爲表裏。范仲淹又認爲：「聖人受天命，體乾文。既克仁而是務，遂長人而不群。」〔註181〕聖人既是自誠明之人，也是仁人，故能「長」於天下人、能統治天下人，聖人就是「安仁爲念，我則俯視於黎民；克己存誠，我則上居於大寶」〔註182〕。因此，范仲淹以誠爲聖人之性，聖人上承天道、下臨萬民，聖人因爲誠而能夠王天下。范仲淹對誠的討論，既是對於成聖理想的追求，也是對理想政治制度的追求，即內聖外王的問題。

與范仲淹相反，歐陽修懷疑《中庸》的可靠性，這種懷疑集中在「自誠明，謂之性」一句。他說：「自誠明，生而知之也，自明誠；學而知之也。若孔子者，可謂學而知之者，孔子必須學，則《中庸》所謂自誠而明、不學而知者，誰可以當之歟？」〔註183〕但是，歐陽修懷疑的只是自誠明的生知之性，卻肯定孔子爲學知者，則歐陽修不反對自明誠。之所以如此，是因爲歐陽修反對空談性理，他說：「夫性，非學者之所以急，而聖人之所罕言也。……《中庸》曰：『天命之謂性，率性之謂道』者，明性無常，必有以率之也。」〔註184〕歐陽修強調的是人後天的努力，提出「爲君子者，修身治人而已」、「不修其身，雖君子而爲小人」〔註185〕。可見，歐陽修並不否定誠，而是反對空談誠，關注的是自明誠。歐陽修認爲孔子並非眞不言利、命、仁，「然罕言及者，得非以利、命、仁之爲道，微而奧，博而遠。賢者誠而明之，不假言之道也」〔註186〕。肯定了自誠明的存在，不過是以「不假言之道」的非語言形式，意味著自誠明是不可言說的、難以獲取的。歐陽修對自誠明的態度是存而不論，

〔註179〕〔宋〕范仲淹：《范仲淹全集》，四川大學出版社，2007年，第16頁。
〔註180〕同上。
〔註181〕同上，第496頁。
〔註182〕同上。
〔註183〕〔宋〕歐陽修：《歐陽修全集》，中華書局，2001年，第675頁。
〔註184〕同上，第669頁。
〔註185〕同上，第670頁。
〔註186〕同上，第869頁。

把注意力放回自明誠，以修身的方式成就現實的君子，這與歐陽修「使人事修，則不廢天地鬼神之道」〔註187〕的天人關係論是一致的。

小　結

　　自先秦至北宋初年，隨著儒學的不斷發展，誠的意義也在不斷的豐富和發展。誠的統一性揭櫫於《尚書》和《易傳》，這種統一性以道德修養爲實現方法。孔子雖然沒有直接提到誠，卻重視信、直等道德品質，這被孟子和荀子繼承和發展。孟子以「反身而誠，萬物皆備於我」爲人之至樂，將道德修養由內及外地推行，使人的內在德性在人的社會中實現。荀子以誠養心、以誠行禮，禮以天地爲本，人盡誠就是盡禮，人之誠就是天的實現。孟子與荀子的目標是一致的，方法有所不同。孟子以人性善爲本，故可以反身而誠，進而由內而外地盡誠；荀子以禮之誠爲人之誠的依據，以禮作爲人的規範，以外在規範的方式保證人之誠的實現。《中庸》中「誠者，天之道；誠之者，人之道」的雙向性，解決孟子和荀子分歧，天道與人道都是誠的，人本身具有自誠的能力，人就能以己之誠上達於天之誠，並在人的活動中將誠以禮樂、政教、道德修養的方式徹底地體現出來，這就是誠的無息、不二。這種方法雖然以天道爲前提，卻是以人的明善誠身爲方法，故在《大學》中，誠的主體道德修養被強調。後來不同學者對於誠的理解不同，導致天道與人道的割裂。

　　漢唐時期的儒家學者，重視天道，對於人道關注不足，在人性論上較爲粗疏。佛學在中國興起之後，經學式的儒學不能在理論上與佛學抗衡。韓愈與李翱出於排佛的目的，以《大學》與《中庸》爲理論依據，重視其中的誠。到了北宋，學者們極爲重視《大學》與《中庸》，作爲理學先驅的范仲淹和歐陽修對其中的誠進行了不充分的討論。如何將誠具有的天人合一完全表達出來，成爲了宋明理學的重要任務。天人合一的問題，在宋明理學表現爲「性與天道」的問題，周敦頤、張載、二程作爲宋明理學的奠基者，必須要解答人性如何與天道一致，這是他們的誠論產生背景。

〔註187〕〔宋〕歐陽修：《歐陽修全集》，中華書局，2001年，第879頁。

第二章　周敦頤的誠論

　　周敦頤（公元 1017～1073）字茂叔，道州道縣（今湖南道縣）人，學者稱之爲濂溪先生，著有《太極圖說》和《通書》。周敦頤有理學開山祖師之稱，二程兄弟少年時，曾就學於周敦頤，「遂厭科舉之業，慨然有求道之志」〔註1〕。黃百家極爲讚賞周敦頤，稱之爲：「孔孟而後，漢儒止有傳經之學，……若論闡發心性義理之精微，端數元公之破暗也」。〔註2〕《太極圖說》又名《太極圖·易說》，《通書》又名《易通》〔註3〕，二書均與《易》相關。前者以《易》解釋《太極圖》，又結合了儒學的性情論，後者則是結合《易》與《中庸》。《太極圖說》將天地、陰陽、五行與人相結合，描繪了天人之間的一貫關係。《通書》將《周易》的世界演化模式與《中庸》的理論相結合，建構了以誠爲本的理論體系，涉及成聖之道、心性、禮樂等多個方面。就黃百家對周敦頤的稱讚而言，周敦頤的貢獻就在於方法上突破了注疏經學的框架，以直承孔孟爲宗旨，借助《易》學，在理論上打通天人關係，闡發心性義理。

第一節　本體論

　　周敦頤在《太極圖說》中，以無極而太極爲本體，在《通書》中卻改爲以誠爲本體，前後有一明顯的變化，學者對此頗有議論。因此，本節通過分析無極、太極、誠的思想內涵，進而說明它們之間的關係。

〔註1〕《二程集》，第 638 頁。
〔註2〕《宋元學案》卷十一，《濂溪學案上》。《黃宗羲全集》（第三冊），第 589 頁。
〔註3〕侯外廬、邱漢生、張豈之主編：《宋明理學史》（上），人民出版社，1997年，第 50～51 頁。

1. 無極與太極

據朱震《漢上易傳表》所言，陳摶創制《先天圖》，傳至劉穆修時，卻以《太極圖》傳周敦頤，周敦頤的《太極圖說》就是對《太極圖》的解說，全文為：

> 無極而太極。太極動而生陽，動極而靜，靜而生陰，靜極復動。一動一靜，互為其根；分陰分陽，兩儀立焉。陽變陰合，而生水、火、木、金、土。五氣順布，四時行焉。五行，一陰陽也；陰陽，一太極也；太極，本無極也。五行之生也，各一其性。無極之真，二五之精，妙合而凝。「乾道成男，坤道成女」，二氣交感，化生萬物。萬物生生，而變化無窮焉。惟人也，得其秀而最靈。形既生矣，神發知矣。五性感動，而善惡分，萬事出矣。聖人定之以中正仁義，而主靜，立人極焉。故「聖人與天地合其德，日月合其明，四時合其序，鬼神合其吉凶」。君子修之吉，小人悖之凶。故曰：「立天之道，曰陰與陽；立地之道，曰柔與剛；立人之道，曰仁與義」。又曰：「原始反終，故知死生之說。」大哉《易》也，斯其至矣。〔註4〕

如圖所示，《太極圖》本身表現為一個上下縱貫的系統，

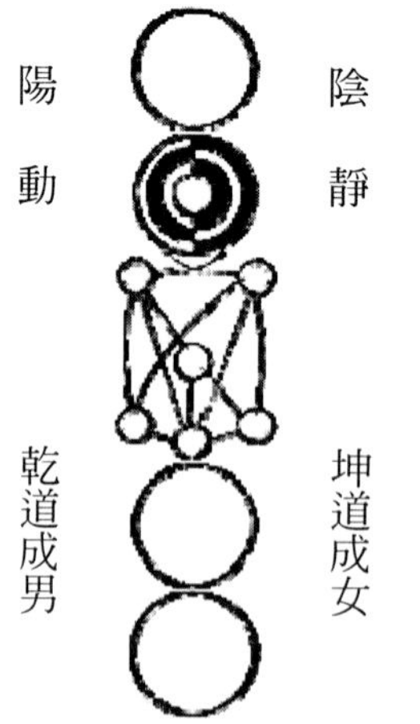

圖 2〔註5〕

〔註 4〕《周敦頤集》，第3～8頁。

〔註 5〕該圖為朱熹所定，故一般認為該圖即是周敦頤的原圖，此處從之。見侯外廬、邱漢生、張豈之主編：《宋明理學史》（上），人民出版社，1997年，第54～55頁。

由最上方的由無極而太極之○，逐漸向下分化出陰陽之○、五行之○、萬物之○，每一個環節都是一個○。這個過程在《太極圖說》被解釋爲爲如下步驟：

> 無極而太極→陰陽的動靜交替→陽變陰合的五行相生→五行相
> 生而萬物化生→人爲萬物中最靈秀者→人極即無極太極→無極而太
> 極

萬物化生是有形體的，而這來自於陰陽的動靜，但陰陽動靜之上還有其根本，陰陽動靜還不是本體。這應是源自於《繫辭上》說的「一陰一陽之謂道」，韓康伯的解釋是：

> 道者何？無之稱也，無不通也，無不由也，況之曰道。寂然無
> 體，不可爲象。〔註6〕

道是無所不通的，不可以被限定，道是無體、無象的。這個無不是不存在，而是不能以有形體的陰陽來限定。如果把道歸於徹底的無，即不存在，依據道而產生的陰陽、無形、萬物也就不存在。這種理解與《太極圖》及《太極圖說》的宗旨是矛盾的，因爲道與萬物都是存在的，而不是不存在，不能把道理解爲不存在的無，是無形卻實有之意。

《太極圖說》沒有用道這一名稱，而是用無極而太極來表示道，無極而太極即是陰陽之本。陰陽有動靜，陰陽有限定，即孔穎達說的「若其有境，則彼此相形，有二有三不得爲一」〔註7〕。因此，不能以陰陽等同於道、等同於無極而太極。如果以陰陽爲本，就要追問陰陽源自何處、去向何處，要在陰陽之上另推一本，否則陰陽是一本，陰陽之上或之外又有一本，就變成了二本，沒有統一性，《太極圖》與《太極圖說》中的一貫之系統就不能成立。朱熹對《太極圖說》的解釋，正以圖首之○爲統一的本體：「此所謂無極而太極也，所以動而陽、靜而陰之本體也。」〔註8〕無極之無，是相對於太極而言的，因爲無極要化生萬物，必須通過陰陽二氣的交感推宕而有實體化的生成，這樣就把太極用陰陽的形式與有無的形式聯繫在一起，太極是有形的，無極是無形的，二者都是實有，有無只是相對而言，在太極之上立一無極，並非本體之上又有本體，是爲了說明作爲變化之本的「極」是無形無滯的。此與

〔註6〕《周易正義》卷七。
〔註7〕《周易正義》卷一。
〔註8〕《周敦頤集》，第1頁。

王弼認爲的聖人體無，而無又不可訓，於是體無而說有的觀點相似：

> 王輔嗣弱冠詣裴徽，徽問曰：「夫無者，誠萬物之所資，聖人莫
> 肯致言，而老子申之無已，何邪？」弼曰：「聖人體無，無又不可以
> 訓，故言必及有；老、莊未免於有，恒訓其所不足。」〔註9〕

王弼肯定無是存在的，「無」又不能以語言的方式表達，只能爲聖人體悟。「無」
是萬物之資，必然眞實地存在，「無」又怎麼不能用語言表達？周敦頤或許正
是不滿這點，故而提出有無統一的觀點。

若將無極訓爲無，將太極訓爲有，無論從無極而太極，還是從自無極而
太極而言，無極始終高於太極，意味著無中生有。追問無極之上還有什麼，
是否是至無、眞空之無？如果這樣，從無當中怎麼能生出無？不但陷入無窮
倒退，更會因爲本體虛無化，導致將現實世界視爲虛妄。從周敦頤對現實世
界的肯定來看，這是不能接受的。爲了避免陷入這樣的境地，無極之無就不
能是絕對的虛無之「無」，而是不可以用語言徹底表述和沒有形體限制的無名
無形的「無」，它是一切有名有形的事物的根本所在，無極之「無」乃是「有」
之極。在無極作爲本體之有的整體當中，剖分出陰陽二氣以化生萬物，陰陽
即太極，陰陽即無極，無極即太極。就具體的萬物而言，陰陽構成每一事物，
故每一事物都具有太極，每一事物又都因此而具有無極。無極與太極是統一
的，絕非分裂的，自本體至萬物、自萬物至本體，這種統一性無不通達貫徹。
在《太極圖》與《太極圖說》中，沒有單獨的無極或太極，而只能是無極而
太極。這就是《太極圖》末尾處也爲一○，首尾一貫，正是爲了說明無極而
太極是合有形與無形、天地之本與萬物之末爲一，無極而太極是眞實無妄的。
這既是王弼所說的道，也是理學家所說的理，無極而太極可以被看作是道和
理得別名。可見，周敦頤既不崇有，也不貴無，以無極而太極來統一有無，
進而解決有無相分、何者在先的問題。

《太極圖》與《太極圖說》中描繪的首尾相連、上下縱貫的系統，本身
就是一個○，其中生生不息，不能以線性的眼光來看待《太極圖》和《太極
圖說》。結合《易》的系統而言，《易》以六十四卦排列爲一個圓周系統，就
是一個○，始於《乾》且終於《乾》，能不停地返本開新，正是「生生之謂易」
的意思。在《太極圖說》的結尾處，周敦頤強調「原始反終，故知死生之說」
和「大哉《易》也，斯其至矣」，就已經點明了《太極圖》所表現的周流不息

〔註9〕《世說新語‧文學》。

的宇宙生成模式。《太極圖》其實就是無極而太極的貫通始終、本末、體用、上下的過程和整體，而每一個環節都貫徹著眞實的無極而太極。

2.《易》與誠

誠本來是《中庸》中的概念，但周敦頤把《中庸》與《易》相結合，借助《易》而闡明誠何以爲本。於是，《通書》開篇即言：

> 誠者，聖人之本。「大哉乾元，萬物資始」，誠之源也。「乾道變化，各正性命」，誠斯立焉。純粹至善者也。故曰：「一陰一陽之謂道，繼之者善也，成之者性也。」元、亨，誠之通；利、貞，誠之復。大哉《易》也，性命之源乎！〔註10〕

在《中庸》中，「誠者，天之道也。誠之者，人之道也」。天道與人道之間的聯繫在於誠，人能誠之，於是人道與天道爲一。《中庸》認爲能誠之的人，就是掌握了道的聖人，能合天人爲一，故提出「大哉聖人之道，洋洋乎發育文王，峻極於天」。《中庸》沒有從宇宙演化的角度說明誠如何化育萬物的，周敦頤引入《易》，爲誠之天道的化育萬物提供宇宙論的依據。《易》以《乾》爲始，誠之天道也以《乾》爲始。孔穎達將「大哉乾元，萬物資始」與「乾道變化，各正性命」，分別解釋爲：

> 「乾」是卦名，「元」是乾德之首，故以元德配乾釋之。……以萬象之物，皆資取「乾元」，而各得始生，不失其宜，所以稱「大」也。

> 「乾道變化，各正性命」者，此二句更申明乾元資始之義。道體無形，自然使物開通，謂之爲「道」。……言乾之爲道，使物漸變者，使物卒化者，各能正定物之性命。〔註11〕

一方面，《乾》爲《易》所描述的周流不息之宇宙的開端，宇宙間的萬物都要以《乾》爲資始，《乾》就能在宇宙間無處不在；另一方面，《乾》是元亨利貞而中正無匹的，則隨《乾》之無處不在，萬物也就因之而自得其正。兩相結合，《乾》在變化當中其實未嘗變化，「乾道」代表著天地萬物的演化過程，即是天道，故能「與時偕行」和「與時偕極」。這正是《中庸》所說的「中也者，天下之大本也；和也者，天下之達道也。致中和，天地位焉，萬物育焉。」

〔註10〕《周敦頤集》，第13頁。
〔註11〕《周易正義》卷一。

周敦頤以此來溝通「誠者，天之道」，誠之天道也就是通過《乾》體現出來的《易》道、天地之道。在《乾》道流轉變化的過程中，誠也資取了《乾》而開始。「元，始也。亨，通也。利，和也。貞，正也。」〔註12〕誠為元，故誠可以隨著乾元的演化而動，誠就通達於萬物的演化過程，萬物並生而為和，萬物各得其所而正，故誠合元、亨、利、貞為一。誠因此獲得了生生不息的意義，正好符合《中庸》所謂「至誠無息」與「不二」，這是周敦頤對於宋明理學的一大理論貢獻〔註13〕。

將《太極圖說》與《通書》結合起來看，儘管用詞不同，誠與無極而太極所指卻都是道，都是借用《易》的思想來說明道的獨一無二、真實無妄、生生不息，誠與無極而太極的意義是等同的，誠與無極而太極名異而實同。無極而太極貫通為一，誠也貫通為一，誠就兼始終、本末、體用、上下而為一的整體，誠就是一○。同時，五行、陰陽、太極、無極都各自為一○，誠也在萬物之中各為一○，每一個別事物都是的誠之○，周敦頤所說的「各一其性」就因為誠的真實無妄而成立。誠即是無極而太極，無極而太極是萬物產生的根本，在周敦頤看來這是不容置疑的，誠即是真實無妄的，故朱熹解釋「各一其性」為：「各一其性，則渾然太極之全體，無不各具於一物之中，而性之無所不在，又可見矣。」〔註14〕雖然朱熹是從理一分殊的立場上說的，但是，誠、無極而太極也同樣具有一多統一的意義，這就是誠的無所不在，即是無所不在而始終統一的○。

無極而太極、誠生成了萬物，無極而太極與萬物、誠與萬物之間就有了類似於母子的關係。《老子》語：「天下有始，以為天下母。既得其母，以知其子，復守其母，沒身不殆。」〔註15〕萬物皆以無極而太極、誠為母，萬物通極於無極而太極、誠，於是，可以由下而上地以子而知母。王弼認為《老子》中的道與萬物的母子關係是：「母，本也。子，末也。得本以知末，不舍本以逐末也。」〔註16〕老子和王弼用母子關係來解釋本末關係時，重在守母

〔註12〕《周易正義》卷一。
〔註13〕周建剛、張利文：《化自然以歸人文——論周敦頤融道入儒的宇宙論思想》，《哲學研究》，2012 年第 11 期。
〔註14〕《周敦頤集》，第 5 頁。
〔註15〕《老子》第五十二章。
〔註16〕〔魏〕王弼：《王弼集校釋》，樓宇烈校釋，中華書局，2009 年，第 139 頁。以下簡稱《王弼集校釋》。

執子、崇本抑末，子、末是從屬的，這與周敦頤是不同的。周敦頤在《讀英真君丹訣歌》中說：「子自母生能致主，精神合後更知微」〔註17〕。不僅要知道母、本，更要「知微」，肯定天地根本，也不放棄具體事物，強調母子、本末並重。《中庸》中的天道即誠，道能自行其誠，而道的產物需要自誠，而後才能自成其誠，使自成之誠與道之誠相合一，這是「子自母生能致主」；知母、本之後，將知貫通於子、末，能夠「精神合後更知微」。於是，周敦頤對於本末關係的看法，既能由本知末，也能見微知著，合誠者與誠之者爲一。與老子和王弼比較，周敦頤雖然與他們有思想上相似性，卻因爲以誠爲本，而與他們根本不同。

誠無所不在，通過誠的眞實不妄的種種表現，以各種不同的方式成就萬物，即是誠使之然，故誠是性命之道。《太極圖》和《太極圖說》落實於萬物，每一個事物都是無極而太極、統體爲一無極而太極，也就是物物一誠、統體一誠。因此，《太極圖說》與《通書》雖然在論證上有不同，其中的思想卻是一致的，周敦頤的思想未必是從以無極而太極爲中心發展至以誠爲中心〔註18〕。《太極圖說》與《通書》的統一性，即是朱熹所說的「誠既所謂太極也。」〔註19〕是以明代學者呂柟認爲不必將《太極圖》與《通書》完全截開，他批評道：「《太極圖說》與《通書》表裏之說，元何書中至特著一書，辨此一語。論者亦遞相攻擊，究無定評」〔註20〕。

第二節　心性論

周敦頤肯定人性與天地萬物之性是相通的，人是萬物中最靈秀者，故人可通極於天地。在人而言，又有聖人與凡人之分。凡人之性有剛柔善惡之分，聖人卻得剛柔善惡之中，聖人中於天道而是人性之極致者。天道即誠，故聖人立人極乃是達於誠，凡人只得剛柔善惡之部分而爲不誠。抽象的人性需要通過人的活動來體現，心是人的活動主宰，周敦頤的誠論落實於人，就要從

〔註17〕 《周敦頤集》，第 69 頁。

〔註18〕 鄭熊：《從無極到誠——略論周敦頤本體思想的演變》，《孔子研究》，2012 年第 1 期。

〔註19〕 《周敦頤集》，第 13 頁。陳鍾凡也持此觀點，見陳鍾凡：《兩宋思想述評》，商務印書館，民國二十七年，第 36 頁。

〔註20〕 《周敦頤集》，第 129 頁。

心性論著手，以說明人如何通過心中之誠去認識人性之誠，從而使人合於天道之誠。

1. 性的善惡與人極

周敦頤在《太極圖說》中提出：「唯人也得其秀而最靈。形既生矣，神發知矣。五性感動而善惡分，萬事出矣。」〔註21〕人在陰陽五行的演化過程中，是有善惡之分的。但是，人的善惡之分只是相對的，「聖人定之以中正仁義而主靜，立人極焉」。在人而言，雖有善惡之分，卻又有中正仁義之極，能如此者即是聖人。之所以稱聖人立「人極」者，是因爲在《太極圖》描述的天地萬物的演化過程中，無極而太極貫通了一切事物，一旦人能知曉這一點，便是通極於無極而太極，這樣的人便是人之中最出類拔萃的聖人。這一觀點，也出現在了《通書》中：

> 厥彰厥微，匪靈弗瑩。剛善剛惡，柔亦如之，中焉止矣。二氣五行，化生萬物。五殊二實，二本則一。是萬爲一，一實萬分。萬一各正，小大有定。〔註22〕

「二氣五行，化生萬物。五殊二實，二本則一。是萬爲一，一實萬分。萬一各正，小大有定」，意義等同於《太極圖說》中的「陽變陰合，而生水火木金土。五氣順布，四時行焉。五行一陰陽也，陰陽一太極也，太極本無極也」〔註23〕。既然要立中正仁義的人極，就不能停留在具體的事物上。萬物的根本是貫通的，人與萬物雖然「萬一各正，小大有定」，卻必須「是萬爲一」，立人極就要符合此根本之「一」，這個「一」便是道、無極而太極，「中」的目標就是道。

善惡之分是繫於陰陽五行的，這與董仲舒的說法頗爲類似。董仲舒認爲「吾以心之名，得人之誠。人之誠，有貪有仁。仁貪之氣，兩在於身」〔註24〕。兩在於身的，是陰陽之氣，從宇宙論上講，是宇宙演化的產物，「天有陰陽之施，身亦有貪仁之性。天有陰陽禁，身有情慾栣，與天道一也。」〔註25〕人極是定之以中正仁義的，人所通極的天道就應是中正仁義的，周敦頤所說的

〔註21〕《周敦頤集》，第6頁。
〔註22〕同上，第32頁。
〔註23〕同上，第4頁。
〔註24〕《春秋繁露·深察名號》。
〔註25〕同上。

人之「中」者，其實就是天人合一。與董仲舒的觀點不同的是，董仲舒認為「天之常道，相反之物也，不得兩起，故謂之一；一而不二者，天之行也。陰與陽，相反之物也……並行而不同路，交會而各代理，此其文與！」〔註26〕這是認為陰陽是絕對分開的，陰陽不能調和。而周敦頤試圖調和陰陽，因為他認為陰陽既然是一本，陰陽必然是並行而不悖，於是善惡之分也就同樣可以調和為一，從而能達到善惡之「中」。

周敦頤又對善惡進行了細分，認為有剛善、剛惡、柔善、柔惡，其來源應是《尚書·洪範》中的三德說：「三德，一曰正直，二曰剛克，三曰柔克」。孔穎達認為：「此三德者，人君之德，張弛有三也。一曰正直，言能正人之曲使直。二曰剛克，言剛強而能立事。三曰柔克，言柔和而能治。」〔註27〕《洪範》中的三德，在順序上位列第六，僅次於第五的皇極，其內容是：「皇建其有極，斂時五福，用敷錫厥庶民。惟時厥庶民於汝極，錫汝保極。凡厥庶民，無有淫朋，人無有比德，惟皇作極。」注疏者認為，「君上有五福之教，眾民於君取中，與君以安中之善」，「民有安中之善，則無淫過朋黨之惡、比周之德，為天下皆大為中正」〔註28〕。三德本來指的是人君的道德。正直、剛克、柔克是為了使人能「安中之善」，皇極就是所有人都要遵從的「中」，所以「中」不僅是人君應有的德性，也是天下所有共有的，為人者必定要得「中」，則「中」不僅有政治意義，更具有道德修養意義。這就與《中庸》的「中」發生了關係。

《中庸》的「中」，是與人的性情相關的：「喜怒哀樂之未發謂之中，發而皆中節謂之和。中也者，天下之大本也；和也者，天下之達道也。致中和，天地位焉，萬物育焉。」《中庸》之「中」，已經被證明是合上下內外為一（見第一章第二節），「中」於善惡就是「中和」於上下內外為一的統一體。孔子就很重視「中」，孔子評價子張與子夏的過與不及，就是認為他們都不能「中」〔註29〕。周敦頤提出的中正仁義的人極，就是要落實到個人的道德修養上，能使人性能得善惡之中，故周敦頤說：「中也者，和也，中節也，天下之達道也，聖人之事也。」〔註30〕聖人即是人極。但是，聖人本身是人極，並不意

〔註26〕　《春秋繁露·天道無二》。
〔註27〕　《尚書正義》卷十二。
〔註28〕　同上。
〔註29〕　「孔曰：『俱不得中』」。見《論語注疏》卷十一。
〔註30〕　《周敦頤集》，第20頁。

味著在現實中人極已經確立，只是表明了以聖人作爲人極、作爲範本，聖人可以教化凡人、凡人可以學習而立人極，使人自我實現、自我成就，這才是立人極的現實意義所在。周敦頤不僅是提出了人極的聖人觀，更是希望更多的人通過自立人極而成爲聖人。

人生而受到陰陽的氣稟限制，偏陰者柔，偏陽者剛，必然是不中的，在行事的時候，也就不能「和」於事。爲了解決這個問題，周敦頤提出了「君子愼動」的主張：

> 動而正，曰道。用而和，曰德。匪仁，匪義，匪禮，匪智，匪
> 信，悉邪矣。邪動，辱也；甚焉，害也。故君子愼動。〔註31〕

《中庸》認爲：「天命之謂性，率性之謂道，修道之謂教。道也者，不可須臾離也，可離非道也。」這說明人在行動當中所依據的道，應時刻與天地之道是保持一致，所以必須以道爲依據。而《中庸》又認爲保持與天道的一致性是愼獨的依據，而後才能致中和。中和的方法，在周敦頤看來，即「德：愛曰仁，宜曰義，理曰禮，通曰智，守曰信」。朱熹認爲「所謂道者，五常而已。非此，則其動也邪矣。」〔註32〕將道德修養與天道聯繫起來，誠也就是道德修養而已：「誠，五常之本，百行之源也。」〔註33〕周敦頤以誠爲聖人之本，而仁義禮智性的根源是誠，所以聖人是中於仁義禮智信、中於誠的。凡人不能生來如此，所以必須努力使自己中於誠，具體地說就是要中於仁義禮智信的道德規範，便是自誠，也是力圖成爲聖人而通極於天地，就是立人極。

2. 立人極而爲聖人

自誠而立人極之所以可能，在於《中庸》說的「誠者，天之道也；誠之者，人之道也」。周敦頤從具體的人出發，抽繹出人之所以爲人者，「形既生矣，神發知矣，五性感動，而善惡分，萬事出矣。」〔註34〕立論之基在於人有知，人能從萬物中脫穎而出。人之知在於知善知惡，先秦儒家就已認可，孟子認爲人有心思之知，故能集義爲人，荀子認爲人有知、有義、有節，故不與禽獸同，《禮記》更是直接提出：

〔註31〕《周敦頤集》，第 18 頁。
〔註32〕同上。
〔註33〕同上，第 15 頁。
〔註34〕同上，第 6 頁。

> 人者，其天地之德，陰陽之和，鬼神之會，五行之秀氣也。
>
> 人者，天地之心也，五行之端也。〔註35〕

在周敦頤這裏，天地的運行因無極而太極的陰陽五行之動靜更迭而生生不息，人也因此是生生不息的，人的可貴之處就在於人通過知而把握了這種生生不息的變化。這種人心不是指具體的一人之心，而是體知了誠的心，也即周敦頤所說的聖人之心。否則，局限於一人之心，不能識自身之誠與天地之誠的一致性，便不能通極於天地，也就不能立人極。

由於聖人立人極，中正仁義無不具備，「聖人定之以中正仁義，而主靜，立人極焉」。〔註36〕因爲誠者自成，萬物與萬物之理森然俱陳，故聖人不動而爲靜。其實，《太極圖》中已經闡明靜極復動的道理，則聖人之靜而不動也是動極而靜，動靜統一於聖人，那麼聖人就能夠以誠爲根據而通天地萬物。人生而有氣稟之不均，從人自身著手，也就是從人的陰陽動靜之中尋求人之所以爲人的根本，即自誠之人道入於誠之道，與誠爲一，以誠來貫通始終、體用、本末、上下，卻又無累於動靜。這就是天地人各自之一○，會歸於聖人之一誠，即《中庸》說的「至誠無息，不息則久，久則徵，徵則悠遠，悠遠則博厚，博厚則高明。博厚所以載物也，高明所以覆物也，悠久所以成物也。博厚配地，高明配天，悠久無疆。如此者，不見而章，不動而變，無爲而成」。

誠爲萬化之源而亨通，誠又因其在變化過程中的貞正而無損於誠，誠得其貞正之利而由各歸於其誠，聖人既然能誠，必然能使人明瞭什麼是誠。故周敦頤說：

> 聖人之精，畫卦以示；聖人之蘊，因卦以發。卦不畫，聖人之精，不可得而見。微卦，聖人之蘊，殆不可悉得而聞。《易》何止《五經》之源，其天地鬼神之奧乎！〔註37〕

聖人的精蘊可以通過卦象來表示。精蘊是內在於人的，卦象是外顯的，用卦象來表示精蘊，就是把聖人所以爲聖人的內在根據和外在表現統一起來。聖人之本是誠，聖人的精蘊也就是誠，表現聖人之誠的卦象也必然是誠的。聖人之誠不是一蹴而就的，是長時間的學習和自我修養的結果。《通書》中認爲誠即聖，又認爲聖人可學而至，可知聖人是通過學習誠而成就的。同時，誠

〔註35〕《禮記·禮運》
〔註36〕《周敦頤集》，第6頁。
〔註37〕同上，第37～38頁。

又等同於無極而太極，凡人要理解聖人之誠的內在精蘊，就是學誠，就是要知道無極而太極是以怎樣的方式而化生天地萬物，從而自覺地融入其中，便到達了聖人之誠，從而與天地為一。

周敦頤解釋誠、神、幾為：「寂然不動者，誠也；感而遂通者，神也；動而未形、有無之間者，幾也。」〔註38〕誠貫通終始，誠劃分為陰陽五行而生萬物，是無極而太極的無為而無不為的神妙難測。處於誠之神妙不測之中，或動或靜，或陰或陽，此即是幾。於是，誠、神、幾各有功用上的區別，卻又合而為一。這種區分和合一實在是難於為普通人所理解，故周敦頤提出：「誠、神、幾，曰聖人。」〔註39〕聖人是儒家理想中的完備之人，被周敦頤看作是和合了誠、神、幾的人，在此來說，人是產生於誠的，人得天地之靈秀而能認識和把握天地生成的神妙，並能參透其中的難測之幾，人先天地具有誠、神、幾於人性之中。能否自我發掘和自我實現，決定了聖凡之分。

由誠而生成的世界是生生不息的，即所謂「天地之大德曰生。」周敦頤發揮了這種理論，認為：

> 天以陽生萬物，以陰成萬物。生，仁；成，義也。故聖人在上，以仁育萬物，以義正萬民。天道行而萬物順，聖德修而萬民化。大順大化，不見其跡，莫知其然之謂神。故天下之眾，本在一人。道豈遠乎哉！術豈多乎哉！〔註40〕

生生不息體現了仁，隨著萬物的生成，萬物各有其義，仁義其實是一致的，它們的關係等同於作為天、地、人根本的誠於萬物中的誠的關係。把握仁義，與把握誠一樣，都只能有人來完成。人是天地之間最靈秀者，聖人又是人中最靈秀的，聖人通過思而通極於誠，「思曰睿，睿作聖」。聖人就能夠體會誠、無極而太極，順著《太極圖》中展示的萬物化生路徑，把握誠是如何通過萬物的化生而進入到萬物之中的。這其中也包括了人，聖人把握了人之誠，也就能夠用誠來教化民眾，使之順從於誠的天地化生，從而人的所作所為都是誠的，仁義即在其中。如此，誠為天、地、人之本，聖人也就成了人之本，聖人即誠。於是聖人能夠作為人極而參與天地的化育，而這是通過教化來完成的。

〔註38〕《周敦頤集》，第 17 頁。
〔註39〕同上，第 18 頁。
〔註40〕同上，第 23～24 頁。

通過教化可教人以廉恥，能促使人復歸於誠。這是一個思想逐步擴大的過程：由一個人的思想推及所有人的思想——因爲人性已被預設爲誠的，是以有人與人之間可以相互推及的基礎——再推及於天地之思。但是，天地並不思考，只有人在思考，天地之思不如說是人思考何以爲天、地、人，是用人之思來代替天地之思。天、地、人皆是誠的，人之思誠就能通天地之誠，即天、地、人因思誠爲一。思及天地，天地之間無不因誠而思，思想即由於誠而無所不通、無所不至，人就能夠通過思誠來發掘人性，達到至誠的聖人境界。聖人是合誠、神、幾的，在思誠時，也要愼於幾，體會所謂神的不測，使誠能落入實處，避免把誠僅僅當做思想中空懸的抽象本體，把誠的天、地、人之道，與具體的思誠、使人自誠的行動結合起來了，就是體用合一。

《中庸》裏有「誠之者，擇善而固執之者也」之語，聖人之道是誠，成爲聖人的途徑也在於誠。人的反身而誠，就是使人自誠以至於聖人。反身而誠不是盲目的，誠既然是根本之性，本身即是明，所以誠是靜。然而，孔子也自稱爲「我非生而知之者，好古，敏以求之者也。」〔註41〕意味著沒有人是生而知的，也就意味著沒有人是生而誠的，人需要以動的方式去把握誠，就是要求自明誠。用孔子的話說，就是以學的方式完成。《中庸》本身即是將誠與學結合起來的，人從出於天，故天道與人道應是一致的，學習如何爲人之道就是學誠。天道之誠是要通過人自身的努力才能實現，這就是人的自明誠的重要性所在。自明誠的具體路徑，就是博學之、審問之、愼思之、明辨之、篤行之，這五者就是誠之之道，所以要「固執之」〔註42〕。以明而誠之動，至於誠而明之靜，那麼自誠明與自明誠之天人合一，也就是動靜合一。五者中，學是第一位的，由博學開始，才能有審問、愼思、明辨、篤行的漸次展開，則反身而誠以至於誠的動靜相即，關鍵就在如何明瞭所以誠者爲何物，而後能以此明瞭何以能誠之道。

聖人學道而與道爲一，聖人就隨道通達於萬物而又不滯於行跡，普通人不能明道，也就不能理解聖人。聖人之學爲己，故他人不知，絲毫不減損於聖人的內蘊。聖人所以學者，在於誠，聖人是人，學誠並自誠，能成聖人，

〔註41〕《論語・述而》。

〔註42〕朱熹認爲：「此誠之之目也。學、問、思、辨，所以擇善而爲知，學而知也，篤行，所以固執而爲仁，利而行也。程子曰：『五者廢其一非學也。』」《四書集注》，第31頁。

如果這種路徑爲他人所知，並且能身體力行，也就能使人向聖。雖然不是所有人都能成爲聖人，卻爲人的發展指明了方向。從這種對他人的影響上看，聖人確實是以誠爲依據而能感通普通人。又由於誠是即動即靜的，則聖人的「寂然不動，感而遂通」，首先應是人有志於學，而後學誠以成聖人，聖人通過自己的言行舉止引導他人也學誠，在潛移默化當中使人自覺於誠，人自誠而化於誠。

《易》的卦象象徵著天地運行中的時、位、事，每卦各有其意，六十四卦統一爲變易、簡易、不易之意，是不易的變化之道的「寂然不動」和變易之道的「感而遂通」的結合。「聖人立象以盡意，設卦以盡情僞」〔註43〕，卦象的意義都能徹底地顯現出來的，其中無隱情，即是誠，這正好把誠作爲變化的根本和變化的過程在六十四卦中結合起來。統體一太極、物物一太極也是統體一誠、物物一誠，誠之體用合而爲一。周敦頤用《易》的演化來說明，誠即是易，故至誠的聖人等同於《易》所說的大人，「夫大人者，與天地合其德，與日月合其明，與四時合其序，與鬼神合其吉凶。先天而天弗違，後天而奉天時。天且弗違，而況於人乎，況於鬼神乎！」〔註44〕如此，聖人因誠而無所不至，天、地、人盡在聖人掌握之中，於是：

> 君子乾乾，不息於誠，然必懲忿窒欲，遷善改過而後至。乾之
> 用其善是，損益之大莫是過，聖人之旨深哉！「吉凶悔吝生乎動」。
> 噫！吉一而已，動可不愼乎！〔註45〕

九三位於下卦之上，又處於上卦之下，同時爲上下所交迫，說明在世之君子少而小人多、君子爲小人所迫而謹於自處。但是，《乾》爲至陽之卦，陽動之剛健使得君子不甘於沉淪，而是時時提醒自己改過遷善，以等待時機的轉變。《象辭》的解釋是：

> 九三曰：君子終日乾乾，夕惕若厲，無咎，何謂也？子曰：君
> 子進德修業。忠信，所以進德也；修辭立其誠，所以居業也。知至
> 至之可與幾也，知終終之可與存義也。〔註46〕

周敦頤所謂「不息於誠，遷善改過而後至」，是要求人主動作爲，以遷善改過

〔註43〕《繫辭上》。
〔註44〕《乾・文言》。
〔註45〕《周敦頤集》，第38頁。
〔註46〕《乾・象辭》。

爲立身之本。人之本在於誠，遷善改過也就是自誠，目的是使人成爲聖人，即「遷善改過以作聖」。同時，遷善改過是立身之本，誠、神、幾又是合一的，遷善改過是要在幾的微妙變動之中實現的，變動之幾與時機有關，人在自誠時，就要符合《易》變化的「時」。在這當中，「辭」是關鍵的一環，因爲「修辭立其誠」與「遷善改過以作聖」是一致的，就要考察一下「辭」所指爲何。

按照《易傳》的說法，「聖人有以見天下之賾，而擬諸其形容，象其物宜，是故謂之象。聖人有以見天下之動，而觀其會通，以行其典禮，繫辭焉以斷其吉凶，是故謂之爻。言天下之至賾而不可惡也，言天下之至動而不可亂也。擬之而後言，議之而後動，擬議以成其變化」〔註47〕。聖人既然可以對天地萬物探賾索隱，聖人對於天地萬物就是全部明瞭的，外部表現萬物之象全部顯現出來，並且能夠用語言的「辭」做出解釋和說明。構成《易》的正是卦象和爻辭，「八卦以象告，爻象以情言」〔註48〕。辭是可以表達卦象的意義的，辭就是眞實無妄而誠的。但是，

> 子曰：「書不盡言，言不盡意。」然則聖人之意，其不可見乎？
>
> 子曰：「聖人立象以盡意，設卦以盡情僞，繫辭焉以盡其言，變而通之以盡利，鼓之舞之以盡神。」〔註49〕

《易傳》並不否認聖人之意是可理解的，但又不是直接通過語言而顯現的。聖人之意要通過象、卦、辭、變的結合才可以的顯現，聖人之意既離不開語言，又隱然超越語言，表面上看是矛盾的。因爲從形式上看，語言是有，意是無。但是從無極而太極統一有無來看，聖人的言與意的這種若即若離關係，也就應是有無的統一，既不能離開語言而求聖人之意，也不能因爲體會到了聖人之意而忽略語言。聖人的言與意即是誠之天道的顯現，聖人的言與意即是誠而眞實無妄的，聖人的意雖然是無形的，卻是誠而有的。聖人之意不容易被人把握，要借助語言與圖像，即「爻也者，效此者也；象也者，象此者也。爻象動乎內，吉凶見乎外，功業見乎變，聖人之情見乎辭」〔註50〕。通過聖人之言與象，聖人之意也就可以爲人所把握，進而能把握其中蘊含的誠之天道。「修辭立其誠」中的「辭」，本身所要表達的意義就是誠而眞實無妄

〔註47〕《繫辭上》。

〔註48〕同上。

〔註49〕同上。

〔註50〕《繫辭下》。

的,「修辭」是語言的使用者使「辭」自誠,「立其誠」是語言的使用者要達到的誠的目標。

從《損》、《益》二卦來看,均為損上益下而利有攸往,又都強調與時偕行,則人的行動就要因時制宜,卻仍主於自修。人之自修,即是自誠,是誠之寂然不動與誠之感而遂通無不明瞭於人自身,知道何時可行、何時可止,根據誠來謹行慎思。不只是思誠,也是行誠。思與行不相分離,故君子既能思誠以明善惡是非,又能遷善改過,使自我之誠與天地之誠合一。人在以誠為依歸來進行自我修養時,這個過程是等同於天地運行變化的過程的,由「至誠以動」可知凡物必有誠,凡物之動也是因誠而動。就人而言,人首先是自誠其心,再自誠於事,所以心思和行為都得以誠,《易》的生成變化也就誠而實地體現出來了,人就由思誠而入於至誠,就是超凡入聖。

3. 誠與復性

在周敦頤看來,人生天地間,人是和天地一樣本於誠的,馮道之流的行為,必然是有悖於誠的人性的,這樣就不能中於人性,不合於天、地、人共同構成的生生不息的誠的世界,即是妄動為惡。若要避免僥倖心理,並且消除之,使人發現自身真實的「幸」之所在,就要對自我之性進行尋根探源式的自我發掘,具體說來就是對自己的行為和心理加以分析。周敦頤說:「必有恥,則可教;聞過,則可賢。」〔註51〕恥辱所帶來的羞愧感和負罪感,如果不對自己的行為和心理作反思,是不會產生的,所以,誠實地面對自己之過並能勇於改正,使人之不誠復歸於誠,這即是《師第七》中立師教以誠來引導的原因,也是《誠幾德第三》由人的復性、執性而成人之德行的具體化:

> 《洪範》曰:「思曰睿,睿作聖。」無思,本也;思通,用也。
> 幾動於彼,誠動於此。無思而無不通,為聖人。不思,則不能通微;
> 不睿,則不能無不通。是則無不通,生於通微,通微,生於思。故
> 思者,聖功之本,而吉凶之幾也。易曰:「君子見幾而作,不俟終日。」
> 又曰:「知幾其神乎!」〔註52〕

〔註51〕《周敦頤集》,第21頁。
〔註52〕同上,第21~22頁。

聖希天，賢希聖，士希賢。伊尹、顏淵，大賢也。伊尹恥其君
不爲堯、舜，一夫不得其所，若撻於市。顏淵「不遷怒，不二過」，
「三月不違仁」。志伊尹之所志，學顏子之所學。過則聖，及則賢，
不及則亦不失於令名。〔註53〕

太甲不能繼承湯之德業，「伊尹恥其君不爲堯、舜」，放太甲於桐。並且，伊
尹告誡太甲：「惟天無親，克敬惟親。民罔常懷，懷於有仁。鬼神無常享，享
於克誠。天位艱哉！德惟治，否德亂。與治同道，罔不興；與亂同事，罔不
亡。終始愼厥與，惟明明后。」〔註54〕這段話中，重點在「克敬」、「有仁」、
「克誠」上。孔穎達解釋爲：「天親克敬，民歸有仁，神享克誠，言天民與神
皆歸於善也。奉天宜其敬謹，養民宜用仁恩，事神當以誠信，亦準事相配而
爲文也。」〔註55〕這意味著，善事天者，不違於天；善事人者，仁愛之而使
人得養；善祀鬼神者，因誠而感動之。合此「克敬」、「有仁」、「克誠」，俱歸
於善，表現爲善，實質卻是人德所致，統一併貫通於人。「克敬」、「有仁」、「克
誠」是「準事相配而爲文」，三者於人德中也是統一併貫通的，敬、仁、誠就
是一致的，誠即是敬、仁。因此，人由於誠而能合天德、人德。德厚純粹而
能誠信於鬼神，這樣的人就是堯舜之類的聖王。因誠而如此，聖王也可以稱
爲聖王，正是伊尹所希望太甲所應達到的境界。換言之，太甲必須要誠而後
已。

顏淵生平艱辛，貧病交加中死去，然而，「一簞食，一瓢飲，在陋巷，人
不堪其憂，回也不改其樂」〔註56〕。在常人看來，顏淵處於這種情況下，早
已經無任何樂趣可言。但是，顏淵所孜孜以求的，並非常人之樂，孔子稱讚
顏淵爲：「有顏回者好學，不遷怒，不貳過，不幸短命死矣。今也則無，未聞
好學者也」、「回也，其心三月不違仁，其餘則日月至焉而已矣。」〔註57〕以
顏淵爲門下最好學，且能有希望躋身於仁者。孔子擔憂的是：「德之不修，學
之不講，聞義不能徙，不善不能改，是吾憂也。」〔註58〕顏淵對其師孔子極
爲推崇，曾感歎道：「仰之彌高，鑽之彌堅。瞻之在前，忽焉在後。夫子循循

〔註53〕《周敦頤集》，第22～23頁。
〔註54〕《尚書正義》卷八。
〔註55〕同上。
〔註56〕《論語・雍也》。
〔註57〕同上。
〔註58〕《論語・述而》。

然善誘人，博我以文，約我以禮，欲罷不能。既竭吾才，如有所立卓爾。雖欲從之，末由也已」〔註59〕。可知顏淵之憂樂是與孔子一致的〔註60〕，故顏淵篤行於學仁、求仁，即是以仁爲己任而樂此不疲，窮居陋巷而始終不改其樂。孔子自稱「若聖與仁，則吾豈敢」〔註61〕。聖與仁是結合在一起的，求仁便是求聖，學仁可以至於聖人，孔子和顏淵所樂者就是仁。在周敦頤看來，誠是聖人之本，聖人即誠，孔子和顏淵所篤學力行的，其實也就是誠而已。

因此，伊尹志於聖王，顏淵學爲聖之方，兩者的目的其實一致，便是以誠而志於學聖人之道，儘管學習的最終結果未必能達到聖人境界，但只要心誠意篤，就已經自誠。因其誠而學，最終是要學以至誠，便是下學而上達。即便不能學而至聖人，卻是「高山仰止，景行行止」，始終是以誠作爲出發點和目標，終究有可能使人達於至誠。因此，學而成聖人，就是學習聖人是如何誠的：

> 「聖可學乎？」曰：「可。」曰：「有要乎？」曰：「有。」「請聞焉。」曰：「一爲要。一者無欲也，無欲則靜虛、動直，靜虛則明，明則通；動直則公，公則溥。明通公溥，庶矣乎！」〔註62〕

這裏認爲聖學之要在於「一」，在考察誠的源流時，已經說明誠有「一」之義，聖學之誠就是聖人之一，以誠來一以貫之。既然「一者無欲也」，所有的思慮動作都是「動而正」、「用而和」，無欲即是誠。誠的自然順化，在人身上的實現，就是通過人的無爲、無欲來實現的。但是，又並非完全的無爲、無欲。因爲誠的實現，還需要人的自誠，使人能復歸於誠體。從萬物化生上來看，誠是萬物之體，人是萬物中之一，人是誠體的發用，故而人以誠爲體，若要人自誠，就是從人自身去求誠體，誠的無爲、無欲，指的是人要積極主動地去無爲、無欲，從而順應誠的無爲、無欲。周敦頤的表述是：

> 誠，無爲；幾，善惡。德：愛曰仁，宜曰義，理曰禮，通曰智，守曰信。性焉、安焉之謂聖。復焉、執焉之謂賢。發微不可見，充周不可窮之謂神。〔註63〕

幾爲陰陽變化之機妙處，陰陽五行互相蘊含，所以動中有靜、靜中有動。從

〔註59〕 《論語·子罕》。
〔註60〕 周敦頤教二程兄弟尋孔顏樂處，即是因此而發。大程自敘：「昔受學於周茂叔，每令尋顏子、仲尼樂處，所樂何事。」見《二程集》，第16頁。
〔註61〕 《論語·述而》。
〔註62〕 《周敦頤集》，第31頁。
〔註63〕 同上，第16～17頁。

「誠，無爲」來看，陰陽應承無極而太極、誠，本身即是無爲的。陰陽既然無爲，也就不應有善惡之分。但是，由誠之無爲竟然產生了善惡，就不得不在誠的由靜向動轉化之幾上來進行考察。朱熹認爲：「幾者，動之微，善惡之所由分也。蓋動於人心之微，則天理固當發見，而人欲亦已萌乎其間矣。此陰陽之象也。」〔註64〕是以人能成善成惡，根源在於天理人欲之分。周敦頤以人爲天地間最靈秀者，人能得天地之誠，人心於是既能用其誠的神、知向善，反之卻又可以由之向惡。誠無所不在、徹始終，誠經過陰陽五行的化生過程之後，復歸於誠，誠在這個過程中是不可被形與名所限制的，他的妙用無處不在卻又不可名狀。一切都是誠的流行化育之自然所致，誠以無爲言，即無爲而又無不爲之意。誠等同於天地運行之道，天地運行之道本就是無思無爲而序四時、生萬物。正是由於誠的無爲，故誠能夠自然地生長化育萬物，使萬物各得其性，無爲而無不爲。

第三節　境界論

誠是聖人之本，人的最高境界是成爲聖人，故達到聖人之境界即是成爲至誠之人。但是，周敦頤認爲「主靜立人極」，又認爲人需要「愼動」，則誠既靜又動，以誠爲本的聖人也當如此。於是，周敦頤誠論中的境界論，是圍繞動靜問題展開的。

1. 動靜相即

周敦頤說：「五常百行，非誠，非也，邪暗，塞也。故誠則無事矣。至易而行難。果而確，無難焉。故曰：『一日克己復禮，天下歸仁焉。』」〔註65〕落腳處就在於「復」上。孔安國認爲：「復，反也。身能反禮則爲仁矣。」〔註66〕《彖辭》語：「復，亨。剛反，動而以順行。是以出入無疾，朋來無咎。反覆其道，七日來復，天行也。利有攸往，剛長也。復，其見天地之心乎！」〔註67〕王弼注爲：「復者，反本之謂也。天地以本爲心者也。凡動

〔註64〕《周敦頤集》，第16頁。
〔註65〕同上，第15～16頁。
〔註66〕《論語注疏》卷十三。
〔註67〕《彖·復卦》。

息則靜，靜非對動者也；語息則默，默非對語者也。」〔註68〕天地之心是誠，人之心也是誠，以誠爲徹上徹下的天人合一來看，人心之誠必然主動地符合於、統一於天地之心之誠。無論何種情況，都是以復爲動，周敦頤所理解的克己復禮，是與誠聯繫在一起的。從反身而誠、反躬而靜上看，所反者靜、誠而已，靜、誠是根本，那麼靜與誠是相等同的。自誠明之性是靜，自明誠之教是動，出發點、過程和目的都是誠，誠雖無時不動，又無時不靜。在周敦頤這裏，所謂「動而無動、靜而無靜」，就是主靜卻不失動，動而又不離於靜。黃宗羲的觀點也是這樣，他認爲：「周子之學以誠爲本，從寂然不動處握誠之本，故曰『主靜立極』。本立而道生，千變萬化皆從此出。化吉凶悔吝之途，而反覆其不善之動是主靜眞得力處。敬妙於動，動即是靜，無動無靜，神也，一之至也，天之道也。」〔註69〕周敦頤的立人極之境界，必然是微妙而又動靜相即的。

正如前述，不能用一個靜字來概括誠，由動復靜不是簡單地過程。《慎動第五》云：

動而正，曰道。用而和，曰德。匪仁，匪義，匪禮，匪智，匪信，悉邪矣。邪動，辱也；甚焉，害也。故君子慎動。〔註70〕

誠是聖人之道，反、復於誠既然是動，就不能不以誠爲依歸，這便是動而正之道。在具體的實施中，即是以仁義禮智信爲準的。這是因爲，「德：愛曰仁，宜曰義，禮曰理，通曰志，守曰信」〔註71〕，五常是人自有之德，又以誠爲本，故人在行動當中，不得不以誠爲準的。誠而後能公、正，公、正則沒有隱瞞而爲所有人明瞭，於是，周敦頤提出：

公於己者公於人，未有不公於己而能公於人也。明不至則疑生。
明，無疑也。謂能疑爲明，何啻千里？〔註72〕

這就將人的誠、明與公、正結合起來，自誠明而後能誠公、誠正，誠明就是公正的。結合孔穎達對「自誠明，謂之性；自明誠，謂之教。誠則明矣，明則誠矣」解釋：

〔註68〕《王弼集校釋》，第337頁。
〔註69〕《宋元學案》卷十二，《濂溪學案下》。《黃宗羲全集》第三冊，浙江古籍出版社，2005年，636頁。
〔註70〕《周敦頤集》，第18頁。
〔註71〕同上，第16～17頁。
〔註72〕同上，第31頁。

此一經顯天性至誠，或學而能。兩者雖異，功用則相通。「自誠明，謂之性」者，此說天性自誠者。自，由也，言由天性至誠，而身有明德，此乃自然天性如此，故「謂之性」。「自明誠，謂之教」者，此說學而至誠，由身聰明，勉力學習，而致至誠，非由天性，教習而致，故云「謂之教」。然則「自誠明，謂之性」，聖人之德也。「自明誠，謂之教」，賢人之德也。「誠則明矣」者，言聖人天性至誠則能明其德，由至誠而致明也。「明則誠矣」者，謂賢人由身聰明，習學乃致至誠，故云「明則誠矣」。是誠則能明，明則能誠，優劣雖異，二者皆通有至誠也。〔註73〕

以自誠明爲聖人，自明誠爲賢人，聖賢皆歸本於誠。周敦頤所謂「聖希天，賢希聖，士希賢」，雖然增加了士，實際上卻同於孔穎達之說。周敦頤肯定聖人乃是可以學而至的，就意味著自誠明是可以學而至的。不過，起始點在自明誠。聖人之誠即是天道之誠，賢人與士人之誠也是如此，所以誠本來是公正的，由下學而上達，逐漸自誠而至誠，便是士人進於賢人、賢人進於聖人，最後與天道之誠合一，天道的至公至正就是聖人之人極。

人之道及無極而太極之道，也即誠之道。且聖人與凡人同出於誠，爲人之方就是要本於誠、行於誠、守於誠。以誠來一以貫之，所以誠爲簡易，只需一個誠字，即工夫即本體，一切盡在誠，即孟子「反身而誠，樂莫大焉」之謂。周敦頤以聖人爲制定中正仁義者，制定中正仁義是動，又以「主靜立人極」，聖人既動又靜，聖人作爲人極，時刻處於動靜之間，這一點不能不加以考慮。

黃宗羲將聖人立人極之靜視爲修養工夫，「至於《說》（按：《太極圖說》）中『無欲故靜』一語，非其工夫之下手處乎？此語本孔安國『仁者靜』之注，蓋先聖之微言也。」「仁者靜」一語，出自《論語》：「知者樂水，仁者樂山。知者動，仁者靜；知者樂，仁者壽。」〔註74〕趙紀彬認爲此處有佚文，並引《韓詩外傳》補之：

夫水者，緣理而行，不遺大小，似有智者；重而下之，似有禮者；蹈深不疑，似有勇者；障防而清，似知命者；歷險致遠，似有

〔註73〕《禮記正義》卷第六十。
〔註74〕《論語‧雍也》。

　　德者。天地以成，群物以生，國家以寧，萬事所平。此智者所以樂
　　水也。

　　　　夫山，萬人之所觀仰，材用生焉，寶藏植焉，飛禽萃焉，走獸
　　伏焉；育物群而不倦，有似夫仁人志士。是仁者所以樂山也。〔註75〕

水似智者，是動；山似仁者，是靜。但是，似水的智者最後是參與到了「天
地以成，群物以生，國家以寧，萬事所平」的過程中，這個過程很明顯是靜
的，水是動極而靜。似山的仁者雖然表現為山之不動，在山中卻「育物群而
不倦」，是靜中又有動。動靜的表現雖異，而其中又彼此相連，智者與仁者的
動靜之別就不是絕對的，以動靜合一而言，仁智也應合一。孔安國認為仁者
所以靜，在於「無欲故靜」〔註76〕，則智者與仁者的合一，無欲就不是絕對
是靜，否則仁者何以能似山而作為繁育萬物之本？黃宗羲之所以認為周敦頤
是受孔安國的影響，是因為周敦頤提出：

　　　　「聖可學乎」？曰：「可。」曰：「有要乎？」曰：「有。」「請
　　聞焉。」曰：「一為要。一者無欲也，無欲則靜虛、動直，靜虛則明，
　　明則通；動直則公，公則溥。明通公溥，庶矣乎！」〔註77〕

根據這段話，學習是成為聖人的唯一路徑，是故應專一為要，排除欲望而專
於「一」，由此「一」能虛靜而動直。如果周敦頤確實如黃宗羲所說，乃是受
孔安國的影響，則周敦頤之主靜，具體而言就是消滅欲望。一般而言，欲望
乃是私人所有，絕非公於天下的，「聖人之道，至公而已矣。或曰：『何謂也？』
曰：『天地至公而已矣。』」〔註78〕聖人之道已經明確為中正仁義，此道又是
隨著無極而太極、陰陽、五行的化生萬物的活動過程而運行不息的，聖人之
道就是至公無私的，因為天道無私，秉承天道且與天道一致的聖人之道必然
也是無私的。足見聖人乃是至大至公者，即誠是至大至公的。聖人所以能如
此，仍在於聖人制定中正仁義之道，即聖人是動而不是靜。消滅欲望也是動，
至於無欲而一，是由動而歸於靜。《中庸》說：「惟天下至誠為能盡其性」，誠
是關於性的，聖人是人性之極致的「人極」，誠在實現聖人之性的同時，也是

〔註75〕趙紀彬：《論語新探》，人民出版社，1976年，第228頁。「水者」章，見於《太
　　　　平御覽》卷五十九《地部二十四・水下》；「山者」章，見於《太平御覽》卷
　　　　三十八《地部三・敍山》。趙紀彬誤將前後卷數對調。

〔註76〕《論語注疏》，卷六。

〔註77〕《周敦頤集》，第31頁。

〔註78〕同上，第41頁。

在實現所有人之性。〔註79〕只從靜字上，看不出何以人之誠是由動而歸於靜者，故誠不可以用一個靜字來完全概括。

2. 由動入靜與由靜入動

《禮記·樂記》中有這麼一段話，說明了人性之誠與人性之靜的關係：

> 人生而靜，天之性也。感於物而動，性之欲也。物至知知，然後好惡形焉。好惡無節於內，知誘於外，不能反躬，天理滅矣。夫物之感人無窮，而人之好惡無節，則是物至而人化物也。人化物也者，滅天理而窮人欲者也。〔註80〕

明確認為人的本性是靜的，卻又有感動外物的欲望，人性本身是有靜有動的從順序上看，靜的天之性在前，動的性之欲在後。雖然人性是動靜相即的，不能專主靜或專主動，但是靜先動後，是以動出於靜。緊接著的「物至知知，然後好惡形焉。好惡無節於內，知誘於外，不能反躬，天理滅矣」，將天理定位於內，人的天性即是天理使然，天理等同於天性，天理是人反躬而得，以孟子「反身而誠」來看，《樂記》所說的人的靜之天性，就是人本身已經具備的，卻需要以反身、反躬的方式去明察和實現，反身、反躬是動，也即是窮理、盡性、至於命〔註81〕。天理是以消滅欲望的方式而得以保存，滅欲即是反身而誠，且理、性、命三者在此語境中，是等同的，滅欲存理之反身而誠，同時也就是反身而誠於理、性、命。可以推知周敦頤應該是循此路徑，以靜為人極，儘管人性本靜，但是人卻不能生而不動，因為中正仁義之道需要動作施行而完成，目的在於立人極之靜，由人性之靜生出人生之動，又反而由人生之動復歸於人性之靜，這是人性之不得不如此者，便是動而無動、靜而

〔註79〕 牟宗三認為「聖人之生命通體是一誠字，故『自誠明謂之性也』。若就人一般言之，人人皆有此誠體，誠豈只為聖人之本耶？」見牟宗三：《心體與性體》（上），上海古籍出版社，1999年，第282頁。

〔註80〕 《禮記正義》卷四十七。

〔註81〕 《說卦》言：「昔者聖人之作《易》也，幽贊於神明而生蓍，參天兩地而倚數，觀變於陰陽而立卦，發揮於剛柔而生爻，和順於道德而理於義，窮理盡性以至於命。」孔穎達認為：「蓍數既生，爻卦又立，《易》道周備，無理不盡。聖人用之，上以和協順成聖人之道德，下以治理斷人倫之正義。又能窮極萬物神妙之理，究盡生靈所稟之性，物理既窮，生性又盡，至於一期所賦之命，莫不窮其短長，定其吉凶，故曰『和順於道德而理於義，窮理盡性以至於命』也」。（《周易正義》卷第九）

無靜之理，也是動而無動、靜而無靜之命。因此，與其如黃宗羲所說那樣，主靜立人極是受孔安國「無欲故靜」的觀點的影響，不如說是受《樂記》之影響的可能性較大。

以反躬的方式復歸於靜，就是誠於靜。按周敦頤所說，聖即是誠，誠作為根本之體，誠是通過反身而誠達到的，靜與誠之間就是有聯繫的。仁、義、禮、智、信皆由誠而產生，從而人的一切行為也都是以誠為依據的〔註82〕。從根本（體）上看，誠本身是不動的，是靜；從表現（用）上看，誠又是運行不息的，無論無極之真、二五之精的具體生成作用為何，都不影響其生成物的本性為誠，這便是誠的動中之靜。誠在表現為動的同時，誠作為根本卻是靜而不動的。《通書》是以《易》來闡述萬物生成變化的，誠之動靜關係，其實就是《易》之變易與不易的結合〔註83〕。以誠為貫通於萬物化生的過程而言，誠是變易；誠貫徹始終，誠無論處於何種情況，仍然不改其誠，則誠是不易。誠的運行之道就等同於《易》道，是變易與不易的結合。在周敦頤這裏，就表述為：「動而無靜，靜而無動，物也。動而無動，靜而無靜，神也。動而無動，靜而無靜，非不動不靜也。」〔註84〕萬物有形，限於形體而不能通達於道，故有滯而無通。如果通達於道，既動而隨道運行不竭，然而道是不變的，不變即是靜，隨道運行不竭就是與道同體而為靜。這裏所說的道即是誠，誠既動而生萬物，並且誠隨時在萬物之中，誠的變易與不易就沒有明確的界線，誠的動靜是相即的，就是神無體、易無方之謂。《周易正義》認為：「凡『無方』『無體』，各有二義。一者神則不見其所處所云為，是無方也；二則周遊運動，不常在一處，亦是無方也。無體者，以使自然而變，而不知變之所由，是無形體也；二則隨變而往，無定在一體，亦是無體也。」〔註85〕無論何種意義，都與周敦頤之誠的變化無窮而通達萬物相一致，因為誠在變化，誠不可以限定於形體、方所。然而，誠貫通萬物，誠隨時在萬物之中而為萬物之本。以誠不限於萬物之一個別形體，誠是動；以誠確實在萬物之一

〔註82〕朱熹注為：「五常，仁、義、禮、智、信，五行之性也。百行，孝、弟、忠、信之屬，萬物之象也。實理全，則五常不虧，而百行修矣。」《周敦頤集》，第15頁。

〔註83〕「易者，易也，變易也，不易也。」見〔清〕趙在翰輯：《七緯》，鍾肇鵬、蕭文郁校注，中華書局，2012年，第30頁。

〔註84〕《周敦頤集》，第27頁。

〔註85〕《周易正義》卷七。

個別當中，誠是靜。因此，「動而無動，靜而無靜，非不動不靜也」這句話，所要表明的，正是誠雖然寂然不動，卻能感而遂通。〔註86〕也即是「靜無而動有，至正而明達也」之義。所以，蔡仁厚認為「動而無動，靜而無靜」的意思為：

> 這兩句是對誠體本身的體悟。靜時雖然無聲無臭，無方所，無行跡，一塵不染，純一不雜，故曰「靜無」。靜時雖然無，但卻並非死體，所以動時則虛而善應；當其應事，則因其所應之事而有方所、有行跡，故曰「動有」。動時雖然有，而其為一塵不染、純一不雜之虛體，則依然如故。下句「至正、明達」，則是呼應「靜無、動有」而言。故靜無即以「至正」來瞭解，動有即以「明達」來瞭解。明，是「自誠明」之明，達，是「利貞」之達——通而有定向，利而有終成。〔註87〕

可知周敦頤所說的誠是動靜相即的，反身而誠是對於誠的體悟。若反身而誠，而能與誠同體，即是由單一的動，至於動靜相即，動而無動、靜而無靜是動中有靜、靜中有動，與《太極圖說》中的無極與太極的有無統一關係相同。因此，反身而誠就不是簡單地「反」而已。

按《中庸》之義，自誠明是性，自明誠是至於性。根據前面所說，周敦頤以人性的極致為靜，自誠明是靜；復歸於人性之靜是動，自明誠是動。自誠明與自明誠是相統一的，意味著二者也是動靜統一的。

與周敦頤同時代的劉敞，在解釋何為「仁者靜」時，也採取結合自誠明與自明誠來解釋的方法。劉敞認為：

> 知者則利仁者也，仁者則安仁者也。利仁者明而誠之，有似於水漸而進者，故曰樂水也。安仁者誠而明之，有似於山自然而高，故曰樂山也。凡明而誠之者，本動故也，故曰知者動。凡誠而明之者，本靜故也，故曰仁者靜。凡利仁者去不善而就善，萬物皆備於

〔註86〕這句話的意思同於「寂然不動者，誠也；感而遂通者，神也；動而未形、有無之間者，幾也。」(《聖第四》) 誠、神、幾三者的關係，可參見黃百家所作案語：「《明儒學案·蔣道林傳》：『周子之所謂動者，從無為中指其不泯滅者而言，此生生不已天地之心也。誠、神、幾，名異而實同，以其無為謂之誠，以其無而實有謂之幾，以其不落於有無謂之神，道林以念起處為幾，念起則形而為有矣。』見《宋元學案》卷十一，《濂溪學案上》，《黃宗羲全集》(第三冊)，浙江古籍出版社，2005年，592頁。

〔註87〕蔡仁厚：《宋明理學·北宋篇》，吉林出版集團，2009年，第24頁。

我矣，故曰樂。凡安仁者與造化爲一體，死生不得與之變，故曰壽。
〔註88〕

無論是知者還是仁者，都不出於仁的範圍。知者初始或許不誠，但是通過知而明瞭什麼是誠，知者自明誠；仁者本來即誠，誠則明，仁者自誠明。知者明誠而復歸於誠，誠卻是寂然不動、感而遂通的，就是由動而入靜。用劉敞的話說，即是「知者動而復者也，動而復則利而後仁，利者非利於爲仁之可以得利也，利猶動也，知者必動而後仁矣。」〔註89〕自誠明與自明誠都在仁的範圍之內，誠於仁、明於仁，誠是動靜相即的，明是由動入靜，而自誠明與自明誠最後都統一爲一，那麼自誠明與自明誠也就無需再有動靜之分。因此，小程「周茂叔窮禪客」的說法是不成立的。這從周敦頤對於「時中」的解釋可以看出來：

> 「童蒙求我」，我正果行，如筮焉。筮，叩神也。再三則瀆矣，瀆則不告也。「山下出泉，」靜而清也。汩則亂，亂不決也。慎哉！其惟「時中」乎！「艮其背，」背非見也。靜則止，止非爲也，爲不止矣。其道也深乎！〔註90〕

《蒙》爲艮上坎下，《艮》爲艮上艮下，艮象徵山，山爲不動、靜止，所以《蒙》《艮》二卦都有「止」的意思。周敦頤以二卦相連，以《蒙》爲不明，既然不明事理，所以不能輕舉妄動，就是止於其所。止而又止便是《艮》，而《艮》的意思是：

> 《彖》曰：艮，止也。時止則止，時行則行，動靜不失其時，其道光明。艮其止，止其所也。上下敵應，不相與也，是以不獲其身。「行其庭，不見其人，無咎」也。〔註91〕

二卦都提出了依時而或行或止，二卦中的艮本身象徵不動如山的定止之意。以《蒙》而言，一決而止，不再復筮是止。以《艮》而言，山上有山，上下背對而不相應，只能止。依周敦頤之說，萬物之動靜行止，實際上都繫於無極而太極的誠，因誠而有陰陽五行之萬殊的生成，萬物之行也是各自之誠所止，萬物也因此而自止於其時其處，不出其位而爲止。於是，既因誠而發童

〔註88〕〔宋〕劉敞：《公是七經小傳》卷下，文淵閣版《四庫全書》，上海古籍出版社，第183冊。
〔註89〕同上。
〔註90〕《周敦頤集》，第42～43頁。
〔註91〕《周易正義》卷五。

蒙，並使童蒙止於一決之誠，也因誠而是中以止，誠的可行可止，並無私心雜念於其中，公明則通動靜爲一，不必再有動靜之分。

第四節　政教論

聖人之誠如果不能推行天下，人極便無從得立，導致聖人與凡人截然分開，這既不符合儒學傳統的聖王觀念，也是周敦頤所反對的。因此，誠之人極必須進入到現實的世界當中，通過人的活動而實現。這在周敦頤的政教論中，誠是禮樂制度的基礎，通過教化體現在對人倫關係的重視與對德性的培育上。同時，周敦頤承認人性有惡，故主張以德爲主、以刑爲輔而制惡。

1. 人極與人倫

雖然萬物都爲誠所化育，但是，「惟人也，得其秀而最靈。形既生矣，神發知矣，五性感動，而善惡分，萬事出矣。聖人定之以中正仁義，聖人之道，仁義中正而已矣。而主靜，無欲故靜。立人極焉」〔註92〕。人的這種珍貴性，乃在於人能分別善惡，由此而能實現仁義中正之道，則中正仁義之道即是天地、乾坤、陰陽之道。周敦頤是以聖人爲「人極」，仁義中正之道就是「人極」的實現。《尚書・泰誓》提出：「惟天地，萬物父母，惟人，萬物之靈。」認爲天地生成萬物，以人爲天地所生的萬物之中最靈秀者。鄭玄注此爲「生之謂父母。靈，神也。天地所生，惟人爲貴。」〔註93〕人之神靈應是通於天地的，人能受命於天。當然，只有個別的人能如此，即人之中最靈秀者，「宣聰明，作元后，元后作民父母。」爲人君者，既受其聰明於天，能以天之神妙而駕馭那些未曾受命於天的常人。《仲虺之誥》中稱敘述湯興兵反桀爲「惟天生民有欲，無主乃亂，惟天生聰明時乂，有夏昏德，民墜塗炭，天乃錫王勇智，表正萬邦，纘禹舊服。茲率厥典，奉若天命。」〔註94〕既然依據天命，人必然有君主，所以順天治民者必定爲人君，正是堯舜禹之事功。無論何人爲君，所要做的，仍是保持己德、任用賢德，由此而不自滿，謹愼地上服天命和下敬人事。人君是代替天地爲民之父母，人君的地位在神聖性和現實性上得到了雙重保證，《尚書・泰誓》又言：「惟天地萬物父母，惟人萬物之靈。

〔註92〕《周敦頤集》，第6頁。
〔註93〕《尚書正義》卷十。
〔註94〕《尚書正義》卷八。

亶聰明，作元后，元后作民父母。」〔註95〕據此，周敦頤之聖人，就是堯舜禹這類處於統治地位的王者，聖人即是王者，故有聖王之謂。

《太極圖說》以聖人之道即是中正仁義，《通書》也同樣如此：「聖人之道，仁義中正而已矣。守之貴，行之利，廓之配天地。豈不易簡！豈爲難知！不守，不行，不廓爾。」〔註96〕周敦頤以無極而太極爲道之開端，在道的運行中，「五行，一陰陽也；陰陽，一太極也；太極，本無極也。五行之生也，各一其性」〔註97〕。在道的運行過程之中，隨時是無極而太極的。誠是聖人之本，聖人是人極，則誠即是無極而太極。聖人之誠就是通徹五行、陰陽、太極、無極的唯一之性。而《太極圖說》中的聖人之道是中正仁義的，中正仁義也就是誠，中正仁義的「各一其性」即是「各一其誠」。

在人性的具體表現上，有所不同，「性者，剛柔、善惡，中而已矣。」〔註98〕人性有片面而不全者，表現爲剛善、剛惡、柔善、柔惡，惟有得剛柔善惡之中，才是人性的全體：「惟中也者，和也，中節也，天下之達道也，聖人之事也。故聖人立教，俾人自易其惡，自至其中而止矣。」〔註99〕得剛柔善惡之中，也就是得人性之正，即得中正仁義之誠。人生於陰陽動靜之化生，人性剛柔善惡之中正同樣出於此，人性無論是中和於剛柔善惡，仍是各得剛柔善惡之偏頗，俱爲誠之實有。其中的區別，中和於剛柔善惡者是中正仁義於全體之誠，於剛柔善惡有偏頗者只及於誠之部分，因而有聖人與凡人之分。但是，無論何者，人性都是誠的，同出於無極而太極，人人也就都應當中於此無極而太極之誠，由此而能立聖人之人極。

周敦頤認爲聖人並非不可實現的，他提出聖人乃是可以通過學習而成就的。周敦頤以聖人之道在於仁義中正，而聖人之道在於一，此所以學而爲聖人之一，就是一於仁義中正。仁義中正爲誠，學此唯一之道，也就是學誠而已。《中庸》言「率性之謂道，修道之謂教」，放在這裏，即是天道與人性爲誠，人之教化也必須是誠，要求人因誠之性而立誠之教，學此誠之教是學人所以爲人者，如何去立人極，進此而能中和於誠之中正仁義。

〔註95〕孔穎達認爲這是「萬物皆天地生之，故謂天地爲父母也。……人誠聰明，則爲大君，而爲眾民父母。」見《尚書正義》卷十一。
〔註96〕《周敦頤集》，第 19 頁。
〔註97〕同上，第 5 頁。
〔註98〕同上，第 20 頁。
〔註99〕同上。

誠之中正仁義在現實政治中的表現，就是禮樂制度。周敦頤認為：

> 禮，理也；樂，和也。陰陽理而後和，君君、臣臣、父父、子子、兄兄、弟弟、夫夫、婦婦，萬物各得其理，然後和。故禮先而樂後。〔註100〕

人生而有父母、兄弟，故有家之父子、兄弟、夫婦之義；所有家合而為國、為天下，在政治秩序中有尊卑貴賤，有君臣之義。合而觀之，家國天下乃是一體，從化生的角度看，萬物皆為「陰陽理而後和」君君、臣臣、父父、子子、兄兄、弟弟、夫夫、婦婦就都是陰陽和合的，都是誠之無極而太極的產物，君臣、父子、兄弟、夫婦之義就是誠而實存的，構成君臣、父子、兄弟、夫婦之義的禮樂制度也是誠而實存的。在現實政治之中，必須要誠，具體地說，就是要誠於禮樂制度。

周敦頤把聖人和統治者相結合，突出聖王，意在說明古代製作禮樂者，既是誠而立人極者，又能推廣於天下而為王者，故聖人有德有位。由於王者每代只有一人，這樣的聖人每代相應也只有一人，聖王德業廣大，既承接了誠之無極而太極的天道，又能以之治平天下萬民萬物，這樣的聖王就是「格於上下」的〔註101〕，既以誠為根據，又將誠發用於禮樂政教之中。因此，聖人所以能為聖人，就在於不僅能自誠，還能推誠於天下之人，這就是為什麼聖人具有唯一性：

> 天以陽生萬物，以陰成萬物。生，仁；成，義也。故聖人在上，以仁育萬物，以義正萬民。天道行而萬物順，聖德修而萬民化。大順大化，不見其跡，莫知其然之謂神。故天下之眾，本在一人。道豈遠乎哉！術豈多乎哉！〔註102〕

聖王的道與術，就是人君自誠而進德修業，通過禮樂教化以帶動天下之民眾，使之一於中正仁義，天下之人皆能躋身於聖人之誠，從而能立人極，也就是能自誠不息而達於誠之無極而太極。天下之人立人極，即是立於聖人因誠而製作的誠之禮樂制度。禮樂制度是由聖人創制的，周敦頤認為：

〔註100〕《周敦頤集》，第25頁。

〔註101〕此語出於《臯陶謨》：「天聰明，自我民聰明。天明畏，自我民明威。達於上下，敬哉！」孔穎達解之為：「人君之行，用民為聰明，戒天子使順民心，受天之福也。」見《尚書正義》卷四。

〔註102〕《周敦頤集》，第23～24頁。

> 古者聖王制禮法，修教化，三綱正，九疇敘，百姓大和，萬物咸
> 若。乃作樂以宣八風之氣，以平天下之情。故樂聲淡而不傷，和而不
> 淫。入其耳，感其心，莫不淡且和焉。淡則欲心平，和則燥心釋。優
> 柔中平，德之盛也；天下化中，治之至也。是謂道配天地，古之極也。
> 後世禮法不修，政刑苛紊，縱欲敗度，下民困苦。謂古樂不足聽也，
> 代變新聲，妖淫愁怨，導欲增悲，不能自止。故有賊君棄父，輕生敗
> 倫，不可禁者矣。嗚呼！樂者古以平心，今以助欲；古以宣化，今以
> 長怨。不復古禮，不變今樂，而欲至治者遠矣！〔註103〕

聖人把握了誠，所以他們製作的禮樂是誠的，與道是一致，禮樂也就與道一樣，是無所不包的。周敦頤說：「聖人之道，至公而已矣。」〔註104〕又說：「公於己者公於人，未有不公於己者而能公於人也。」〔註105〕聖人的誠之中正仁義乃是至公的，聖人製作之禮樂也是至公而至大的。聖人之禮樂，至公至大而能無所不中和於誠。周敦頤批評的後世禮法之衰敗，不能「道配天地」。

2. 政治上的實現

所有人的本性俱出於誠之乾元，人性是共通的，則對人性的培養方式也應是共通的，所以周敦頤提出：

> 十室之邑，人人提耳而教，且不及，況天下之廣，兆民之眾哉！
> 曰，純其心而已矣。仁、義、禮、智四者，動靜、言貌、視聽無違
> 之謂純。心純則賢才輔。賢才輔則天下治。純心要矣，用賢急焉。
> 〔註106〕

結合周敦頤的心性論，可見周敦頤認為治天下在於治人，治人在於治心。黃百家評價這段話為「治道之要，在乎君心。純其心，斯成大順化，法天為治也。」〔註107〕則所謂「純心」，就是純君心。人君為天下之主，教化政令皆出於人君，天下之人皆賴此君心，突出了人君之心的重要性。這種思想並非周敦頤首創，《尚書·洪範》語：

〔註103〕《周敦頤集》，第28～30頁。
〔註104〕同上，第41頁。
〔註105〕同上，第31頁。
〔註106〕同上，第24～25頁。
〔註107〕《宋元學案》卷十一，《濂溪學案上》，《黃宗羲全集》第三冊，浙江古籍出版社，2005年，第596頁。

> 皇建其有極，……無偏無陂，遵王之義；無有作好，遵王之道；
> 無有作惡，尊王之路。無偏無黨，王道蕩蕩；無黨無偏，王道平平；
> 無反無側，王道正直。會其有極，歸其有極。曰：皇，極之敷言，
> 是彝是訓，於帝其訓，凡厥庶民，極之敷言，是訓是行，以近天子
> 之光。曰：天子作民父母，以爲天下王。〔註108〕

孔安國把「皇極」注解爲「大中之道」〔註109〕，孔穎達將王道解釋爲大公無私的中正之道，人君若能行此道，便能「布德惠之教，爲民之父母」。〔註110〕然而，「夫民之父母乎，必達於禮樂之原」〔註111〕。

孔子言：「志於道，據於德，依於仁，游於藝。」〔註112〕《尚書・舜典》提出：「詩言志，歌永言，聲依永，律和聲。八音克諧，無相奪倫，神人以和。」〔註113〕人君爲民父母，必然是以《詩》之言志，使民志於道德仁義，作爲民之父母的人君也因此而必須先具有仁義道德並實現之，否則人君必然不能製作禮樂了節制天下〔註114〕。以樂和合之，音律不亂奪，禮的高下尊卑以音律的方式表達出來，孔穎達疏之爲「各自分守，不相奪道理，是言理不錯亂相奪也。」〔註115〕所志於《詩》者而能實現仁義禮智者，在周敦頤看來是「純心」之人，換言之，是以一人之心而體會千萬人之心，能推己及人而行仁政，人君即是治天下之本。因此，從人君之心來看，君心就必須是誠而貫通天、地、人。

現實的人性爲「厥彰厥微，匪靈弗瑩。剛善剛惡，柔亦如之，中焉止矣」。〔註116〕人性並非直接就是誠的，人心也並非直接是誠的。在天下所有人而言，能首先自誠於心，進而能自誠於性之人，就是合於誠之天道者。一人之心已

〔註108〕《尚書正義》卷十一。

〔註109〕同上。

〔註110〕此爲孔穎達語，見《尚書正義》卷十一。

〔註111〕《禮記正義》卷五十八。

〔註112〕《論語・述而》。

〔註113〕《尚書正義》卷三。

〔註114〕張豐乾近年來對民之父母的問題進行了深入研究，可參見張豐乾：《早期儒家與「民之父母」》，《現代哲學》，2008 年第 1 期；《「家」「國」之間──「民之父母」說的社會基礎與思想淵源》，《中山大學學報》（社會科學版），2008 年第 3 期。

〔註115〕《尚書正義》卷三。

〔註116〕《周敦頤集》，第 32 頁。

誠，帶動天下人之心也能誠，便是孟子言「天之生此民也，使先知覺後知，使先覺覺後覺也」〔註117〕之意。先誠之人為君，以誠之仁義禮智教人，故仁義禮智自生而下，從天道至誠而人自誠來看，誠即是合天人的，聖人以誠為本，即是以誠貫通天人。治天下必須製作禮樂，製作禮樂又須人君自誠為始。誠心便能誠天下，故治天下是根本上的方法是誠。

　　劉宗周稱「濂溪為後世儒者鼻祖，《通書》一編，將《中庸》道理又翻新譜，直是勺水不漏，第一篇言誠，言聖人分上事，句句言天之道也，卻句句指聖人身上家當。積善成性，即是元亨利貞，本非天人之別。」〔註118〕聖人之事就是天道之事，故聖人所行之禮，便是天道而已。天道即誠，周敦頤對禮樂的討論是不離誠的，故他提出：

　　　　禮，理也；樂，和也。陰陽理而後和，君君、臣臣、父父、子
　　　　子、兄兄、弟弟、夫夫、婦婦，萬物各得其理，然後和。故禮先而
　　　　樂後。〔註119〕

從《太極圖》所描繪的宇宙模式來看，君臣、父子、兄弟、夫婦，都產生於陰陽，陰陽為太極所分化，陰陽之理是陰靜而陽動，出於無極而太極的天地之本，誠又等同於無極而太極，於是，理是誠，君臣、父子、兄弟、夫婦也都是誠的結果。誠既是天、地、人之本，又具體地存在於萬物之中，治心、治人、治天下，就要在發掘人自身所具有的誠的同時，也要發掘人與人之間的誠的關係。

　　自孔子開始，儒家的政治目標就是建立一個完備的禮的制度，「夫禮者，經天緯地，本之大一之初；原始要終，體之乃人情之欲。」〔註120〕禮的本原和天地的本原是相同的，周敦頤以誠作為天地的本原，在他看來，禮的本原也就是誠。禮是由聖人根據誠來制定的，儒家的理想中的上古政治才是完備的：「古者聖王制禮法，修教化，三綱正，九疇敘，百姓大和，萬物咸若。」〔註121〕古代聖王制定禮法，必然是因天地之誠而為之，禮樂制度由此而具有的誠之真實無妄性，也應該為歷代統治者所繼承。

────────────

〔註117〕《孟子‧萬章上》。
〔註118〕《宋元學案》卷十一《濂溪學案上》。見《黃宗羲全集》（第三冊），浙江古籍
　　　　出版社。
〔註119〕《周敦頤集》，第25頁。
〔註120〕《禮記正義序》。
〔註121〕《周敦頤集》，第28頁。

　　回到禮以誠爲根據的問題上，任何一個人都生而有父母、兄弟、朋友，所以人之一生必然有孝悌忠信，這些都來自於誠化育萬物，因此是必然的，人應當受到禮的約束。萬物出於誠，歸於誠，此爲誠之不易。以人而言，人從自身尋找人之所以爲人者，即人之孝悌忠信，於是人自覺地受到禮的約束，既是人的自誠，也是人的自我實現，「一日克己復禮，天下歸仁焉」〔註122〕。

　　在這種自我實現過程中，關鍵在人的進德修業能否落到實處，自誠以求復歸於誠之本，以誠爲目標和準的而不斷地提升自我修養，是作爲修養主體的自我能與作爲天、地、人之本的誠合而爲一。修養上的誠所追求的，不在於使人名聲顯赫、榮華富貴，而在於人之實，即能否實現君君、臣臣、父父、子子、兄兄、弟弟、夫夫、婦婦等種種人倫關係。人生而有父母兄弟，於天下國家中有君臣，成家後有夫婦，爲人父母後更能體會父母之慈愛恩義，這些都是人所不能避免和否定的事實，也就是人之誠的體現。因此，人的自誠，就是要把君臣、父子、兄弟、夫婦這些關係內在之誠，以禮的方式實現出來，使之內外、名實一致。周敦頤認爲這正是君子與小人的分野：

> 實勝，善也；名勝，恥也。故君子進德修業，孳孳不息，務實勝也。德業有未著，則恐恐然畏人知，遠恥也。小人則僞而已！故君子日休，小人日憂。〔註123〕

從儒家一貫提倡的「正名」和「名實相符」來看，人之所以爲人，在於人具有動物所沒有的人倫關係。同時，從誠來看，名不副實或名過於實，就是自僞、不誠，故而不能誠於人倫關係的人，不能稱之爲眞正的人。不誠之人爲了不暴露其僞，需要更多的僞裝去掩飾，愈來愈遠離誠。因此，人的自誠首先就要務實，有其實則有其名。周敦頤將此過程描述爲：

> 治天下有本，身之謂也；治天下有則，家之謂也。本必端。端本，誠心而已矣。則必善。善則，和親而已矣。家難而天下易，家親而天下疏也。家人離，必起於婦人。故《睽》次《家人》，以「二女同居，而志不同行」也。堯所以釐降二女於嬀汭，舜可禪乎？吾茲試矣。是治天下觀於家，治家觀身而已矣。身端，心誠之謂也。

〔註122〕《論語・顏淵》。
〔註123〕《周敦頤集》，第25頁。

誠心，復其不善之動而已矣。不善之動，妄也；妄復，則無妄矣；無妄，則誠矣。故《無妄》次《復》，而曰「先王以茂對時育萬物」。深哉！〔註124〕

這其實就是《大學》的修身、齊家、治國、平天下的過程，然而周敦頤結合了堯、舜的傳說與《易》的《家人》、《睽》、《復》、《無妄》四卦來說明這一過程的展開。首先來看這四卦的意義：

《彖》曰：家人，女正位乎內，男正位乎外。男女正，天下之大義也。家人有嚴君焉，父母之謂也。父父、子子、兄兄、弟弟、夫夫、婦婦而家道正，正家而天下定矣。〔註125〕

《彖》曰：睽，火動而上，澤動而下。二女同居，其志不同行。說而麗乎明，柔進而上行，行中而應乎剛，是以「小事吉」。天地睽而其事同也，男女睽而其志通也，萬物睽而其事類也。睽之時用大矣哉。〔註126〕

《彖》曰：復，亨。剛反，動而以順行，是以「出入無疾」，「朋來無咎」。「反覆其道，七日來復」，天行也。「利有攸往」，剛長也。復，其見天地之心乎！〔註127〕

《彖》曰：無妄，剛自外來而主於內。動而健，剛中而應，大亨以正，天之命也。〔註128〕

四卦都要求以正行事。所謂正，即以陰處陰，以陽處陽，陰陽卻又相應。然而，這四卦的卦象都表現為陰陽相離、陰陰相離，象徵著離心離德。但是，男性是一家之主，要自修其身而自誠，從而正其身，進而正其家。由一家推至一國中所有的家，再推至天下所有人之家，便是修身、齊家、治國、平天下。家中雖有睽離，卻又始終未能徹底分離。以此四卦可以推知，人的自誠可以至於天地的至誠。雖然是就一人而言，一人之心卻同於天下人之心，是以人人誠心，一家誠而齊，一國誠而治，天下誠而平，則修、齊、治、平的根本在誠。這就把天地根本意義上的誠，貫通於政治倫理之中了。周敦頤藉

〔註124〕《周敦頤集》，第38～40頁。
〔註125〕《周易正義》卷四。
〔註126〕《周易正義》卷四。
〔註127〕《周易正義》卷三。
〔註128〕同上。

此四卦說明只有根據誠之本，人才可以成爲與天地參的聖人，朱熹認爲：「此章發明四卦，亦皆所謂『聖人之蘊』」〔註129〕。

　　聖人因誠，故能與天地參。天地人又因誠而通爲一，聖人之行與止，無不時中，聖人也就不思而行、不慮而成。一旦有私心雜念，即是不誠。以曾子易簀來看，人的生死都要符合於禮的要求。曾子不曾爲大夫，不得寢於文飾之床，雖然曾子重疾，卻更疾於守禮，既是禮不可待之意，也是因爲禮之誠而不能自已。由於「君子愛人也以德」，德依於禮，以禮而死就是全德而死，人之死也是自誠而至誠的，不虧曾子平生的思與行，易簀乃是因誠而爲之。說明誠是無止境的，即人因爲自誠而能夠至誠無息。不誠便不能爲聖人，甚至是不誠便不能爲人。且《公第三十七》有「聖人之道，至公而已矣」之語〔註130〕，有私心就不是公，不公便不能因誠而止。於是，在政治上，就是要求一切行爲都要以誠爲依歸，表現在禮樂制度上是：

> 夫禮者，所以定親疏、決嫌疑、別同異、明是非也。禮不妄說人，不辭費。禮不逾節，不侵侮，不好狎。修身踐言，謂之善行。行修言道，禮之質也。禮聞取於人，不聞取人。禮聞來學，不聞往教。〔註131〕

禮作爲天地之綱領，與天地之誠是一致的，禮的秩序節文，是禮的一誠而萬殊。禮的實現，最重要之處是通過禮而使人能誠。一方面是把禮作爲規範，引導大家遵從禮，也就是用外部的約束使人誠，這是被動的誠；另一方面，人不僅僅是服從於誠之禮，還要探尋何者爲禮的根本，於是就到達了自誠。從禮能一以貫之，就是禮和人所共同具有的誠具體地實現，這就是禮的自立，也是人的自誠。這突出了「立」的主動性，故不學不知禮、不知誠而不能自立，人首先要學誠。鄭玄把「禮聞來學，不聞往教」解釋爲「尊道義」，是學者有志於禮而求爲禮之方，應當自謙而求學，如孔子就常常問學於人，也是「毋不敬」的要求和表現。

3. 以誠爲依據的刑罰觀

　　據《宋史‧道學傳》所載，周敦頤善於斷獄，「爲分寧主簿。有獄，久不

〔註129〕《周敦頤集》，第40頁。
〔註130〕同上，第41頁。
〔註131〕《禮記‧曲禮》。

決，敦頤至，一訊立辯」、「歷合州判官，事不經手，吏不敢決，雖下之，民不肯從」、「爲廣東轉運判官，提點刑獄，以洗冤澤物爲己任」。〔註132〕而周敦頤本人對於刑罰的基本態度如下：

> 天以春生萬物，止之以秋。物之生也，既成矣，不止則過焉，故得秋以成。聖人之法天，以政養萬民，肅之以刑。民之盛也，欲動情勝，利害相攻，不止則賊滅無倫焉。故得刑以治。情僞微曖，其變千狀。苟非中正、明達、果斷者，不能治也。《訟卦》曰：「利見大人」，以「剛得中」也。《噬嗑》曰：「利用獄」，以「動而明」也。嗚呼！天下之廣，主刑者民之司命也。任用可不慎乎！〔註133〕

春生秋殺是天的自然秩序，在人而言，既有禮樂之和，也有刑殺之肅。由於人是源出於至誠的天道，刑罰也是因誠而爲的，這就決定了在政治中必然有刑罰存在的正當性與合理性。周敦頤借助《訟》與《噬嗑》來說明刑罰的必要性，並非爲了刑罰而刑罰。「利見大人」以「剛得中」、「利用獄」與「動而明」，認爲刑罰是有利的。刑罰的目的在於使人能中、明，而周敦頤之所中者，「聖人之道，仁義中正而已矣」、「性者，剛柔、善惡，中而已矣」。《春秋元命苞》言：「刑字從刀從井，井以飲人。人入井爭水，陷於泉。以刀守之，割其情慾，人畏慎，以全命也。故字從刀從井也。」〔註134〕刑罰就是一種警示與矯正相結合機制，使人的行爲得正，就是使人性歸於中正，進而能中於仁義而與立人極的聖人一致。刑罰顯然是必要的，卻不能濫用。周敦頤進行刑罰的基本依據是《訟》與《噬嗑》兩卦。《象·訟》：「訟，上剛下險，險而健。訟，訟有孚，窒惕，中吉，剛來而得中也。終凶，訟不可成也。利見大人，尚中正也。不利涉大川，入於淵也。」王弼注爲：「凡不和而訟，無施而可，涉難特甚焉。唯有信而見懼者，乃可以得吉也。猶復不可終，中乃吉也。不閉其源，使訟不至，雖每不枉，而訟至終竟，此亦凶矣。故雖復有信，而見塞懼，猶不可以爲終，故曰：『訟，有孚，窒惕，中吉，終凶』也。無善聽者，雖有其實，何由得明。而令有信塞懼者，得其中吉，必有善聽之主焉。其在二乎？以剛而來，正夫群小，斷不失中，應其任矣。」〔註135〕訟本身是兇險

〔註132〕《宋史》卷四二七，《道學一·周敦頤傳》。
〔註133〕《周敦頤集》，第41頁。
〔註134〕〔清〕趙在翰輯：《七緯》，鍾肇鵬、蕭文郁點校，中華書局，2012年，第397頁。
〔註135〕《王弼集校釋》，第249頁。

的行為，所以不得不謹慎對待。而刑罰既然以中正為目的，就是要去凶而取吉。普通百姓不能如此，只能經由中正之大人才能決訟。按王弼的意思，訟必然是兇險的，但是不可在避免的情況之下，不得不於訟中取信，即使訟能以正而處置。周敦頤是以誠貫通一切事物的，於是訟之信、正，都要以實相待，不容有奸妄僥倖於其中，也就是要以誠相待，以誠來處置訟，使訟能得正，從而息訟。從周敦頤善於決獄來看，他是處於大人之位的，儘管他本人未必以自己為大人，故必須謹慎對待之。周敦頤以「聖希天，賢希聖，士希賢」，天道至誠，即是他所嚮往者，按《乾・文言》所說，大人與天同體〔註136〕，決獄之大人，必然是因誠而決獄，這在周敦頤身上就有體現。史傳中記周敦頤為南安軍司理參軍時，「有囚法不當死，轉運使王逵欲深治之。逵，酷悍吏也，眾莫敢爭，敦頤獨與之辯，不聽，乃委手版歸，將棄官去，曰：『如此尚可仕乎！殺人以媚人，吾不為也。』逵悟，囚得免。」〔註137〕周敦頤的這種行為，即是因誠而為。否則，周敦頤為取悅上官而不據實斷案，不僅是製造冤案，也是不得中和之道、不能達於聖人之誠，口頭上言誠不已，卻不能身體力行，誠就不只是空話，而且是人之言行不一，不能貫徹誠之天道。因此，不以誠為依據而作刑罰，不僅是不利，也違背了天道與人道。

《象・噬嗑》：「頤中有物，曰噬嗑。噬嗑而亨，剛柔分，動而明，雷電合而章。柔得中而上行，雖不當位，利用獄也。」〔註138〕從卦象上來看，離象徵火在上，震象徵雷在下，有似是口中有物，故上下參差不齊之象。而口必然閉合，參差不齊者就被截斷而齊整，《序卦》言：「嗑者，合也。物不可以苟合而已。」〔註139〕《噬嗑》之合而齊整既然是不能「苟合」的，需要外在的強制力量作為保證，就是卦象所表現的雷動而火明。從刑獄上看，採取刑罰也就是不得已而為之，其目的在於使事物保持正常的秩序。

在周敦頤看來，符合於道就是正動，反之則為邪動：「動而正，曰道。用

〔註136〕即是「夫大人者，與天地合其德，與日月合其明，與四時合其序，與鬼神合其吉凶，先天而天弗違，後天而奉天時。天且弗違，而況於人乎？況於鬼神乎？」

〔註137〕《宋史》卷四二七，《道學一》。

〔註138〕王弼注為：「頤中有物，齧而合之，噬嗑之義也。有物有間，不齧不合，無由亨也。剛柔分動，不溷乃明。雷電並合，不亂乃章，皆利用獄之義。……凡言上行，皆所之在貴也。雖不當位，不害用獄也。」見《王弼集校釋》，第323頁。

〔註139〕《周易正義》卷九。

而和，曰德。匪仁，匪義，匪禮，匪智，匪信，悉邪矣。邪動，辱也；甚焉，
害也。故君子慎動。」〔註140〕仁義禮智信為五常，符合五常的行為才是正動。
就刑罰而言，既然刑罰是要保持正常秩序、不「苟且」，意味著刑罰必須是「正
動」的，因而刑罰必須是誠的。刑罰一旦「邪動」，就不能得仁義禮智信之正，
不能符合於天地之誠。前述周敦頤與王逵的爭執，原因即在於此。

再將範圍推至刑罰以外來看。在《論語・為政》中，保留了很多孔子關
於如何為政的言論，《論語注疏》認為：「此篇所論孝敬信勇為政之德，聖賢
君子為政之人也，故以『為政』冠於章首，遂以名篇。」〔註141〕孔子所說的
「為政以德，譬如北辰，居其所而眾星共之」〔註142〕。邢昺認為：「此章言為
政之要。『為政以德』者，言為政之善，莫若以德。」〔註143〕君子就是有德而
在政治中處於中心地位，因為在政治活動中，「道之以政，齊之以刑，民免而
無恥；道之以德，齊之以禮，有恥且格」〔註144〕。周敦頤強調的是君子「慎
動」，也應是以君子為政治處於較高地位的人，君子必然是要行德政的，周敦
頤承認刑罰的目的，應是在於用德之正道而引導民眾，使民眾有德，有德則
能夠正動於五常。君子本身是慎動而具有五常之道與德的，如此君子與民眾
一致，即是君臣上下的一致。

此處還可以用「樊遲請學稼」為一旁證：

> 樊遲請學稼，子曰：「吾不如老農。」請學為圃，曰：「吾不如
> 老圃。」樊遲出，子曰：「小人哉，樊須也！上好禮，則民莫敢不敬。
> 上好義，則民莫敢不服。上好信，則民莫敢不用情。夫如是，則四
> 房之民襁負其子而至矣，焉用稼！」〔註145〕

孔安國訓「情」字為「實」，認為「情，情實也。言民化於上，各以實應。」
〔註146〕情實就是事實，即真實無妄者，故情也可以訓為誠〔註147〕。由以上分
析可知，周敦頤是以德為政治的中心，刑罰是輔助德的，於是，君子之德既

〔註140〕《周敦頤集》，第 18 頁。

〔註141〕《論語注疏》卷二。

〔註142〕同上。

〔註143〕同上。

〔註144〕《論語・為政》。

〔註145〕《論語・子路》。

〔註146〕《論語注疏》卷十三。

〔註147〕趙紀彬即將「情」作為「誠」的或體字。見趙紀彬：《論語新探》，人民出版
社，1976 年，第 11 頁。

然與民眾之德相一致，而德本身是誠的，君臣上下在德上的一致，乃是因爲誠而一致。所以，孔子以上好禮、上好義、上好信，總而言之，即是誠於禮、義、信，上下一致於誠，故能一致於禮、義、信。以君子之德如風、小人之德如草爲譬喻，君子既然是政治上的統治者和實施者，君子之誠必然是引導民眾向誠的。民眾對君子的順應，由於「誠，五常之本，百行之源也」，就是自然的回歸到本原而已，不是強制的，而是自然順應的，故周敦頤提出：「天道行而萬物順，聖德修而萬民化。」〔註148〕刑罰的必要性也就因此而變得不那麼重要了。

　　有學者認爲周敦頤的刑罰思想來源於董仲舒的天人感應說與陰陽五行說〔註149〕，主要是表現在《通書》中的《順化第十一》與《刑第三十六》的關係上。《順化第十一》與《刑第三十六》的關係，已經被朱熹所注意，朱熹在注解《刑第三十六》時，認爲與《順化第十一》略同〔註150〕。《順化第十一》將陰陽與仁義對舉，在《刑三十六》中，又是以春生秋成來解釋教養與刑罰。同時，從陰陽五行學說的角度來看，陽主生養，陰主肅殺，於是教化與刑殺就由此與陰陽發生了關係。董仲舒在自然哲學上肯定陽長陰殺，但是卻是以陽長爲主，陰殺僅僅是起輔助作用，陽之育德重於陰之刑殺。這並非是認爲陰不重要，由於「天地之大德曰生」，董仲舒認爲「陽常居大夏，而以生育養長爲事；陰常居大冬，而積於空虛不用之處。以此見天之任德不任刑也」〔註151〕。長育萬物是陽的能力，又是天德至大的顯現，於是，在現實政治中，教化是主要的，一旦教化大興，天下萬民皆正，雖有刑罰卻無用武之地。即便是附會於經典的讖緯學說，也不得不承認教化重於刑罰。《孝經鈎命決》認爲：「刑者教也，質罪示終。」〔註152〕《尚書緯序錄》認爲：「王者觀象治民，德爲政本，刑以弼教，斗華取象，庶獄哀矜。」〔註153〕可見刑罰的目的還是在於輔助教化，從教化的角度看，刑罰也只是教化的途徑之一，不能夠以刑罰代替教化。

〔註148〕《周敦頤集》，第24頁。
〔註149〕《漢書・五行志》以之爲：「漢興，承秦滅學之後，景、武之世，董仲舒治《公羊春秋》，始推陰陽，爲儒者宗」。見《漢書》卷二十七上，《五行志第七上》。
〔註150〕《周敦頤集》，第41頁。
〔註151〕《漢書》卷五十六，《董仲舒傳》。
〔註152〕〔清〕趙在翰輯：《七緯》，鍾肇鵬、蕭文郁點校，中華書局，2012年，第729頁。
〔註153〕同上，第745頁。

再來看宋代對於刑法的整體態度。《宋史・刑法志》云：

> 夫天有五氣以育萬物，木德以生，金德以殺，亦甚蕃矣，而始終之序，相成之道也。先王有刑罰以糾其民，則必溫慈惠和以行之。蓋裁之以義，推之以仁，則震仇殺戮之威，非求民之死，所以求其生也。《書》曰：「士制百姓於刑之中，以教祗德。」言刑以弼教，使之畏威遠罪，導以之善爾。唐、虞之治，固不能廢刑也。惟禮以防之，有弗及，則刑以輔之而已。王道陵遲，禮制隳廢，如專任法以周其民。於是作爲刑書，欲民無犯，而亂獄滋豐，由其本末無序，不足相成故也。〔註154〕

宋代的刑罰原則也是以教化爲主，刑獄仍是補充手段，目的在「導以之善爾」。在這種大背景之下，周敦頤對刑罰應該是很謹愼的，否則不會因爲對死囚處以極刑而與上司發生爭執。同時，周敦頤認爲處置刑罰的關鍵在於「情僞微曖，其變千狀。苟非中正、明達、果斷者，不能治也。《訟卦》曰：『利見大人』，以『剛得中』也。《噬嗑》曰：『利用獄』，以『動而明』也。」〔註155〕關鍵在於大人能明察案件的情實，識別其中眞僞，便是以誠處置之。中正、明達、果斷，乃是因爲天道本誠，要中正、明達、果斷於誠。因爲周敦頤認爲「聖人之道，仁義中正而已矣」，在處理刑獄時，也必然是以仁義中正爲準的，「故聖人立教，俾人自易其惡，自至其中而止矣」。刑罰就是要使人主動地改變自己的惡行而中、止於仁義中正。而仁義中正在周敦頤這裏，是等同於誠的，換而言之，刑罰的目的仍在於使人能誠。

仍要注意，無論董仲舒還是周敦頤，都認爲教化遠比刑罰重要，這繼承了孔子「善人爲國百年，可以勝殘去殺矣」〔註156〕的觀點。有學者認爲周敦頤的刑獄思想來源於《易》中的《訟》、《豫》、《噬嗑》、《旅》、《中孚》五卦，「只有《中孚》的『議獄緩死』一條未引用。引用的，都是說的要用刑，要明罰，而未引用的，說的卻是『緩死』。這就是周敦頤『得刑以治』，『肅之以

〔註154〕《宋史》卷一九九，《刑法一》。
〔註155〕《周敦頤集》，第 41 頁。
〔註156〕《論語注疏》認爲：「此章言善人君子治國至於百年以來，亦可以勝殘暴之人，使不爲惡，去刑殺而不用矣。」見《論語注疏》卷十三；《漢書・刑法志》認爲這是「言聖王承衰撥亂而起，被民以德教，變而化之，必世然後仁道成焉；至於善人，不入於室，然猶百年勝殘去殺矣。此爲國者之程序也。」見《漢書》卷二十三，《刑法志》。

刑』的思想的根據吧，也就是周敦頤『屠奸剪弊，如快刀健斧』的劊子手作風的根據吧」。〔註157〕潘興嗣所作《周敦頤墓誌銘》，稱其爲人「博學力行，遇事剛果，有古人風」，稱其政事「治精密嚴恕，務盡道理，民至今思之」〔註158〕。蒲宗孟所作《周敦頤墓碣銘》稱周敦頤爲廣南東路提點刑獄時，「不憚出入之勤，瘴毒之侵，雖荒涯絕島，人跡所不至處，皆緩視徐按，務以洗冤澤物爲己任」〔註159〕。又說：「屠奸剪弊，如快刀健斧，落手無留。」〔註160〕然而結合史傳來看，周敦頤絕非殺人不眨眼之人。既然周敦頤「爲治精密嚴恕，務盡道理」，則在處置刑獄時，必然是以事實爲依據，而後合理處置。以萬物本誠而言，在確定事實的情況下，快刀健斧般地迅速處理。以周敦頤深於《易》而言，即是《夬》之果決。《夬》爲乾下兌上，「夬以剛決柔，如剝之消剛。剛隕則君子道消，柔消則小人道隕。君子道消，則剛正之德不可得直道而用，刑罰之威不可得坦然而行」〔註161〕。果決是君子的特性之一，周敦頤之道是誠之仁義中正，那麼在具體的刑獄之事上，必然是以誠之仁義中正來決斷。《象》曰：「夬，決也，剛決柔也。健而說，決而和。」孔穎達認爲：「『健而說，決而和』者，此就二體之義，明決而能和。乾健而兌說，健則能決，說則能和，故曰『決而和』也。」〔註162〕周敦頤之明決刑獄，結合「君子乾乾，不息於誠，然必懲忿窒欲，遷善改過而後至。乾之用其善是，損益之大莫是過，聖人之旨深哉」而言，無論何人處於大人之位，都應當隨時以乾的健動而英明果決，而懲忿窒欲、遷善改過是損惡而益善，刑罰就是爲了實現人的德行而必須的手段，刑罰並不是目的。這種態度，也符合黃庭堅對周敦頤人品如「光風霽月」、「薄於徼福而厚於得民」的評價〔註163〕。

小　結

周敦頤拈出《繫辭》中的「易有太極，是生兩儀」，通過《太極圖說》和

〔註157〕侯外廬、邱漢生、張豈之主編：《宋明理學史》（上），人民出版社，1997年，第77～78頁。
〔註158〕《周敦頤集》，第90頁。
〔註159〕同上，第93頁。
〔註160〕這句話爲朱熹刪去。同上，第92～93頁。
〔註161〕《周易正義》卷五。
〔註162〕同上。
〔註163〕《宋史》卷四二七，《道學一》。

《通書》，直接將誠作爲宇宙之本，誠是人之本，人的仁義禮智皆以誠爲依據，將宇宙的生成變化與儒家正心誠意的道德性命之說相結合，融合無極而太極、乾元與誠爲一體。周敦頤以《易》和《中庸》爲依據，將《易》中的生生不息的宇宙觀與《中庸》中誠的理論相結合，並且進行了相互闡發，「爲新儒家的人性論立一宇宙論的根據，這正是宋明道學的任務之一」〔註164〕。周敦頤的這種方法，在繼承經學的基礎上發展了經學，這正是周敦頤作爲理學開山祖師的意義所在。

〔註164〕朱伯崑：《易學哲學史》（第二卷），華夏出版社，1995年，第104頁。

第三章 張載的誠論

　　張載（公元 1020～1077）字子厚，長安人，因僑居陝西眉縣橫渠鎮，學者稱爲橫渠先生。據史傳記載，張載「少喜談兵，至欲結客取洮西之地。年二十一，以書謁范仲淹，一見知其遠器，乃警之曰：『儒者自有名教可樂，何事於兵』。因勸讀《中庸》。載讀其書，猶以爲未足，又訪諸釋、老，累年究極其說，知無所得，反而求之《六經》。」〔註 1〕張載在范仲淹的教導下，在學術上以《中庸》爲起點，對《中庸》下了很大工夫，然而未得范仲淹說的儒者名教之樂。又曾經深入研究過佛、道學說，最後才反求《六經》這樣儒學的正統著作。可見，張載的學術思想來源是較爲複雜的。張載與二程共論學問之後，肯定「吾道自足，何事旁求」，故《宋史》稱張載爲「其學尊禮貴德、樂天安命，以《易》爲宗，以《中庸》爲體，以《孔》、《孟》爲法」〔註2〕。張載最終是在儒學當中找到了可樂之處。張載聚眾講學於關中地區，形成了與二程的洛學、王安石的新學相鼎立的關學。

第一節　本體論

　　張載將氣作爲本體，對太虛即氣、一物兩體等問題進行了一系列討論，以氣本論爲基礎批判了佛學。在張載的氣本論中，太虛即氣居於核心地位。但是，太虛並非虛無，而是實有，誠的本義爲信、眞實，故太虛可以被描述爲誠。因此，對張載誠論的討論，從他的氣本論開始。

〔註 1〕 《宋史》卷四二七，《道學一》。
〔註 2〕 同上。

1. 太虛與誠

張載學說以《易》為理論依據，以氣為本，建立起氣本論的思想體系〔註3〕。氣本論的特色在於太虛即氣、虛氣相即，具體表述為：

> 太虛無形，氣之本體，其聚其散，變化之客形爾；至靜無感，性之淵源，有識有知，物交之客感爾。客感客形與無感無形，惟盡性者一之。〔註4〕

太虛是氣的本體，太虛無形，氣也應該無形。氣的聚散變化，被張載以主客關係來形容，氣之聚而有形，是外在的、顯現的，則太虛就是內在的、隱藏的。太虛是「主」，既沒有形體的散斂而不可稱之為動，所以，是至靜無感的。太虛的這種性質，如同《易》道的不測：「無思也，無為也，寂然不動，感而遂通天下之故。」〔註5〕太虛無形，無形就顯不出動靜，於是只能將太虛歸為靜。但是，以太虛為本體的氣的凝斂是動，太虛本身也應具有動的性質和可能性，太虛其實就是兼動靜而言的，絕非單一的動或單一的靜。對太虛和氣的認識，就要窮盡太虛即氣的有形無形、動靜聚散，從主客兩方面同時來看。張載承認主客、動靜、聚散的統一性，「知虛空即氣，則有無、隱顯、神化、性命通一無二，顧聚散、出入、形不形，能推本所從來，則深於《易》者也」〔註6〕。無論是動還是靜，都歸之於太虛，主之靜和客之動的在根本上是相同的。其中，客之動因為有形而是人可以直接認知的，從客的方面去推論主的方面，即對太虛進行認知，認識到太虛與氣之間的統一性就是可能的。認識這種統一性的人，張載稱之為「盡性者」即窮盡一切性質的人，包括了人之性、物之性、天地之性、氣之性、太虛之性。這種統一性表現為：

> 一物而兩體，其太極之謂與！陰陽天道，象之成也；剛柔地道，法之效也；仁義人道，性之立也。三才兩之，莫不有乾坤之道。〔註7〕

這發揮了《易傳》中的內容，《說卦》語：「昔者聖人之作《易》也，將以順

〔註3〕侯外廬、邱漢生、張豈之主編：《宋明理學史》（上），人民出版社，1997年，第94～95頁。

〔註4〕《張載集》，第7頁。

〔註5〕《繫辭下》。

〔註6〕《張載集》，第8頁。

〔註7〕同上，第48～49頁。

性命之理。是以立天之道曰陰與陽，立地之道曰柔與剛，立人之道曰仁與義。兼三才而兩之，故《易》六畫而成卦。分陰分陽，迭用柔剛，故《易》六位而成章。」陰陽、剛柔、仁義所表現的的性命之理，既是《易》的大化流行，又分而裁成萬物：

> 陰陽之精互藏其宅，則各得其所安，故日月之形，萬古不變。若陰陽之氣，則循環迭至，聚散相盪，升降相求，絪縕相揉，蓋相兼相制，欲一之而不能，此其所以屈伸無方，運行不息，莫或使之，不曰性命之理，謂之何哉？〔註8〕

這段描繪了氣化的不間斷和神妙。陰陽二氣雖然分別為二，陰陽二氣又在具體的每一個事物中統一為一體，故陰陽二氣始終是一而二、二而一的。在人而言，人既有陰陽二氣，其由二氣所稟之氣質又有剛柔之分，但無論怎樣，一切在人身上最終都要歸於仁義。具體的區別，在於陽剛者進取仁義，陰柔者順應仁義，就是「天地設位，而易行乎其中。成性存存，道義之門」〔註9〕。

　　張載認為人與萬物之性皆稟太虛而來，人與萬物都是具有陰陽之氣而成為實有，太虛就不是絕對的虛無，張載說到：

> 天地之氣，雖聚散、攻取百塗，然其為理也順而不妄。氣之為物，散入無形，適得吾體；聚為有象，不失吾常。太虛不能無氣，氣不能不聚而為萬物，萬物不能不散而為太虛。循是出入，是皆不得已而然也。然則聖人盡道其間，兼體而不累者，存神其至矣。彼語寂滅者往而不反，徇生執有者物而不化，二者雖有間矣，以言乎失道則均焉。〔註10〕

太虛──萬物──氣的過程是「不得已而然」的，太虛之氣必然化生為萬物。反之，氣也不得不散入太虛，否則不能稱之為太虛之氣。因此，無物非氣，故無物非太虛，萬物生於太虛且復歸於太虛。太虛與氣之間的關係，就不是單純地太虛馭氣或氣統太虛，「太虛與氣之間，原存有一種涵蘊關係。氣者，泛指某組物質條件或氣化活動，變易無窮，賡續不已，由簡至繁，神化莫測，不可思議。太虛與氣，乃一『相互攝入』關係：太虛攝氣，氣攝太虛；太虛

〔註8〕《張載集》，第12頁。
〔註9〕韓康伯解之為：「天地者，易之門戶，而易之為義，兼周萬物，故曰：『行乎其中矣』。物之存成，由乎道義也。」見《王弼集校釋》，第545頁。
〔註10〕《張載集》，第7頁。

入氣，氣入太虛。二者於生命之際會或基礎上，實和合而無間」〔註11〕。方東美此說，確為至論。

天地萬物是太虛與氣的不斷交互過程中的產物、具體顯現，人也不例外。太虛之氣的作用表現在「吾」這個主體上，是有規律的，如「吾」之身或男或女，即是氣之陰陽的區別，卻又統一為氣，再統一為太虛。認識每一個「吾」，就能夠認識由太虛之氣構成一切事物。張載認為從氣的凝聚而顯現的「象」入手，進而認識其「不得已」的原因在於太虛即氣的不得已的聚散。認識也就逐漸從個體而至全體，再從全體至於構成萬物的氣之本體的太虛了。

但是，氣雖然凝聚為萬物，氣卻不是容易認識的：

> 鬼神者，二氣之良能也。聖者，至誠得天之謂；神者，太虛妙
> 應之目。凡天地法象，皆神化之糟粕爾。〔註12〕

從萬物生成的角度看，天也是由太虛生成的，天在上而無所不包，猶如太虛之無所不覆。鬼神象徵陰陽二氣的變化莫測，陰陽二氣是太虛的顯現，至誠的聖人也應是把握了太虛的人，太虛乃是萬物的本原。聖人是真實無妄之人，太虛必定是真實無妄的，天人之間因為誠而一致。否則，太虛為虛幻之境，聖人則成虛幻之人，就與張載本意不符了。正如丁為祥所言：

> 至於「誠」，雖然一開始就是以「天之道」出現的，但這一「天
> 之道」完全可以說是人之道提升或投射的產物，所以它一開始就有
> 「反身」、「誠身」、「明善」的規定；同樣，正因為它源於人道而又
> 以天道的形式表現出來，所以「誠者」就能夠「不勉而中，不思而
> 得，從容中道，聖人也」。在這裏，聖人即是天道的人格化，又是人
> 道的天位化，因而是天人合一的人格表現，這也就將「中庸之德」
> 全面徹底地表現出來了。〔註13〕

因此，從聖人的至誠可知太虛即誠。「聚亦吾體，散亦吾體，知死之不亡者，可與言性矣」〔註14〕，氣聚氣散的原因都在於太虛，氣的散並沒有消失，而是換了一種存在的方式，並非徹底不存在、消失、空無，無論氣的狀態如何，

〔註11〕 方東美：《中國哲學精神及其發展》（下），中華書局，2012 年，第 337～338 頁。

〔註12〕 《張載集》，第 9 頁。

〔註13〕 丁為祥：《虛氣相即──張載哲學體系及其定位》，人民出版社，2000 年，第 98 頁。

〔註14〕 《張載集》，第 7 頁。

太虛即氣的性質決定了太虛和氣始終是有，也就是真實存在的，太虛即氣的真實無妄的狀態和性質，便是至誠之天道，太虛即氣等同於太虛即誠。所以，張載的氣本論也就是誠本論，他對佛老的批判就以此為基礎而展開。

2. 批判佛老之虛妄

張載「訪諸釋、老，累年究極其說，知無所得」〔註15〕。佛老的學說，在張載看來都是講虛無之事。張載認為：「誠者，虛中求出實。」〔註16〕無論具體的氣的聚散於萬物的狀態如何，都能知道氣的性質，聖人通極於於太虛即氣、太虛即誠，故能隨著氣的聚散變化而窮盡天地萬物之性。張載的太虛之虛，與佛老之虛無絕不相同。由此，張載區分儒、釋、道如下：

> 知虛空即氣，則有無、隱顯、神化、性命通一無二，顧聚散、出入、形不形，能推本所從來，則深於《易》者也。若謂虛能生氣，則虛無窮，氣有限，體用殊絕，入老氏「有生於無」自然之論，不識所謂有無混一之常；若謂萬象為太虛中所見之物，則物與虛不相資，形自形，性自性，形性、天人不相待而有，陷於浮屠以山河大地為見病之說。此道不明，正由懵者略知體虛空為性，不知本天道為用，反以人見之小因緣天地。明有不盡，則誣世界乾坤為幻化。幽明不能舉其要，遂躐等妄意而然。不悟一陰一陽範圍天地、通乎晝夜、三極大中之矩，遂使儒、佛、老、莊混然一塗。語天道性命者，不罔於恍惚夢幻，則定以「有生於無」，為窮高極微之論。入德之途，不知擇術而求，多見其蔽於誠而陷於淫矣。〔註17〕

張載將老子的「有生於無」與佛家的「四大皆空」，皆視為隔絕了有與無的荒誕之說。從太虛與氣相互蘊涵的關係來看，太虛之無不是絕對的虛無，氣化之有是太虛之無的顯現，太虛之無與氣化之有是相互統攝的，也就是體用相即的關係。張載以此批評佛、老之說為虛空、幻化，認為他們的學說乃是不誠的，必然導致人誤入歧途。尤其是佛家「四大皆空」之說，是張載「不悟一陰一陽範圍天地、通乎晝夜、三極大中之矩」批評的中心。老子認為「萬物負陰而抱陽，沖氣以為和」，尚且承認萬物的實存性。在張載看來，佛家以

〔註15〕《宋史》卷四百二十七，《道學一》。
〔註16〕《張載集》，第324頁。
〔註17〕同上，第8頁。

爲山河大地爲虛幻，直接消滅了萬物的實存性，反而宣揚鬼神荒誕之說：「浮屠明鬼，謂有識之死受生循環，遂厭苦求免，可謂知鬼乎？以人生爲妄見，可謂知人乎？天人一物，輒生取捨，可謂知天乎？」〔註18〕

在張載看來，因爲緣起而產生的幻相〔註19〕，佛家認爲萬物之所以爲人所見。如前所述，太虛與氣的關係是互相資取的，太虛聚而氣凝成有形之事物，有形之事物消散之後復爲太虛，太虛與氣互爲因果，張載看來這是天地間的當然之則，如此循環往復不已而爲至誠之天道。由此，張載反對佛家以世界爲眞空、以萬物爲虛幻的學說，肯定太虛即氣的眞實性，肯定了天地萬物誠而不已的特性，進而認爲佛家的矛盾在於：既說萬物皆空，又以生死輪迴爲實存，強調無的同時又不能完全消除有，試圖隔絕有無而又未能眞正地隔絕有無，則緣起與因果不能自圓其說，佛家之說不足語道。

由於佛家否認陰陽二氣的存在，太虛與氣的理論在佛家眼中同樣是虛妄的，不過是隨因緣而起滅。張載在《與呂微仲書》提出：

> 浮屠明鬼，謂有識之死，受生循環，亦出莊說之流，遂厭苦求
> 免，可謂知鬼乎？⋯⋯今浮屠極論要歸，必謂生死轉流，非得道不
> 免，謂之悟道可乎？悟則有義有命，均死生，一天人，惟知晝夜，
> 道陰陽，體之不二。〔註20〕

無論張載是否眞的理解了佛家的義理〔註21〕，但他堅持認爲「天人異用，不足以言誠；天人異知，不足以盡明。所謂誠明者，性與天道不見乎小大之別也。」〔註22〕上面針對佛家的批評，是以佛家學說爲不明者，不明則不誠，導致天人道斷，於現實無益，「釋氏無用，故不取理」〔註23〕。張載通過批評佛家的方式，反過來凸顯了誠的意義。這就意味著，若要活的眞實，必然要追問天道具體爲何。《中庸》已經明確告知，「天命之謂性，率性之謂道，修道之謂教」，以及「自誠明，謂之性；自明誠，謂之教。誠則明矣，明則誠矣」。人生而有誠之天性，率性而爲即是以誠作爲人活動的依據。人或許不能直接

〔註18〕《張載集》，第64頁。
〔註19〕關於佛學因果說，相參呂澂：《中國佛學源流略講》，中華書局，1983年，第181頁。
〔註20〕《張載集》，第350～351頁。
〔註21〕李承貴：《宋儒誤讀佛教的情形及其原因》，《湖南大學學報》（社會科學版），2013年第5期。
〔註22〕《張載集》，第20頁。
〔註23〕同上，第234頁。

明瞭道之在我者，於誠之性有所不明。但是，人因教化而自明己性，意味著人能因明而誠。誠對於命、性、道、教而言，乃是不可間斷的，《中庸》又說：「道不遠人，人之爲道而遠人，不可以爲道。」人與誠本來未曾分開，人以教化之明而能自明其誠。也正是因爲這樣，人必須因明而誠，人在面對天地萬物之時，必須貫徹「不誠無物」的原則。張載予此的解釋是：「誠有是物，則有終有始；僞實不有，何終始之有！故曰：『不誠無物。』」〔註24〕

　　人與萬物一樣，都是陰陽二氣生成的。陰陽二氣出於太虛，具有了氣的人與萬物同時也具有太虛，太虛是等同於誠的，所以，人本身也具有誠的性質：

> 「萬物皆備於我」，言萬物皆有素於我也；「反身而誠」，謂行無
> 不慊於心，則樂莫大焉。〔註25〕

萬物之性與人之性並出同源，人是可以成就萬物的。成就萬物即是與天地參，使人之性等同於天地萬物之性。「反身而誠」的方法是把人自身中的本性發現並擴充，任何一個「反身而誠」的人，作爲自誠的主體，就是要發掘自身所有的最眞實之性，何以自誠而至誠。天地萬物乃是誠而眞實存在的，自誠也就是要通過人自身的主動行爲，使人之性與天地萬物之性相統一，用張載的話來說，就是：

> 人生固有天道。人之事在行，不行則無誠，不誠則無物，故須
> 行實事。惟聖人踐形爲實之至，得人之形，可離非道也。〔註26〕

> 天地之道無非以至虛爲實，人須於虛中求出實。聖人虛之至，
> 故擇善自精。心之不能虛，由有物榛礙。金鐵有時而腐，山岳有時
> 而摧，凡有形之物即易壞，惟太虛無動搖，故爲至實。《詩》云「德
> 輶如毛」，毛猶有倫，上天之載，無聲無臭，至矣。〔註27〕

「德輶如毛」語出《詩‧烝民》篇，鄭玄箋注爲「輶，輕」〔註28〕。天德輕微，有如動物之毫毛。然而，毫毛也是天地之道所生者，太虛之誠就在毫毛之中，此爲至誠至實的本性。毫毛尚且如此，人當然也不能例外。人生之天道，即是《中庸》所謂「誠者，天之道也；誠之者，人之道也」。人

〔註24〕《張載集》，第 21 頁。
〔註25〕同上，第 33 頁。
〔註26〕同上，第 325 頁。
〔註27〕同上。
〔註28〕《毛詩正義》卷十八。

道來源於天道，天道至誠，人不能不自誠而求和合於天道。之所以要從太虛之中求出實來，是因為張載以太虛即氣的本體論為基礎，太虛即氣在張載看來既然是萬物生成的原因，且萬物消亡乃是復歸於太虛，只有氣的聚散變化，沒有絕對意義上的有無之分，太虛即氣乃是最真實的，即是至誠。從人自身出發，認識人之性，就是認識人本身具有的氣，也就能夠認識人本身具有的太虛之誠。能盡性的人是聖人，並非所有人能夠達到的境界，卻始終在太虛即氣的範圍之內，人始終具有認識自己所具有的太虛即氣的本性的可能性，也就始終具有認識自身之誠的可能性，關鍵在於人是否借助自身的認識能力去主動認識而已，即「誠之者，擇善而固執之者也」。因此，再度體現出儒佛之差別：

> 釋氏語實際，乃知道者所謂誠也，天德也。其語到實際，則以人生為幻妄，以有為為疣贅，以世界為陰濁，遂厭而不有，遺而弗存。就使得之，乃誠而惡明者也。儒者則因明致誠，因誠致明，故天人合一，致學而可以成聖，得天而未始遺人，《易》所謂不遺、不流、不過者也。彼語雖似是，觀其發本要歸，與吾儒二本殊歸矣。道一而已，此是則彼非，此非則彼是，固不當同日而語。其言流遁失守，窮大則淫，推行則詖，致曲則邪，求之一卷之中，此弊數數有之。大率知晝夜陰陽則能知性命，能知性命則能知聖人，知鬼神。彼欲直語太虛，不以晝夜、陰陽累其心，則是未始見易，未始見易，則雖欲免陰陽、晝夜之累，末由也已。易且不見，又烏能更語真際！捨真際而談鬼神，妄也。所謂實際，彼徒能語之而已，未始心解也。

〔註29〕

張載指出佛家語誠而不語明，故不能從真實的世間萬物中正確地看待天地萬物之誠，以至於佛學儘管邏輯嚴密、理論高深，卻不能對世間有什麼實際用處。張載強調《易》之晝夜、陰陽，正是為了說明「儒者則因明致誠，因誠致明，故天人合一，致學而可以成聖，得天而未始遺人，《易》所謂不遺、不流、不過者也」。因為張載認為「道所以可久可大，以其肖天地而不離也；與天地不相似，其違道也遠矣」。〔註30〕道就在天地萬物之中，未曾脫離天地萬物，否則即非天地之道，要另尋一本，這就導致了二本之說，是本體論上的

〔註29〕《張載集》，第 65 頁。
〔註30〕同上，第 35 頁。

無窮倒退〔註31〕。張載以誠而展開的對佛家的批判，不只是文化態度上的不認同，更是爲了避免在太虛即誠這一總原則之上，另去尋找一個根本，因而是有著其深刻的理論依據的〔註32〕。上文中「未始心解」一句，在《橫渠易說・繫辭上》中，又作「未始眞解」。無論作「心」抑或作「眞」，都意在說明「知道者所謂誠」，「大其心能體天下之物」，盡心而能知天地之誠，誠即眞，心以誠知而眞。「知道者所謂誠」，在具體的人而言，以心而知眞，眞而後則大化於天地，「化則無成心」，由一人之心而至於天地之心，「我」心之誠就通達於天地之誠。「我」之心即是天地之心，「我」之體與天地同體，「我」便能「混然中處」於天地之間，當然是「民吾同胞，物吾與也」〔註33〕。以此來對待生命，態度就是順而爲之：「存，吾順事；沒，吾寧也」〔註34〕。

〔註31〕 本體論的無窮倒退，又稱爲「第三者悖論」，本爲西方哲學的問題，見於柏拉圖之《巴門尼德篇》中的 132E 至 133A 部分。該悖論指出世間萬物的原型（或稱爲本體、理念、相），不能僅憑自身而存在。原型本身是不可被認識，原型自身甚至可能並不存在，在事物中尋找原型，實際上是從事物自身及相互關係中去尋找事物存在及事物之間相互存在關係存在的原因，即惟一的原型統攝事物之多的原因。這表現爲事物對原型的模仿，原型與原型之間也存在模仿關係，模仿的結果是事物與原型、原型與原型之間是「類似」的，陳康認爲：「個別事物既類似『相』，『相』必也類似個別事物，於是『相』和個別事物是相互類似的。相互類似的分有同一個『相』，結果乃是『相』和個別事物分有同一個相。這第二個『相』不即是第一個『相』，乃是另一個，它是爲第一個『相』和個別事物所分有的。……但類似的分有同一『相』，於是第一個『相』（以及個別事物）和第二個『相』分有另一個『相』，即第三個『相』。這樣，如若任何一件個別事物類似『相』，必有無限量的『相』出現。」見〔古希臘〕柏拉圖：《巴曼尼德斯篇》，陳康譯注，商務印書館，1985 年，第 79～80 頁。A.E.泰勒認爲這個難題的原因是：「如果你一旦由於承認同一事物可以有兩個形式，而放棄了形式絕對的單一性，你就捲入到無限回歸中。」見 A.E.泰勒：《柏拉圖——生平及其著作》，謝隨知譯，山東人民出版社，2008 年，第 489 頁。張載雖然沒有在這個問題上有更深入的論證，但他以太虛與氣爲相「即」的關係，且太虛與氣皆爲眞實無妄之誠，故既非在太虛之上另尋「一本」，也不必將太虛凌駕於氣之上，這種試圖避免陷入「二本」的思維方式，卻也彰顯了張載理論思維的深刻性。

〔註32〕 楊立華認爲，「在張載看來，佛家對於眞際或實際的理解似是而非，如果用孟子的標準來衡量，皆屬於『遁』、『淫』、『詖』、『邪』之辭。釋氏僅僅看到了太虛的眞實無妄，而以晝夜、陰陽爲幻相、爲掛累，這與儒家的兼體無累之誠，是有著本質區別的」。見楊立華：《氣本與神化：張載哲學述論》，北京大學出版社，2008 年，第 74 頁。而且，二程也持同樣觀點，小程便言「誠則自然無累，不誠便有累」。

〔註33〕 《張載集》，第 62 頁。

〔註34〕 同上，第 63 頁。

第二節 心性論

人是氣化的產物，太虛即氣，故張載的心性論與他的虛氣相即理論密不可分。人的心性本源在太虛，張載認為人能虛心，人能大其心以體天地萬物，人性也由此而通極於天地。

1. 心性的來源

人性來源於太虛之天，人性在根本上等同於太虛。人心是人的認識能力和主宰，人之一切活動都要通過人心，認識人性也同樣如此，故張載提出：

> 由太虛，有天之名；由氣化，有道之名；合虛與氣，有性之名；
> 合性與知覺，有心之名。〔註35〕

明確地指出了太虛、天、道、性、心，根本上是相同的，從人心逆推，首先是能認識人所具有的性，而後從人性推至萬物之性，再從人與萬物所共同具有的氣之性推至太虛之性。故日本學者大島晃認為：

> ……只有太虛是天的真實的狀態，而它也就是本來的心的狀
> 態，聖人也就是至虛者；認為太虛投影於心，就是虛心。〔註36〕

太虛之性化生了天地萬物，而天是無所不覆的，於是天道也就是太虛即氣之道，太虛就是天。於是，聖人就應是通過自己的心，逐步認識到自己所具有的太虛之性與產生天地萬物的太虛的共通，是發掘自身的真實存在而至於太虛的真實存在，即是由自誠而至誠。這是個人的心性與天地之道的一致性使然：

> 萬物形色，神之糟粕，性與天道云者，易而已矣。心所以萬殊
> 者，感外物為不一也，天大無外，其為感者絪縕二端而已焉。物之
> 所以相感者，利用出入，莫知其鄉，一萬物之妙者與！〔註37〕

萬物無不源出於太虛，人之心同樣如此，人雖多，本性相同，人心雖眾，卻可歸於一心。一心可以認識萬物、萬心，也就能夠認識性與天道。性與天道統一於太虛，太虛是一，心能認識此太虛之一。太虛之一是最真實的存在，是至誠的，因而一即誠、誠即一，心對太虛的認識，就是對至誠的天道的認

〔註35〕《張載集》，第9頁。

〔註36〕〔日〕小野澤精一等編：《氣的思想——中國自然觀與人的觀念的發展》，李慶譯，上海世紀出版集團，2007年，第383頁。

〔註37〕《張載集》，第10頁。

識。在人把握了太虛即誠之後,「天不言而信,神不怒而威;誠故信,無私故威。」〔註38〕誠是眞實無妄的,把握了誠,也就無所不信,「其實是以『誠』所涵『至實』的客觀實在性,來進一步規定『太虛』,以說明天人萬物統一的『太虛』本體,實即名曰『誠』的客觀實有」〔註39〕。

張載認爲世界運動的基本理論模式是地二天一,氣分爲陰陽,陰陽總之爲太極,而太虛即氣,太極即是太虛:

> 地所以兩,分剛柔男女而效之,法也;天所以參,一太極兩儀而象之,性也。〔註40〕

> 一物兩體,氣也;一故神,兩在故不測。兩故化,推行於一。〔註41〕

太極、太虛隨著陰陽二氣的絪縕陞降而內在於萬物之中,即是萬物之性。所以,萬物雖然各有其性,各爲一性,但萬物之性卻又可以歸爲一性。從太虛即氣的角度看,此唯一之性是太虛;從太極剖分陰陽而成萬物的角度看,此唯一之性是太極;從太虛、太極的難以把握的角度看,此唯一之性是神。由此可見,性、太虛、太極、神,名異而實同。前面已經論證了太虛等同於誠,張載所說的性,也應該等同於誠〔註42〕。

「能窮神化所從來,德之盛者與!」〔註43〕德,得於自我。神爲不測之意,不過,神化的根源在於太虛、太極、誠,自得於我,就是自識何以爲太虛、太極、誠。人既是作爲認識的主體,又是作爲認識的對象,以自誠而至誠的方式,將眞實無妄的天道在人自身展現出來,就能夠知道世界是怎樣變化的,由人之主體進入到了太虛、太極、誠的本體境界,這樣的個體自然就是完備的人,「德之盛者」即是聖人的另一種稱呼。因此,才有「天道四時行,百物生,無非至教;聖人之動,無非至德,夫何言哉」〔註44〕的說法。在太虛即誠的包覆之下,

---

〔註38〕《張載集》,第 14 頁。

〔註39〕陳俊民:《張載哲學思想及其關學學派》,人民出版社,1986 年,第 133 頁。

〔註40〕《張載集》,第 10 頁。

〔註41〕同上。

〔註42〕唐君毅比較了周敦頤和張載的性論,指出張載將天道與氣化相連,所以,「唯是濂溪言性命,只直就誠道之原自天而立於人,人賴之以成聖處說,故性命只是一道。在張橫渠而言,則多一氣爲媒介,而於人物之分於天之氣,以有其氣質,又有其天性處,言天命人有此性」。見唐君毅:《中國哲學原論——導論篇》,中國社會科學出版社,2005 年,第 378～379 頁。

〔註43〕《張載集》,第 12 頁。

〔註44〕同上,第 13 頁。

天體物不遺，猶仁體事無不在也。「禮儀三百，威儀三千」，無
一物而非仁也。「昊天曰明，及爾出王，昊天曰旦，及爾游衍」，無
一物之不體也。〔註45〕

天不言而四時行，聖人神道設教而天下服。誠於此，動於彼，
神之道與！〔註46〕

聖人因為由自誠而至誠，體會了天道，天道又為「仁」，仁的無所不在，就是
誠的無所不在，誠即是仁。聖人仍然是一個主體，故聖人要「誠於此」；太虛
所生成的萬物，相對於作為主體的聖人來說，是外在的客體，聖人又要「動
於彼」。從人的自身來看，人本身是一物兩體的，以誠和合彼此而有「神之道」，
神化的作用和微妙就統一於聖人了。聖人是至誠之人，人皆有誠的潛能，神
化的作用和微妙，雖然統一於聖人，其實是統一於人的。

《中庸》裏說到「唯天下至誠，為能盡其性；能盡其性，則能盡人之
性；能盡人之性，則能盡物之性。能盡物之性，則可以贊天地之化育；可
以贊天地之化育，則可以與天地參矣。」就世界整體而言，張載認為個體
作為世界的一部分，可以發揮主體本有的潛能而以主體的方式表現出來；
每一個具體的主體又是可以擴充而最終體認全體的，因為它們的根本的
「性」都是相同的，只是個體的性有不足之處，導致了主體和本體的不同。
然而，張載認為，

天所性者通極於道，氣之昏明不足以蔽之；天所命者通極於性，
遇之吉凶不足以戕之。〔註47〕

這裏他提出的解決方法是用誠的主體活動去把昏明、吉凶等等的局限消除
掉，使主體歸於本體，從根本上解決人性和天性的一致性問題。誠的具體
作用就是：

天所以長久不已之道，乃所謂誠。仁人孝子所以事天誠身，不
過不已於仁孝而已。故君子誠之為貴。〔註48〕

「誠」是天之所以為天、人之所以為人的原因，主體如仁、愛、孝、悌等的
種種活動，是行為主體對自我局限的克服，這些活動本身也就是出自於「誠」

〔註45〕《張載集》，第 13 頁。
〔註46〕同上，第 14 頁。
〔註47〕同上，第 21 頁。
〔註48〕同上。

的實踐工夫，是「誠」的主體化。這些實踐工夫落到實處就是認識，根本目的在於培養具有認識全體之性的能力：

> 天之知物不以耳目心思，然知之之理過於耳目心思。天視聽以民，明威以民，故《詩》《書》所謂帝天之命，主於民心而已焉。〔註49〕

關於天的認識和如何對天進行認識，超出了耳目心思的層次，超出了經驗性的認識的範圍。張載又以天的視聽作為是源出於民心的，說明人心中有著與天一致的、普遍的東西。在太虛即氣的生化過程中，這種天人一致的、普遍的東西，就是太虛，而太虛即誠，這種天人一致的、普遍的東西就是誠。用「誠於此」、「動於彼」的方法，從人心當中的誠，推至天地萬物之誠，一切都在誠之中。誠的這種無所不包的特性，「天體物不遺，猶仁體事而無不在」，誠就是體物不遺的：

> 義命合一存乎理，仁智合一存乎聖，動靜合一存乎神，陰陽合一存乎道，性與天道合一存乎誠。〔註50〕

性有天性、物性、人性之分，具體的性是在陰陽二氣的生成中的，可以把性統統歸於氣之性。太虛即氣，氣之性也即是太虛。太虛是世界的本原，世界是真是存在的，誠是真實無妄之義，故太虛即誠，世界的本原就是誠。所以，張載才說：「性與天道合一存乎誠。」就個體而言，認識到自己具有的性是什麼，再向最根本處追問，就達到了太虛，發現了自身的最真實的誠，就是「存誠」而盡性。在人而言，

> 天所以長久不已之道，乃所謂誠。仁人孝子所以事天誠身，不過不已於仁孝而已。故君子誠之為貴。〔註51〕

君子之誠，其實就是人之誠，每一個人的本性是誠的，人性的實現就是把此誠之性顯現出來。人皆有誠，人通過自誠而實現誠的同時，也是全體之人的誠的實現，所以誠就能格去人之私：

> 性者萬物之一源，非有我之得私也。惟大人為能盡其道，是故立必俱立，知必周知，愛必兼愛，成不獨成。彼自蔽塞而不知順吾理者，則亦未如之何矣。〔註52〕

〔註49〕《張載集》，第 14 頁。
〔註50〕同上，第 20 頁。
〔註51〕同上，第 21 頁。
〔註52〕同上。

誠就是所謂的天性之所在，人的天性之誠，就在於人的仁孝。既然誠身事天，就是要求人首先能自誠，使人的自誠符合於天道之誠。人生而有父母，固有父母對子女的慈愛和子女對父母的親敬，這就是所謂的人倫，也是儒家認爲人所以爲人者。孟子曰：「人之所以異禽獸者幾希，庶民去之，君子存之。舜明於庶物，察於人倫，由仁義行，非行仁義也。」〔註53〕張載繼承了孟子的這種觀點，把倫理特性作爲人與動物、乃至人與萬物的區別所在，是人的本性，也即是人之誠。人之誠是人與生俱來的，稱爲「天性」。於是，仁孝之誠就是天性之誠，能夠盡仁孝也即是盡人之性、盡人之誠，性與誠在人倫上是統一的。

2. 盡心而盡性

性與誠的統一是需要後天的努力才可以揭示出來。在人而言，人所以能明瞭自身所以具有種種性、誠，是由於人有心來認知這一切。在心之誠與性之誠的基礎上，可以推知心與性統一於誠。張載認爲心與性的關係爲：

> 心能盡性，「人能弘道」也；性不知檢其心，「非道弘人」也。
> 〔註54〕

心是作爲個體的人的根本認識能力所在，人要發掘自己的本性，只能從自己的心上入手。窮盡心的認識能力，也就能認識心之所以爲心者，即心的本性是什麼。由於性即誠，認識心之性等同於認識心之誠。由一人之心以至於千萬人之心，千萬人之性就可得而知之。可見心的主動能力的重要意義。論性也不可以不論心，否則，性雖然已經內在地具於萬物之中，卻未曾被發掘而顯現出來，性是孤立的、隔絕的，雖然稱之謂性，卻沒有現實的價值。

張載非常重視心的能力和作用，認爲心能體會天地間的一切，因而提出了「大心」的理論：

> 大其心則能體天下之物，物有未體，則心爲有外。世人之心，止於聞見之狹。聖人盡性，不以見聞梏其心，其視天下無一物非我，孟子謂盡心則知性知天以此。天大無外，故有外之心不足以合天心。聞見之知，乃物交而知，非德性所知；德性所知，不萌於見聞。〔註55〕

〔註53〕《孟子・離婁下》。
〔註54〕《張載集》，第22頁。
〔註55〕同上，第24頁。

大心而體天地萬物，與仁而不遺萬物相比較，大心而可以爲仁，故心與仁、心與萬物爲一體而不可分。所舉孟子盡心知性知天之說，便是從一人之「小」出發，認識到了天地萬物與此「小」心的本原是相同的，此「小」心便能感通萬物，也就突破了「小」的限制而能夠「大其心」。「大心」而體物，是把心提高到了天的高度，「大心」也就是「天心」，天地萬物都爲此心所週知，也就不再局限於聞見之知，而是無所不包的德性之知了。

「大心」的實現，需要做到拋卻私心雜念：

> 成心忘然後可與進於道。成心者，私意也。〔註56〕

成心指有局限的心，即意必固我之心。一人之身中有一心，此心是以自身的經驗活動展開的，即是「意」。如果只停留在這個「意」上，則心只是私意之心：「意，有思也；必，有待也；固，不化也；我，有方也。四者有一焉，則與天地爲不相似。」〔註57〕人不與天地相似，就是人與天地相隔絕，人就不能上至於天、下至於地，不能達到明通公溥的境地，也就是停留於聞見之知而不能進於德性之知。所以，張載提出要盡心而通極於天地：

> 天之明莫大於日，故有目接之，不知其幾萬里之高也；天之聲莫大於雷霆，故有耳屬之，莫知其幾萬里之遠也；天之不禦莫大於太虛，故必知廓之，莫究其極也。人病其以耳目見聞累其心而不務盡其心，故思盡其心者，必知心所從來而後能。〔註58〕

聞見之知有其重要性，但又不能限於見聞之心的程度。聞見之知和德性之知的根本都在太虛，那麼知就是要知太虛。聞見之知只是耳目之知，即經驗感知，太虛卻是無形的，不可以被耳目所經驗，站在聞見之知的立場上看，太虛不爲人所知而不是眞實的，沒有關於太虛的知，聞見之知反而阻止眞知的出現，用張載的話說，「燭天理如嚮明，萬象無所隱；窮人欲如專顧影間，區區於一物之中爾。」〔註59〕滯留於耳目聞見之知卻不追尋其本原，導致心累逐於小知，就產生了「成心」。這樣得到的聞見之知肯定不能盡心、知性、知天，因而就不是誠知。張載認爲這是私意作祟，要消滅成心而使心打破局限而使心「大」。「大心」之「大」的意思就不是簡單的擴大之意，而是「大心」

〔註56〕《張載集》，第 25 頁。
〔註57〕同上，第 28 頁。
〔註58〕同上，第 25 頁。
〔註59〕同上，第 26 頁。

以使心能直達天地之性，即是心至大而能夠體知心所從來的太虛。太虛是至誠的，《中庸》說：「誠者物之終始，不誠無物。是故君子誠之為貴。誠者非自成己而已也，所以成物也。成己，仁也；成物，知也。性之德也，合內外之道也，故時措之宜也。」「大心」之後，心便成為了至誠之心而與天地萬物同體，一人之心也就成了天地之心，即是「化則無成心」之謂。

因為沒有成心作祟，「大心」而體會萬物也就都是窮盡了萬物之性，無不中於萬物之性、隨時中節，「無成心者，時中而已矣」〔註60〕。「大心」之前，太虛而誠之性雖然已具心中，是未發；「大心」之後，太虛而誠之性在心上實現，從而在萬物上實現，是已發。未發之前的狀態是和，已發之後狀態就是中。透過心性論，誠之未發之前的和與已發之後的中就相結合，誠即是中和。同時，張載認為：「大亦聖之任，雖非清和一體之偏，猶未忘於勉而大爾，若聖人，則性與天道無所勉焉。」〔註61〕張載實現誠之中和的方法，就是由性而有心的認識能力，再以心的認識能力去知性，心性合誠的未發之與誠的已發之中為一，心性也就統一於誠。如此，就有了聖人之盛德。張載將聖人的盛德定義為：

> 「日新之謂盛德」，過而不有，凝滯於心，知之細也，非盛德日新。惟日新，是謂盛德。〔註62〕

聖人有盛德而能夠獲得德性之知，擺脫了聞見之知的限制，如何成為聖人就成了研究心性問題的目標。聞見之知乃是每日所耳渲目染、習以為常的，就日常經驗來說，每天都在重複、經歷相同的內容，可以說是毫無新意。所以，日新指的是德性上的日新，卻不是聞見上的日新。《大學》語：

> 湯之《盤銘》曰：「苟日新，日日新，又日新。」《康誥》曰：「作新民。」《詩》云：「周雖舊邦，其命惟新。」是故君子無所不用其極。

以誠為依據而日新，可以稱之為「誠新」。人有萬物所不具備的認知能力，人還能依據誠而自誠，具體的實現，在於人的種種日常行為。《大學》的三綱領、八條目是環環相扣的，誠是其中重要一環。如果沒有誠的作用，以人的身體區分內外的話，向內不能格致誠正，向外則不能修齊治平，人就不能明明德、

〔註60〕《張載集》，第25頁。
〔註61〕同上，第28頁。
〔註62〕同上，第33頁。

親民、止於至善。《大學》說的「所謂誠其意者，毋自欺也」，就是要求隨時而誠，在每一事物上都追求切身之誠。張載說：「不知來物，不足以利用；不通晝夜，未足以樂天。聖人成其德，不私其身，故乾乾自強，所以成之於天爾。」〔註 63〕從身邊的小事做起，如博學、審問、篤行、明辨、深思之類，是由人事上達至道的途徑，要「利用」之。所謂「晝夜」，依據張載的氣化論，是陰陽二氣的消長之過程，表明了氣化的周流不息，這就是道，通晝夜之變就是通達於道。道是誠的，因人之誠「利用」萬物時，就是孟子說的「萬物皆備於我矣，反身而誠，樂莫大焉。」〔註 64〕樂在其中，並且不超出誠的範圍。

3. 與天合德

張載說：「性於人無不善，繫其善反不善反而已，過天地之化，不善反者也；命於人無不正，繫其順與不順而已，行險以徼倖，不順命者也。」〔註 65〕從人性本原上看，人與萬物一樣，都是由太虛的生成，且又歸於太虛，人性在出發和歸宿上是相同的。人性所不同者，在於太虛的生成過程之中，不同的人所稟賦的氣有不同，不同的稟賦就是人所承受的天命，「形而後有氣質之性，善反之則天地之性存焉。故氣質之性，君子有弗性者焉。」〔註 66〕這樣產生的人性都是「形而後」的氣質之性，必然與「形而前」的性有所區別。「形而前」為太虛，則「形而前」之性可謂太虛之性，即所謂天地之性。在張載看來，君子不以氣質之性為人之性，而是要求人「反」此氣質之性，其實是從「形而後」的氣質之性「返回」到「形而前」的天地之性。太虛即誠，此中區別開來的「善反不善反」也就應該是指人能否自誠的問題。張載既然承認人性本來相同，他所說的聖人之性，是要從有形的氣質之性當中解脫出來，直入太虛之中。太虛即氣。然而，「湛一，氣之本；攻取，氣之欲。口腹於飲食，鼻舌於臭味，皆攻取之性也。知德者屬厭而已，不以嗜欲累其心，不以小害大、末喪本焉爾。」〔註 67〕太虛之氣是周流不息，太虛之性是不滯於某一物、某一形的；太虛之性是天地之性，則天地之性是無所不包的，氣質之

〔註 63〕《張載集》，第 35 頁。
〔註 64〕《孟子・盡心上》。
〔註 65〕《張載集》，第 22 頁。
〔註 66〕同上，第 23 頁。
〔註 67〕同上，第 22 頁。

性是局限之性，要想認識天地之性，當然要不拘執於形體，聖人才能夠體會氣的周流不息而與天地萬物同體：

> 性者萬物之一源，非有我之得私也。惟大人為能盡其道，是故立必俱立，知必周知，愛必兼愛，成不獨成。彼自蔽塞而不知順吾理者，則亦末如之何矣。〔註68〕

這是聖人通過「善反」的自誠而至於天地之性的至誠，也是聖人之德的體現。張載說「德者得也，凡有性質而可有者也」。〔註69〕則聖人之德與凡人之德本無二致。只是由於聖人自誠，於是自修其德而達於天地之至德，返本於天地之性。

張載總結人的德性之所以不同的原因，認為：

> 人之剛柔、緩急、有才與不才，氣之偏也。天本參和不偏，養其氣，反之本而不偏，則盡性而天矣。性未成則善惡混，故亹亹而繼善者斯為善矣。惡盡去則善因以成，故舍曰善而曰「成之者性也」。〔註70〕

人所受的氣之偏並非是決定人的命運的關鍵。天道至誠不息，人道要符合天道，也要自誠無息。自誠的工夫就是要在人的氣質上下手，格去氣質之偏，即是去惡而為善。而且，這種工夫不可間斷，窮盡人本身所有的性，同、通於天地萬物之性，即是由自誠而至誠，統一於誠。在為氣所構成的具體的人上，就要求以德勝氣：

> 德不勝氣，性命於氣；德勝其氣，性命於德。窮理盡性，則性天德，命天理，氣之不可變者，獨死生修夭而已。故論死生則曰「有命」，以言其氣也：語富貴則曰「在天」，以言其理也。此大德所以必受命，易簡理得而成位乎天地之中也。所謂天理也者，能悅諸心，能通天下之志之理也。能使天下悅且通，則天下必歸焉：不歸焉者，所乘所遇之不同，如仲尼與繼世之君也。「舜禹有天下而不與焉」者，正謂天理馴致，非氣稟當然，非志意所與也；必曰「舜禹」云者，餘非乘勢則求焉者也。〔註71〕

〔註68〕《張載集》，第21頁。
〔註69〕同上，第33頁。
〔註70〕同上，第23頁。
〔註71〕同上。

德訓爲得，所德者得於性；氣訓爲氣之聚散，聚散則有形。前者爲本然，後者爲應然，以應然歸於本然，是有具體的氣彙歸於「湛一」之氣。氣之本即是太虛，太虛隨氣而在萬物之中，萬物之氣消散後又復入於太虛之中，以德勝氣就是要使自身的氣稟彙歸於太虛之氣。人自身的氣稟是氣，人之氣與太虛之氣本性上相同，「天性在人，正猶水性之在冰，凝釋雖異，爲物一也；受光有小大、昏明，其照納不二也。」〔註 72〕人之自誠必然是可以至於至誠的天德的，人性與天性在性質上相同，顯現的方式不同，正如水與冰形態雖異而實質相同。由人之自誠，找到了與太虛相同之處，即可以把握太虛的周流不息，變化氣質是可以實現的。把人的氣質之性拔高到了天地之性，人性與萬物之性的相通，人就可以明瞭太虛即氣的變化的神妙，性、命、理等都包括在其中，人把握住了神、性、命、理，這樣的人即是《易》所說的順而不逆的「大人」。人與天就合而爲一，人之所爲就是天之所爲，人的行爲舉止無不順應天命、無不合乎天理，天之性通過人之性而顯現出來。不過，這還沒有達到最後的終點，張載認爲只有達到中正之道，才是人性的完全實現：

> 中正然後貫天下之道，此君子之所以大居正也。蓋得正則得所止，得所止則可以弘而至於大。樂正子、顏淵，知欲仁矣。樂正子不致其學，足以爲善人信人，志於仁無惡而已；顏子好學不倦，合仁與智，具體聖人，獨未至聖人之止爾。〔註73〕

人得於道者，是人之命，人之命是要與天道相符合的。天道是周流不息的，人之命不過是天道運行中的一個環節或部分，人要符合天道，就要使人之命突破自身的限制而進於道。這種方法是人自誠而至於太虛、天地之至誠，中正之道即是中於隨時中正於誠而已。人皆有氣質之性與聞見之知，不盡人心與人性，則不能性其性而有天地之性、知其知而有德性之知，不能體物而不遺，就是不仁。從成仁而體物不遺的觀點來看，是人弘道而不是道弘仁。既是孔子說的「人能弘道，非道弘人」〔註 74〕，也是曾子說的「士不可以不弘毅，任重而道遠。仁以爲己任，不亦重乎？死而後已，不亦遠乎？」〔註 75〕

〔註72〕《張載集》，第 22 頁。
〔註73〕同上，第 26～27 頁。
〔註74〕《論語・衛靈公》。
〔註75〕《論語・泰伯》。

說明道與仁是不相分離的，實現道與仁的人，在人自身統一道與仁，人必須有志於仁而體會所以爲仁之道，一以貫之而又時中。中謂不偏不倚，所中者乃中正於道，中正於道就是止於道，道與仁不分，中正於道、中正於仁，即是止於道、止於仁。能如此者，惟有人而已，中正、止於道與人，其實是中正、止於人自身，即張載所說的「大人」〔註76〕。

以中爲道的極致，在其中氣作爲世界的根本周流變化的神妙不測被清楚地感知和把握，人能知氣之所以如此就是氣之所止於何處，是仁智所在。「大人」把握了道，以道來包容萬物，不徇一物而無私，至大而與天道同體，達到這個境界，就是人體物而不遺，這樣的人是人之中至大者，即可稱之爲仁。萬物就在道之中，萬物也就都在仁之中，雖然變化莫測，正是「『神無方』，『易無體』，大且一而已」。〔註77〕故張載提出：

> 浩然無害，則天地合德；照無偏繫，則日月合明；天地同流，
> 則四時合序；酬酢不倚，則鬼神合吉凶。天地合德，日月合明，然
> 後能無方體；能無方體，然後能無我。〔註78〕

張載將「太虛即氣」與孟子的「浩然之氣」相結合。孟子認爲「浩然之氣」的特性是「其爲氣也，至大至剛，以直養而無害，則塞於天地之間。其爲氣也，配義與道；無是，餒也。是集義所生者，非義襲而取之也。行有不慊於心，則餒矣」〔註79〕。太虛之氣即是充塞於天地間的浩然之氣，周流不息，萬物稟受之而生長化育，具體的陰陽二氣的聚散就是太虛之氣的運行之道。太虛之氣充塞於天地間，可稱爲天道、地道、人道、萬物之道，名異而實同。人是受此浩然無害的太虛之氣而生於天地之間，人即是秉承太虛之道，一旦如孟子所言，培育自身的「浩然之氣」，就可以至大至剛而與天地萬物同體。孟子又是將「浩然之氣」與仁義道德相提並論的，且《繫辭下》有「天地之大德曰生」之語，化生萬物是至高至大之德，那麼培育了「浩然之氣」的人，既是使自身在「氣」的規模上與天地萬物同體，又是德行至高而人所應具有的德性，同時具有這兩方面特性的人，就不是一般而言的人。因爲一般而言

〔註76〕張載認爲：「大人者，有容物，無去物，有愛物，無徇物，天之道然。天以直養萬物，代天而理物者，曲成而不害其直，斯盡道矣。」見《張載集》，第35頁。

〔註77〕同上，第15頁。

〔註78〕同上，第33頁。

〔註79〕《孟子‧公孫丑上》。

的人，是指飲食男女〔註80〕，乃是擁有各種欲望、追逐各種欲望的，不能夠與周流不息而產生萬物的道同體。相對而言，就有了「小人」和「大人」的區分。張載說：「大人所存，蓋必以天下爲度，故孟子教人，雖貨色之欲，親長之私，達諸天下而後已。」〔註81〕「大人」是以天地萬物爲對象的，卻又不拘滯於其中之一或一部分，因而能與周流不息而產生萬物的道同體，「大人」體現出一種相對於只關注自己的「小人」的超越性和普遍性，「大人」即是天地萬物、天地萬物即是「大人」。如前所述，這不是形體上的直接等同，而是由於「大人」與天地萬物共同具有的道，是性質上的等同。因此，培育浩然之氣，就是培養德性，從而能使人自身已經具有卻又未能自我發現的道，以主動的方式顯現出來，自身本有的道得以擴充而等同於至大無外的道，人就由天地間一個微小的生成物而成爲自發的主體，進而至於道，人就因此與天地合德、與日月合明、與四時合序、與鬼神合吉凶。惟有「大人」能這樣，「大人」之「我」是不同於「小人」之「我」的。反過來說，作爲本體卻又施用無窮的道，始終是以「大我」爲顯現的，則「易無方而神無體」就是道之在「大我」且「大我」即是道，道與「大我」不分。此「大我」不局限於任何一人，代表了所有人，是無私之「我」，所以即是無「我」。所以，張載認爲：

　　　　能通天下之志者爲能感人心，聖人同乎人而無我，故和平天下，

　　莫盛於感人心。〔註82〕

聖人與凡人之心皆是氣化的產物，本性上相同。聖人能大其心，能感通天下人之心，成就聖人的無我之心。聖人又與所有人「同」，是聖人感通而不滯。因爲人心與天地萬物都是氣化的產物，進而能感通天地萬物。

　　沒有了成心，就不爲氣質之形體所限制，在氣質之性轉變爲天地之性的過程中，人的心與性也就擴大而與天道同一，一舉一動無都是中於天道而正的。到此境界，方是人性實現的最終處。這條路雖然被指明，張載仍承認其難以實現：

　　　　大中至正之極，文必能致其用，約必能感而通。未至於此，其

　　視聖人恍惚前後，不可爲之像，此顏子之歎乎！〔註83〕

〔註80〕《禮記・禮運》語：「飲食男女，人之大欲存焉」。
〔註81〕《張載集》，第 32 頁。
〔註82〕同上，第 34 頁。
〔註83〕同上，第 27 頁。

顏淵曾經爲不能及孔子而感歎，說明聖人之道難以把握，雖賢良如顏淵，「大中至正之極」的道卻始終爲恍惚可見而不能確實領會。然而，這是肯定了道的存在，因此人與道有間隔，卻不能否定「文必能致其用，約必能感而通」，必然要尋找其文、約之處。此「大中至正之極」之道，換種說法，即是中庸之道，

> 子曰：道之不行也，我知之矣。知者過之，愚者不及也。道之不明也，我知之矣。賢者過之，不肖者不及也。人莫不飲食，鮮能知味也。〔註84〕

此道散佈於萬物之中，要從萬物中博文而尋找；萬物之中的道其實匯通爲一，在於萬物之文中要抽繹出來，即是以文而求約：

> 事無大小，皆有道在其間，能安分則謂之道，不能安分則謂之非道。顯諸仁，天地生萬物之功，則人可得而見也；所以造萬物，則人不可得而見，是藏諸用也。〔註85〕

對於常人而言，萬物不可窮盡，即使窮盡萬物，也不能抽繹出何以約之道，所以中庸之道或「大中至正之極」之道難以把握，惟有聖人能之。而聖人所以能把握住道，除了前面所說的變化氣質而使人有盛德之外，仍不外於在切近己身處下工夫，也就是自誠而已。

中正之道既然已經具於人，此中正之道是至誠不息之道。所以，道就在人之中，體現爲人性，窮盡人性則可以求道。人性並非虛無縹緲之物，表現在人自身而言，以儒家的觀點，即是仁、義、禮、智。孟子認爲：「惻隱之心，仁之端也；羞惡之心，義之端也；辭讓之心，禮之端也；是非之心，智之端也。人之有是四端也，猶其有四體也。」〔註86〕仁、義、禮、智的人性是誠而眞是存在的，人性的自我實現就是自誠。惟有此自誠，才能發掘人性。天下萬物之性與人性在根本上都是相通，窮盡並且把握了人性，也就可以推己及人、由人及物，中庸之道或張載所謂的「大中至正之極」之道就是可以求而得之的，關鍵在於能否主動去求。張載認爲：

> 可欲之謂善，志仁則無惡也。誠善於心之謂信，充內形外之謂美，塞乎天地之爲大，大能成性之謂聖，天地同流、陰陽不測之謂神。〔註87〕

〔註84〕《中庸》。
〔註85〕《張載集》，第374頁。
〔註86〕《孟子・公孫丑上》。
〔註87〕《張載集》，第27頁。

這是對孟子的繼承和發揮。孟子曰：「可欲之謂善，有諸己之謂信，充實之謂美，充實而有光輝之謂大，大而化之之謂聖，聖而不可知之之謂神。」〔註88〕「可欲」指意欲為根本之事，在張載的體系中，天地萬物的根本乃是太虛即氣，太虛即氣是真是存在的，太虛即誠、氣即誠，太虛即氣而通於萬物，也是誠通於萬物。如此，為善是實現誠，志於仁是求仁體物不遺，不遺一物者惟有通於萬物的誠，志於仁也就是志於誠。自誠是在自身上下工夫，完全實現誠又是另外一回事，需要學習和積累。「知德以大中為極，可謂知至矣；擇中庸而固執之，乃至之之漸也。惟知學然後能勉，能勉然後日進而不息可期矣。」〔註89〕在人而言，有志於誠，就要誠於自身，如孟子所說的那樣，把人性的四端完全地展現出來，使人成為真正的人，就沒有了物我、內外的區別，以誠來充塞天地就是充塞了人，以誠來充塞人就是充塞了天地。天、地、人因誠而為一，陰陽不測的神與性、道、命貫通為一，人與萬物無不因其誠而得其正，自然能止於誠之至善。孟子所謂信、美、大、聖、神的種種狀態，其實就是誠的天、地、人的根本之性使然。

第三節　境界論

「橫渠四句教」語：「為天地立心，為生民立道，為去聖繼絕學，為萬世開太平。」〔註90〕顯露出了張載以一人之心貫通天、地、人的境界。人之心即是天地之心，天地間的一切都為人所知，故能繼承並延續往聖不傳之絕學。後世以此絕學治國處事，就能與天地合其節，天地亙古不變，於是，以天地之道開出萬世之太平，是張載「天體物不遺，猶仁體事而無不在」觀點在現實的實現道路。

1. 體物不遺

張載認為：「仁道有本，近譬諸身，推以及人，乃其方也。必欲博施濟眾，擴之天下，施之無窮，必有聖人之才，能弘其道。」〔註91〕聖人與凡人在根本

〔註88〕《孟子・盡心下》。
〔註89〕《張載集》，第 27 頁。
〔註90〕同上，第 376 頁。
〔註91〕同上，第 34 頁。

上相同，因而能夠推己及人。惟有聖人能推己及人而顯現人道，人道的實現也由於通過聖人實現而被認爲是聖人之道。張載又說：「道遠人則不仁。」〔註92〕道乃貫穿天地萬物之終始，道是包括一切的，「仁體物不遺」，人生於天地萬物之中，人即在道之中，人之仁就等同於道。既是道不遠人，也是仁不遠人。這樣說來，人性是由道而有的，人性也就是由仁而有的。故張載認爲：

> 仁通極其性，故能致養而靜以安；義致行其知，故能盡文而動
> 以變。〔註93〕

將仁等同於性，實現仁即是實現性。張載將人性分爲天地之性和氣質之性，前者純粹至善，後者駁雜不善，實現人性乃是成就天地之性，是使人性通極於天地，這樣的人性就等同於天地之道。但是，張載將仁與義分開，認爲：

> 義，仁之動也，流於義者於仁或傷；仁，體之常也，過於仁者
> 於義或傷。〔註94〕

張載視仁爲本，是靜的，視義爲用，是動的。但是，張載認爲動靜並非絕對的，「太和所謂道，中涵浮沈、升降、動靜、相感之性」〔註95〕，動中有靜、靜中有動。以仁爲本，仁貫通萬物，即是「天體物不遺，猶仁體事無不在也」〔註96〕之義。仁動而後有義，將義視爲活動的。由於動靜不能絕對分離，道化生萬物就是仁化生萬物，仁不能不動；動而有義，依據所生成的具體事物而定的，定則靜、止，義是仁靜、止於物的具體表現。這與周敦頤有相似之處。仁與義的關係如同體用、動靜關係，是互相蘊涵而又統一的。具有仁、實現了仁的聖人，合仁義之體用、動靜爲一，本於仁，故於用無不義，隨時安仁處義而不傷於仁義。張載強調「安於仁而已」、「安於所遇而敦仁」〔註97〕，通過在事物的義來保持仁，從而在一切事物貫通義而貫徹仁。

　　這種一貫性，與張載的天道觀是一致的。由於張載認爲氣凝聚的狀態爲事物，消散的狀態爲太虛，太虛即氣既是萬物顯現的狀態，也是萬物所以顯現的原因。《易・繫辭》中有「一陰一陽之謂道」和「形而上者謂之道，形而下者謂之器」之語，而張載認爲，氣分爲陰陽時，陰陽的聚合分離造成了事

〔註92〕《張載集》，第34頁。

〔註93〕同上。

〔註94〕同上。

〔註95〕同上，第7頁。

〔註96〕同上，第13頁。

〔註97〕同上，第34頁。

物的生成消亡，人也是陰陽的產物，人體現著天地之間生生不息的「大義」：

> 游氣紛擾，合而成質者，生人物之萬殊；其陰陽兩端循環不已
> 者，立天地之大義。〔註98〕

陰陽二氣不只是形而下的氣，本身也是形而上的道的體現，

> 「日月相推而明生，寒暑相推而歲成。」神易無方體，「一陰一
> 陽」，「陰陽不測」，皆所謂「通乎晝夜之道」也。〔註99〕

陰陽二氣構成形而下的具體事物，卻體現著所謂形而上的道，陰陽二氣是屬
於道的氣，陰陽二氣又始終是受道的支配運行，氣在道中，道在氣中，形而
上之道與形而下之氣不相分離、合為一體，陰陽二氣是即體即用的。陰陽二
氣統稱為氣，張載的氣是等同於太虛，陰陽是二，太虛是一，可知太虛即氣
是一而二、二而一的，即張載的一物兩體之說：

> 兩不立則一不可見，一不可見則兩之用息。兩體者，虛實也，
> 動靜也，聚散也，清濁也，其究一而已。〔註100〕

正是由於究竟之處在於太虛之一，太虛也就可以用道、太極等表示世界根本、
本體的名詞來稱呼，內容上是相同的。一與二的相互溝通、相互蘊涵、相互
顯現。

張載認為一切變化都在《易》中被闡明了，《易》當中已經包括了體用、
神化等，故「神，天德，化，天道。德，其體，道，其用，一於氣而已」，「『神
無方』，『易無體』，大且一而已爾」〔註101〕。如果把這些統稱為《易》之道或
《易》道，在這種一貫的模式之中，神、化、德、道是互以對方為客，以己
為主，主客關係可以換位而言。天道的神妙不測，與神化的聚散相對，神的
天道要借助化的天德以實現。道為體，德為用，德謂得其體，道謂道其用。
道指本體，德指秉承本體的主體，對本體和主體的關係加以考察，個體可以
實現本體，本體在個體中呈現。對此，張載的觀點是：「一物而兩體，其太極
之謂與！陰陽天道，象之成也；剛柔地道，法之效也；仁義人道，性之立也。
三才兩之，莫不有乾坤之道。」〔註102〕既然太極為根源，太極在運動變化之

〔註98〕《張載集》，第9頁。

〔註99〕同上。

〔註100〕同上。

〔註101〕同上，第15頁。

〔註102〕同上，第48～49頁。

中是通過其所分化的乾與坤、陽與陰而實現的，人處於天地、乾坤、陰陽之中，實際是處於太極之中，也就是處於張載所謂升降沉浮的太和之中，作爲主體的人，與太虛即氣的本體是相同、相通的，人以此而體物不遺。於是，「有天德，然後天地之道可一言而盡」〔註103〕。

2. 誠知與神化

雖然張載認爲神化難以認知，「聖不可知謂神」。張載卻沒有完全否定人有認識此種「神化」的能力。太虛即氣是萬物化生的原因和歸宿，超出了作爲神化過程中的生成物之一的人的認識範圍。張載發揮了孟子「大而化之之謂聖。聖而不可知之之謂神」的理論，將之與《易》結合，提出：

> 大可爲也，大而化不可爲也，在熟而已。易謂「窮神知化」，乃德盛仁熟之致，非智力能強也。〔註104〕

神化是無窮盡的，而人的智力是有限的，當然不可能完完全全地去認識神化過程中的每一個環節和產物。但是，「人能知變化之道，其必知神之爲也」〔註105〕。人所要認識的，就是這種變化之道，或者稱之爲變化的規律。《繫辭》有「陰陽不測之謂神」之語，指的是陰陽變化的無窮，稱之爲「神」。「神」字並非人格主宰之神，仍是變化莫測之意。韓康伯認爲：「神也者，變化之極，妙萬物而爲言，不可以形詰者也，故曰：『陰陽不測』。」〔註106〕張載的觀點未必一定是受韓康伯的影響而產生的，但他們對於神的理解是一致的。韓康伯所謂「不可以形詰者」，正是由於陰陽二氣時刻處於變化之中，不可以從固定的形體上把握住隨時處於運動變化之中的道。

從《易》的角度來看，至陽者乾，至陰者坤，《易》道的變化也就可以視爲乾坤的相互推宕，即張載所謂「起知於易者乾乎！效法於簡者坤乎！散殊而可象爲氣，清通而不可象爲神。」〔註107〕散殊的氣和清通的神其實是一致的，從認識散殊的氣開始，有可能認識清通的神。關鍵在於，不可以拘滯於氣的具體狀態，不可以「徇物喪心」而淪於紛雜的事物之中。《易》的變化之

〔註103〕《張載集》，第15頁。
〔註104〕同上，第17頁。
〔註105〕同上，第18頁。
〔註106〕《王弼集校釋》，第543頁。
〔註107〕《張載集》，第7頁。

「幾」正是神化之所在，要認識神化，要從事物變易的幾微之中開始，「幾者象見而未形也，形則涉乎明，不待神而後知也。」〔註108〕只要把握住了變化之幾，就可以認識神。張載反覆強調，對神化的認識是一個順其自然的過程，不可以強力以求：

　　　　見幾則義明，動而不括則用利，屈伸順理則身安而德滋。窮神
　　知化，與天爲一，豈有我所能勉哉？乃德盛而自致爾。〔註109〕

　　　　惟神爲能變化，以其一天下之動也。人能知變化之道，其必知
　　神之爲也。〔註110〕

神化的依據是太虛，而太虛即誠，神化是誠。認識神化，就是要認識其何以眞實無妄而爲誠。一方面，張載以聖人有盛德故能知神化；另一方面，又認爲知神化者在於順應變化。或許這讓人誤以爲張載受到了佛家之靜和道家之無的影響。其實，由於太虛即氣，氣化爲萬物，一切事物的產生和消滅都是氣的周流變化所決定的，太虛即氣就即是本體，又是本體的發用和顯現，體用相即：

　　　　敦厚而不化，有體而無用也；化而自失焉，徇物而喪己也。大
　　德敦化，然後仁智一而聖人之事備。性性爲能存神，物物爲能過化。
　　〔註111〕

由於敦厚，所以作爲體的太虛之氣能散殊入萬物；由於能化入萬物，所以太虛之氣無所不在，成爲所有事物的根本。萬物性其性、化其化、物其物，變化聚散各止於其所對應的氣化，不「徇物喪心」，不「存神過化」，就排除了個體可能陷於一隅之地的錯誤，個體之我就被消解掉：「無我然後得正己之盡，存神然後妙應物之感。」雖然無我，「我」之性卻已經融入了神化之中而與之同體，故無我之時，體用兼通，體已立則用無所不通，就是張載所說聖人不強求認識神化，卻又可以認識神化的難以言說的微妙狀態。究其實，仍不出於《易》。由此可知，對世界的認識必須是誠而能通的。

　　正是由於世界以誠而能通，更加不能局限於小我、小知，故張載主張打破界限以求誠之同，於是提出：

────────────

〔註108〕《張載集》，第18頁。
〔註109〕同上，第17頁。
〔註110〕同上，第18頁。
〔註111〕同上。

> 獨見獨聞，雖小異，怪也，出於疾與妄也；共見共聞，雖大異，
> 誠也，出陰陽之正也。〔註112〕

獨見獨聞是有局限的，需要相感而通。相感而通是因爲包括人在內的天地萬物，從本性上來說，都是太虛即氣的生成物，人便能夠以此爲根據來進行感通。以人而言，一個人不能認識所有的人，卻可以從人的性質入手，發現人所以爲人，是因爲陰陽二氣的妙和作用，所有人都是相同的，進而認識到了所有人共有的性質，便是破除了一隅之見的疾（表面的泛泛之知）和妄（不眞實乃至虛構之知）。達到了共見共聞的境界，各種微小之知在性質上的互相溝通，雖然各自爲異，卻又在根本上是相通的。這種眞實的關於天地萬物的根本認識，就是誠，原因在於，人物相交感在太虛即氣的生成作用，氣的具體生成是通過陰陽二氣來完成的，人對萬物的認識都是通過陰陽二氣的作用而進行的。因此，「出陰陽之正」，就是得陰陽交感的無妄之誠知。萬物都是太虛即氣構成的，物內之氣與物外之氣並無區別。進而言之，天命只是氣的流轉，天性只是氣的構成，要破除對於天、性等各種區別的執著。張載認爲通過學習，認識到太虛即氣，就能夠知道這些區別都是可以破除的，所以知人、知天、知性都是知氣。氣的眞是存在，決定了認識氣也是眞是存在的，即誠知而已。

張載把「知」分爲德行之知與見聞之知，意在區分開「知」的大小。德性之知即是無所不知，見聞之知已經包括在內。張載認爲：「見聞之知，乃物交而知，非德性所知；德性所知，不萌於見聞。」〔註113〕將二種「知」截然分開，是由於張載認爲見聞之知局限於有形事物的經驗，從氣化的角度講，只是看見了氣的「滯」而不見氣的「通」，越是著力於見聞之知，反而離廣大而無窮的德性之知越遠。因此，德性之知與見聞之知是無關的。

在《大易》篇中，張載提出：

> 大而得易簡之理，當成位乎天地之中，時舍而不受命，乾九二
> 有焉。及夫化而聖矣，造而位天德矣，則富貴不足以言之。

> 「樂則行之，憂則違之」，主於求吾志而已，無所求於外。故善
> 世溥化，龍德而見者也；若潛而未見，則爲己而已，未暇及人者也。

> 「成德爲行」，德成自信則不疑，所行日見乎外可也。〔註114〕

〔註112〕《張載集》，第20頁。
〔註113〕同上，第24頁。
〔註114〕同上，第51頁。

成德在於人自身之內，不假外求。自身之德達到極致時，所言所行與天道一致。如孟子所言，「仁義禮智，非由外鑠我也，我固有之也，弗思耳矣。故曰：『求則得之，舍則失之。』或相倍蓰而無算者，不能盡其才者也。」〔註115〕仁義禮智乃是人所固有，人能向外擴充並在現實之中實現仁義禮智，便是人之德性的成就。在孟子看來：「人之所以異於禽獸者幾希，庶民去之，君子存之。舜明於庶物，察於人倫，由仁義行，非行仁義也。」〔註116〕仁義視爲人之天性，所以人區別於動物。合而觀之，可知人的天性就是人的天德。張載繼承孟子的觀點，同樣強調德性的自我實現。這種實現，不以外在目標爲追求，即是「萬物皆備於我矣。反身而誠，樂莫大焉。強恕而行求仁莫近焉。」〔註117〕

　　從太虛與誠的一致性而言，知就是要知誠。見聞之知局限於一隅，不能擴展區全局，於是乎不能由小知以至大知，也就是不能誠知天地萬物，見聞之知不能通於德性之知。德性之知是包括一切的，即最誠之知，見聞之知是不誠之知。要實現誠知，就要突破見聞之知的局限。這就是「大其心」，使心不限於見聞之知的目的。心不僅是作爲認識器官，更是作爲認識的能力。心是「天官」，所受的稟賦來之於天，天又被稱之爲天命、天性、天道，心在根本上具有與天相同，心也因此而具有獲得德性之知的能力，否則心不可能體萬物而不遺。「天體物不遺」被張載認爲是仁的表現，心的體物不遺就是仁，心的德性之知也即是仁。萬物和心都是氣化形成之物，但心有普遍性，萬物卻沒有，不能局限於萬物之中的一物或一部分物，否則是使心淪喪了普遍性。孔子絕「意、必、固、我」四者，就是爲了防止陷於一隅而不能自拔。張載認爲眞正的心之所在，必然是脫離了意、必、固、我的：

　　　　絕四之外，心可存處，蓋必有事焉，而聖不可知也。〔註118〕

張載一方面認爲聖人不可知，另一方面又認爲聖人具有的德性之知乃是包括了一切之知的，看似矛盾，其實不然。德性之知之所以不同於見聞之知，在於見聞之知立足於感官經驗，而德性之知是囊括了天地間之一切而超越了感

〔註115〕《孟子・告子上》。
〔註116〕《孟子・離婁下》。
〔註117〕《孟子・盡心上》。
〔註118〕《張載集》，第28頁。

官經驗。無論何種知，都是與心相關的。見聞之知著意於經驗感知，其心也就被限制在了經驗上，於是不能體會貫通於萬物的道，見聞之知與道無關，始終是「小」知，關於見聞之知的心，也就是不能體會道的「小」心。按張載所言：

> 成吾身者，天之神也。不知以性成身而自謂因身發智，貪天功
> 為己力，吾不知其知也。民何知哉？因物同異相形，萬變相感，耳
> 目內外之合，貪天功而自謂己知爾。〔註119〕

> 體物體身，道之本也，身而體道，其為人也大矣。道能物身故
> 大，不能物身而累於身，則藐乎其卑矣。〔註120〕

從中可以看出，張載認為人與萬物都是由天而生成的，人不僅可以知其中之一二，也可以知其全部。知一二為見聞之知，知全部為德性之知。前者只是在經驗上起意，自認為經驗的見聞之知就是全部，由此而落入自以為是之「意」，肯定此「意」為絕對正確而「必」，不能脫離「固」、「我」，成為了張載所謂的「成心」。「成心」指有形的具體之心，一身之中有一心，相對於固執於此一心便是固執於己意，如此產生的聞見之知是「小」的。通達於萬物也就是不拘滯於其中之一物，這樣便是公而無私，一切私意妄念都被消除。根據心具有認識能力，由私心轉為公心，就要超出自身之「小我」的限制，成為能夠體會天地萬物之道的「大我」。但是，成為「大」者，需要變化，張載認為這種變化是「大化」，就是前面說過的變化氣質。一人之心乃是人的有形體之心，是氣質之心，由此而有見聞之知。人之性通極於天地，氣質之性上還有天地之性。要認識天地之性，就不可在氣質之心、見聞之知上打轉，而超出此範圍，就是以心來體會天地，則此心為天地之心，即是「感而通，誠也」〔註121〕之謂。

第四節　政教論

張載極為重視禮，欲恢復三代之禮，在回答宋神宗何為治道時，張載說：「為政不法三代者，終苟道也。」〔註122〕張載主張恢復井田制，認為這是禮的基礎，

〔註119〕《張載集》，第25頁。
〔註120〕同上。
〔註121〕同上，第28頁。
〔註122〕《宋史》卷四二七，《道學一》

進而提出：「禮者聖人之成法也，除了禮天下更無道矣。欲養民當自井田始，治民則教化刑罰俱不出禮外。」〔註123〕可見張載的政教論是以禮爲核心的。

1. 禮的來源

張載認爲：「知崇，天也，形而上也；通晝夜之道而知，其知崇矣。知及之而不以禮性之，非己有也；故知禮成性而道義出，如天地設位而易行。」〔註124〕太虛之氣爲天地萬物化生的根本，具體的過程是陰陽之氣的凝聚和消散。在這過程中，天的崇高又是要「以禮性之」的，「知禮成性而道義出，如天地設位而易行」指的是，禮是崇高而前定的，禮是誠而眞實存在的，禮即誠。故張載提出：

> 生有先後，所以爲天序；小大、高下相並而相形焉，是謂天秩。
> 天之生物也有序，物之既形也有秩。知序然後經正，知秩然後禮行。
> 〔註125〕

因爲天尊地卑，人生活於天地之間，就應當遵守這個既定的自然秩序。這就把自然賦予了倫理性，把所謂的天序、天秩與人必須遵從的禮相結合。自然秩序就是人的秩序，而人的秩序是各種禮儀規範，這些禮儀規範是井然有序的，能夠遵守它們就能夠正確地行動。由於禮儀規範是自然的秩序，人是秉承自然而生的，禮儀規範就已經內在地爲人所具有。

不過，禮的實現是不容易的，張載採取了歷史論證的方式〔註126〕：

> 舜之孝，湯武之武，雖順逆不同，其爲不幸均矣。明庶物，察人倫，然後能精義致用，性其仁而行。湯放桀有慚德而不敢赦，執中之難也如是；天下有道而已，在人在己不見其間也，立賢無方也如是。〔註127〕

〔註123〕《張載集》，第264頁。
〔註124〕同上，第37頁。
〔註125〕同上，第19頁。
〔註126〕由於張載、大程這樣的理學家與王安石分道揚鑣，針對已經在現實政治中發揮作用了的「荊公新學」，理學家們在建立新的理論體系的同時，又試圖完成由理論到實踐的轉變，從而由內聖開出外王。因此，理學家們「發展了關於秩序重建的雙重論證。第一是宇宙論、形上學的論證，爲人間秩序奠定精神的基礎；第二是歷史的論證，要人相信合理的秩序確已出現過，不是後世儒者的『空言』，而是上古『聖君賢相』所已行之有效的『實事』」。見余英時：《朱熹的歷史世界》，讀書・生活・新知三聯書店，2004年，第121頁。
〔註127〕《張載集》，第38頁。

在人而言，中正至大之道在於「明庶物，察人倫」，正是禮的難以實現之處。所謂「在人在己不見其間」，指的是無論他人還是自我，都未能明白天地萬物的特性，從而無法明瞭人何以有其倫理綱常的特性。既然道是誠的，包括人在內的萬物也是誠的，不能「明庶物，察人倫」乃是不能明察何以爲誠，就是人不能自誠。人倫既然是道的表現，道的運行自然有天在上、地在下，人倫的尊卑、貴賤、長幼等等秩序，就是已經確立了的。張載說：「禮：直斯清，撓斯昏，和斯利，樂斯安。」〔註 128〕禮是一以貫之的，其中又有曲折，禮卻始終貫通爲一。於是，禮就等同於仁的無所不覆，其中的曲折就是禮、仁之義。

孔子認爲仁與禮是相統一的，「人而不仁，如禮何？人而不仁，如樂何？」〔註 129〕具體來看，義爲宜，在禮之中之隨時、隨物、隨人的不同而有皆符合禮的要求、接受禮的節制。在張載看來，天地萬物都是太虛之氣的屈伸往復，則道、仁、禮即是「無不容然後盡屈伸之道，至虛則無所不伸矣」〔註 130〕。在禮之中，一切義與禮都是相統一的，必然要隨時、隨物、隨人而追求義，從而實現禮，即「將致用者，幾不可緩；思進德者，徙義必精；此君子所以立多凶多懼之地，乾乾德業，不少懈於趨時也。」〔註 131〕這種徙義而進德，就是隨時、隨物、隨人而處處自誠，達到「『動靜不失其時』，義之極也。義極則光明著見，唯其時，物前定而不疚」〔註 132〕。禮是天的秩序，禮就是前定的，無論在禮之中的任何人與任何物，其義都是已經確定了的。這些義是誠而眞實的，符合各種義就是符合其誠，對誠的符合乃是通過「徙義」的方式主動實現的，即是自誠。義之誠與禮之誠的統一，由義之自誠而達到了禮之至誠。

義是隨時、隨物、隨人而不同，則義是動態的，如何在義的多樣性的同時，由禮而成就義、由義而成就禮，保持禮的一貫就成了不可迴避的問題。由此，就要進一步考慮何以由義之自誠而達到了禮之至誠。

《論語·憲問》中，孔子有「作者七人」之語，而什麼是作者、七人指誰卻沒有明說。張載對此加以發揮，把創制禮的人稱爲「作者」，並提出了「作者」的名單：

〔註 128〕《張載集》，第 36 頁。
〔註 129〕《論語·八佾》。
〔註 130〕《張載集》，第 36 頁。
〔註 131〕同上，第 36～37 頁。
〔註 132〕同上，第 37 頁。

> 「作者七人」，伏羲、神農、黃帝、堯、舜、禹、湯，製法興王
> 之道，非有述於人者也。〔註133〕

七人之中，堯、舜、禹、湯正是韓愈在《原道》列於儒家道統者。張載沒有明確地以「作者七人」為道統的譜系，卻提出了：「鳳至圖出，文明之祥，伏羲、舜、文之瑞；不至則夫子之文章知其已矣。」〔註134〕以伏羲至孔子有一個「文明」的系統，其中的周文王為周代的創立者，周禮為孔子終生服膺，此「文明」之系統也就是禮之系統。因此，張載所說的「作者」與「文明」，理論核心就是禮。

堯、舜、禹、湯四人從政治上看，是政權的更替次序。據《論語》所記：

> 堯曰：「咨！爾舜！天之曆數在爾躬，允執其中。四海困窮，天
> 祿永終。」舜亦以命禹。曰：「予小子履，敢用玄牡，敢昭告於皇皇
> 后帝：有罪不敢赦。帝臣不蔽，簡在帝心。朕躬有罪，無以萬方；
> 萬方有罪，罪在朕躬。」周有大賚，善人是富。「雖有周親，不如仁
> 人。百姓有過，在予一人。」謹權量，審法度，修廢官，四方之政
> 行焉。興滅國，繼絕世，舉逸民，天下之民歸心焉。所重：民、食、
> 喪、祭。寬則得眾，信則民任焉，敏則有功，公則說。〔註135〕

這表明了聖人歷代相傳而治天下的基本模式，雖然聖人能體會並篤行「天之曆數」，只依靠聖人一人卻是不能治天下的，還要求相應的政治制度。「謹權量，審法度，修廢官，四方之政行」的政治制度，正是「作者」所創作的禮。《中庸》言：「仲尼祖述堯舜，憲章文武，上律天時，下襲水土。辟如天地之無不持載，無不覆幬；辟如四時之錯行，如日月之代明。萬物並育而不相害，道並行而不相悖。小德川流，大德敦化。此天地之所以為大也。」〔註136〕按這種觀點，孔子心目中的周禮如同天地之無所不包，天地所以至大乃在於禮。孔子所言之周禮究竟如何，需要進一步的思考〔註137〕。孔子語：「吾說夏禮，杞不足徵也；吾學殷禮，有宋存焉；吾學周禮，今用之，吾從周。」〔註138〕

〔註133〕《張載集》，第37頁。

〔註134〕同上，第41頁。

〔註135〕《論語‧堯曰》。

〔註136〕《中庸》。

〔註137〕儒家的禮，其起源於商周時期的宗教思想，與政治活動有關。不過，孔子之禮明顯有著新內容、新形式。參見侯外廬、趙紀彬、杜國庠：《中國思想通史》（第一卷），人民出版社，1995年，第141～144頁。

〔註138〕《中庸》。

禹、湯分別代表夏禮、商禮，則周文王、周武王代表了周禮。可知張載提出的「作者七人」，必是作禮之七人。自上古至周代，時易世變，各有創制，卻不曾超出禮。這與韓愈提出的道統說是相一致的。

道統說認爲政權雖然變更，其所傳承的政治秩序卻是不變的。「人心惟危，道心惟微；惟精惟一，允執厥中」的十六字「心傳」〔註139〕，被認爲是道統所以延續者〔註140〕。此「心傳」又寄託在了現實政治之中，從儒家的立場來說，就是寄託在了禮的制度之中。孔穎達認爲此「心傳」是：

> 居位則治民，治民必須明道，故戒之以「人心惟危，道心惟微」。道者，徑也，物所從之路也。因言「人心」，遂云「道心」。人心爲萬慮之主，道心爲衆道之本。立君所以安人，人心危則難安。安民必須明道，道心微則難明。將欲明道，必須精心；將欲安民，必須一意，故戒精心一意。又當信執其中，然後可得明道以安民耳。
>
> 〔註141〕

可見治國先須治人，治人先須治己，治己先須治心。是自己的「危」之心明察於無所不至卻又微小難以明狀的道心，則人心通同於道心。以道心來安頓本來是「危」的人心，道心在人心中體現出來，就是使道心的「微」而光大。人心已然明道，故能以道修己心、己德，進而使所有人皆能有道心而德化天下，也就能治平天下。

在《大禹謨》中，益引證舜以至誠之心感動其父瞽叟、乃至天地之事，鄭玄將之解釋爲：「言舜負罪引惡，敬以事見於父，悚懼齋莊，父亦順信之。言能以至誠感頑父。」〔註142〕侍奉父母以誠，則能感動天地，所以，舜能以誠感動萬民，使民衆歸服。十六字「心傳」的具體實現，在舜這裏，就要落實到誠上。張載所謂「作者七人」，舜只是其中之一，「作者」們的性質是一致的，「作者七人」在方法上都是誠。無論何人爲天子，都應以「危」之人心出發，以自誠的方式，到達至誠而「微」的道心，誠於家、國、天下。

〔註139〕《尚書・大禹謨》。

〔註140〕向世陵把「允執厥中」視爲理學家的道統說的關鍵所在，提出「……在理學家接過並再造的道統論中，重心已經從中道轉向道心人心說，並從而與理學的天命之性與氣質之性、天理與人欲等對偶範疇聯繫了起來，構成理學心性論和修養觀的重要理論內容」。見向世陵：《理學道統論的兩類文獻根據與實質》，《齊魯學刊》，2008年第6期。

〔註141〕《尚書正義》卷四。

〔註142〕同上。

　　於是，禮是仁而至善的，不善者在於不能按照禮的要求來執政。張載批評了春秋時期的著名政治家，認為：「重耳（按：晉文公）婉而不直，小白（按：齊桓公）直而不婉」；認為輔佐齊桓公稱霸的管仲為「齊因管仲，遂併壞其法，故必再變而後至於道」、「山節藻梲為藏龜之室，祀爰居之義；同歸於不智，宜矣」；認為素有機智之名的齊國大夫晏嬰為不智，「孟子以智之於賢者為有命，如晏嬰智矣，而獨不智於仲尼，非天命耶」；批評鄭國執政大夫子產為「使民義不害不能教愛，猶眾人之母不害使之義。禮樂不興，僑之病與」。張載對子產的批評無疑是繼承了先儒，《禮記・仲尼燕居》中「子產猶眾人之父母也，能食之，不能教也」的說法，鄭玄以為「慈亦違禮」〔註143〕。子產雖有「惠人」之稱，卻不是能建立「文明」之禮的「作者」。

　　從以上的批評中可以看出，張載所批判的是春秋時期的禮崩樂壞，應當捍衛禮的執政者卻沒有盡到其職責。前面已經說明禮即誠，不能主動行禮就是不能主動行誠，即不能自誠。禮被張載認為是天之秩序，且「誠者，天之道」，不能自誠於禮就不能與天道一致，所作所為必然是違反天道的，與周文王、周武王背道而馳：

　　　　上天之載，無聲臭可象，正惟儀刑文王，當冥契天德而萬邦信
　　悅，故《易》曰：「神而明之，存乎其人」。不以聲色為政，不革命
　　而有中國，默順帝則而天下自歸者，其惟文王乎！〔註144〕

周文王行仁義而天下咸服，但周文王猶以臣禮事紂王，乃是因為禮是與天一致的，天命所興滅者就是天之革命與否，天命未至，周文王仍要屈從於紂王。天命的改變卻不影響天的秩序，因為禮是天的秩序，這是不變的。不過，「文王在上，於昭於天。周雖舊邦，其命維新」〔註145〕，一方面，要適應新的要求而創制新的禮樂，以顯現出周禮勝於商禮、能取代之的特點；另一方面，又要延續固有的傳統，「人惟求舊，器非求舊，惟新」〔註146〕。從禮與義的關係上看，義是隨時在變化的，「徙義」是為了實現禮。禮作為天秩，應當是不變的，只是在具體實現的上有義的不同。

　　歷代注疏家均認為孔子所志於學者，在於周禮而已。周禮既然是天秩，所以學禮是為了學何以為天道，通過學而符合禮，是為了符合天道。張載改

〔註143〕《禮記正義》卷五十八。
〔註144〕《張載集》，第39頁。
〔註145〕《詩・大雅・文王》。
〔註146〕《尚書・盤庚上》。

造了孔子所說的「吾十有五而志於學，三十而立，四十而不惑，五十而知天命，六十而耳順，七十而從心所欲，不逾矩」〔註147〕，轉而提出：

> 三十器於禮，非強立之謂也。四十精義致用，時措而不疑。五十窮理盡性，至天之命；然不可自謂之至，故曰知。六十盡人物之性，聲入心通。七十與天同德，不思不勉，從容中道。〔註148〕

所謂器於禮，是與人之自立有關的。孔子以三十而立於禮，禮又是通過各種器物節文承載的，張載之器於禮，意在強調通過學習器物節文而能自立於禮。四十歲時不惑於義，按前所說，是隨時「徙義」而符合禮。人之生死與萬物之存亡，在張載看來俱是不竭之氣的流轉使然，人所得之於氣者，即是天命所賦，在五十歲時認識到此即是認識到了人之性，也就是認識了人所以為人的理，卻仍未能窮盡人與萬物之性理而至於天命之性。至六十歲時，見識已廣，能從微小處發現大道理，人與萬物盡在人心之中所掌握，此即張載所謂「大心」的效果。到了七十歲，已然窮理盡性而至於命，天與「我」不分，無論何種作為，都即是天道的顯現，道是大中至正的，所以就完全符合於大中至正的禮。因此，張載說：

> 禮器則藏諸身，用無不利。禮運云者，語其達也；禮器云者，語其成也。達與成，體與用之道，合體與用，大人之事備矣。禮器不泥於小者，則無非禮之禮，非義之義，蓋大者器則出入小者莫非時中也。子夏謂「大德不踰閑，小德出入可也」，斯之謂爾。〔註149〕

> 禮，器則大矣，修性而非小成者與！運則化矣，達順而樂亦至焉爾。〔註150〕

鄭玄認為：「禮運者，以其記五帝三王相變易及陰陽轉旋之道。」〔註151〕禮運指的是禮的運行，禮是天地之大綱，禮運是天地的運行。換言之，禮即是天道，故禮運因此而覆蓋萬物而不遺。鄭玄認為禮器之意是「以其記禮使人成器，孔子謂子貢瑚璉之器是也。」〔註152〕禮器是使人成器之意，意味著人無禮便不成器，便不能成人。同時，禮在各代雖有變化，卻因為秉承天道而在

〔註147〕《論語・為政》。
〔註148〕《張載集》，第40頁。
〔註149〕同上，第33頁。
〔註150〕《張載集》，第33頁。
〔註151〕《禮記正義》卷二十九。
〔註152〕《禮記正義》卷三十二。

運行不息。在這過程中，禮器就是必然存在的，否則人而無禮，禮運也就無從體現。張載把禮運與禮器的關係定位爲體用關係，禮器必然要與禮運相一致，「蓋大者器則出入小者莫非時中」，把禮器視爲禮運的時中，禮器就是禮運之「中正」者。然而，禮運作爲制度，禮器就有相應的規制，禮器不可以超出禮運。孔子認爲：「禮云禮云，玉帛云乎哉？樂云樂云，鐘鼓云乎哉？」〔註153〕玉帛、鐘鼓乃是禮器，但不可以將玉帛、鐘鼓等同於禮，毋寧說是禮運所致而有相應的玉帛、鐘鼓，學禮之人所學的不是禮器，而是禮運，是學何以成人之禮。若學禮者求禮器而不求禮運，自然不能出入於禮器的規制和變化，便不能發現禮所代表的大中至正之道。從個人的修養來看，張載認爲「大人所存，蓋必以天下爲度」〔註154〕，以禮運爲天下萬物的制度、綱領，那麼大人與禮同體爲一的，這樣才能夠隨著禮、道的運行不息而又在一切事情上符合於禮。

2. 自立於禮

　　孔子乃是聖人，孔子自述的學習歷程雖然可供參考，在具體的實施上卻不可一蹴而就。張載認爲孔子和普通人在學上已經不同：「常人之學，日益而不自知也。仲尼學行、習察異於他人，故自十五至於七十，化而裁之，其進德之盛者與！」〔註155〕孔子通過學而能進於天德，普通人卻不能。雖然孔子對於學之高下區分爲：「生而知之者，上也；學而知之者，次也；困而學之，又其次也；困而不學，民斯爲下也。」〔註156〕然而，孔子卻自稱爲：「我非生而知之者，好古，敏以求之者也。」〔註157〕在學禮的問題上，重點就不在於生而即知禮、與禮同體，而在後天的努力。禮的眞實性不容置疑，因爲禮是天秩，禮即是天，而至誠者天，禮必然是至誠的。後天的努力而學禮、實現禮、與禮同體，就是人的自誠。孔子夢周公即是自誠的表現，張載認爲：

　　　　從心莫如夢。夢見周公，志也；不夢，欲不踰矩也，不願乎外也，順之至也，老而安死也，故曰：「吾衰也久矣」。〔註158〕

〔註153〕《論語・陽貨》。
〔註154〕《張載集》，第 32 頁。
〔註155〕同上，第 40 頁。
〔註156〕《論語・季氏》。
〔註157〕《論語・述而》。
〔註158〕《張載集》，第 40 頁。

聖人創制禮之制度，是代天而治民，則聖人當是至誠之人，周公也不例外。
因此，孔子夢見周公可以看做是自誠而感通於至誠知天。張載以夢周公爲志
向所在〔註159〕，不夢爲不逾矩。誠即天道，禮爲天道的顯現，有志於禮者就
有志於誠，夢周公即是志之所向的禮，也就是以誠爲目的。於是，有感於內
而自然有夢。製作禮樂者，惟有同時具備了德與位的聖人，孔子有德而無位，
張載引述孔子，也只是表明欲行孔子所傳聖人之道於天下，張載並未說明自
己是否有德或是否有位〔註160〕。孔子之夢周公，在張載或許就是夢孔子，就
製作禮樂而言，因爲有德無位而爲僭越，爲了不逾矩，只能不夢。如此，不
夢也是因爲誠。夢周公爲自誠而志於禮，不夢周公也因爲不逾矩而自誠，最
終二者都彙歸於誠，也就都符合禮而對禮有功，其實就是張載說的「時措之
宜」〔註161〕。自誠於禮，就不會安於禮崩樂壞，而是要積極地恢復禮，就是
孔子所說的「祖述堯舜，憲章文武」。孔子由是強調通過學禮而實現禮的，張
載認爲：

> 困而不知變，民斯爲下矣；不待困而喻，賢者之常也。困之進
> 人也，爲德辨，爲感速，孟子謂人有德慧術知者存乎疢疾以此。自
> 古困於內無如舜，困於外無如孔子，以孔子之聖而下學於困，則其
> 蒙難正志，聖德日躋，必有人所不及知而天獨知之者矣，故曰「莫
> 我知也夫」，「知我者其天乎」！〔註162〕

孔子困於衰世，周禮已經嚴重破壞，但孔子仍然認爲周禮是最完備的，終生
汲汲求禮。孔子自以爲是學而知之者，卻困於不學禮之人，屢遭劫難而不能
伸其志。孔子卻始終沒有放棄對禮的追求，在懷疑和嘲諷中繼續他的工作，「發
憤忘食，樂以忘憂，不知老之將至」〔註163〕。孔子的這種做法是：

〔註159〕張載夢的形成機制及其對莊子的批判，參見劉文英：《張載的夢說及其異夢》，
《人文雜誌》，2003 年第 5 期。

〔註160〕王光松分析了朱熹通過對諸如《中庸》這類儒家經典，而以有德無位的聖人
之繼承者自居，所以自認爲有傳道之責。這一分析同樣適用於張載以及周敦
頤、二程等北宋理學家，因爲就政治實踐而言，他們都未能居高位；卻因爲
傳千古絕學之道而爲後人推崇，這又是他們的德之所在。見王光松：《朱熹與
孔子「有德無位」事件》，《現代哲學》，2012 年第 6 期。

〔註161〕張載於《經學理窟‧禮樂》中說「時措之宜便是禮，禮即時措時中見之事業
者」。見《張載集》，第 264 頁。於是誠便能時措時中，所以夢與不夢之誠是
時中於誠之禮的。

〔註162〕《張載集》，第 40 頁。

〔註163〕《論語‧述而》。

　　君子寧言之不顧，不規規於非義之信；寧身被困辱，不徇人以
非禮之恭；寧孤立無助，不失親於可賤之人；三者知和而能以禮節
之也，與上有子之言文相屬而不相蒙者。凡論語、孟子發明前文，
義各未盡者皆挈之。他皆放此。〔註164〕

孔子提出使「克己復禮，天下歸仁」在於通過「非禮勿視，非禮勿聽，非禮
勿言，非禮勿動」〔註165〕的方法，君子之言而有信在於禮，非禮而言之即不
必踐行。張載認為這是孔子與孟子之間相繼承的觀點。孔子曾說：「人而無信，
不知其可也。」〔註166〕既以為言而有信是做人是否「可」的根據，又在信上
有所取捨，似乎是可信、不可信的模棱兩可。問題的關鍵，在於禮與信的關
係。禮與義之間的關係是一致的，這裏以義來裁定是否言而有信，其實是以
禮來裁定之，故張載提出「以禮節之」。《詩・相鼠》中有「人而無禮，胡不
遄死」之語，以禮為人生死與否的標準，信與義都要服從禮，這裏則可以認
為禮是人是否有信的標準。依據於禮的，便是言而有信的，反之則否，故張
載又提出：「無徵而言，取不信，啓詐妄之道也。杞宋不足徵吾言則不言，周
足徵則從之。故無徵不信，君子不言。」〔註167〕言而有信的依據，就是周禮。
在張載看來，三代之禮，惟有周禮有足夠證據，言禮必言周禮，否則是言而
無信，進而是言而無禮。最後一句「他皆放此」，說明以禮節義是張載的一貫
原則。

　　因此，是否言而有信，就變成有關禮的問題。孔子提出「有德者必有言，
有言者不必有德」，是以言與德之間沒有必然的雙向關係。言的基礎是德，那
麼是否言而有信，就要依據德來評判。張載認為：「德主天下之善，善原天下
之一。」〔註168〕根據前述，大人以天下為度，是以禮為度，那麼天下之善之
德，就應等同於禮，禮是天地之大綱，必然是獨一無二的，善、德統之於禮，
則禮無所不覆、無所不盡。在言的問題上，也要歸之於禮。若言與禮合，言
也就與禮之義合，當然是言而有信；反之，則言而無信。是否言而有信的問
題，不能只在言上打轉，而是要分析具體的言與禮的關係。

〔註164〕《張載集》，第44頁。
〔註165〕《論語・顏淵》。
〔註166〕《論語・為政》。
〔註167〕《張載集》，第44頁。
〔註168〕同上。

在張載看來，言屬於細小之物：

> 行修言道，則當爲人取，不務徇物強施以引取乎人，故往教妄
> 說，皆取人之弊也。〔註169〕

> 「言不必信，行不必果」，志正深遠，不無硜硜信其小者。
〔註170〕

> 言形則卜如響，以是知蔽固之私心，不能默然以達於性與天道。
〔註171〕

大者尙德，小者尙言，在取捨上，必然是取大而捨小。而德與禮、德與義是一致的，言與德發生衝突時，一旦言妨礙了德，則所言者爲不德、不義，雖欲言而有信，實則不能。這可以子路爲例來說明。張載評價子路爲：

> 子路禮樂文章未足盡爲政之道，以其重然諾，言爲眾信，故「片
> 言可以折獄」，如《易》所謂「利用折獄」，「利用刑人」，皆非爻卦
> 盛德，適能是而已焉。〔註172〕

子路「性鄙，好勇力，志伉直」〔註173〕。孔子對他的評價是：「由也，千乘之國，可使治其賦也，不知其仁也。」〔註174〕仁與禮是不相分離的，不知子路是否爲仁，即是不知子路是否能爲禮。事實也證明，子路於禮之周旋進退確有不足。但是，子路重諾、果行，有信於人，故能在政治上有所作爲。孔子的觀點是：「言必信，行必果，□□然小人哉！」〔註175〕正是由於子路不能進於禮樂，不能自誠於禮，其片言折獄的事蹟，只能被張載評價爲「適能是而已」，並非眞正的按照禮來斷獄，故不能由禮治國。由此，回到天道與誠的關係問題上，天道是至誠不息的，禮也是至誠不息的，服從天道就是要服從禮，即是要與此至誠不息相一致，其方法惟有自誠而不息。否則天是天、人是人，各不相干，天之誠與人之誠既不能相結合，反而導致不誠。從而與張載的政治理想不相符合。

〔註169〕《張載集》，第44頁。
〔註170〕同上。
〔註171〕同上，第45頁。
〔註172〕同上，第43頁。
〔註173〕《史記》卷六十七，《仲尼弟子列傳》。
〔註174〕《論語・公冶長》。
〔註175〕《論語・子路》。

3. 禮的統一性

在《大易》篇中，張載將《易》的元貞利亨和仁禮義信相配，提出：

> 天下之理得，元也；會而通，亨也；說諸心，利也；一天下之
> 動，貞也。

> 乾之四德，終始萬物，迎之不見其首，隨之不見其後，然推本
> 而言，當父母萬物。

> 仁統天下之善，禮嘉天下之會，義公天下之利，信一天下之動。

〔註176〕

元貞利亨之說，出於《易》六十四卦之首的《乾卦》，開篇即言「元貞利亨」。
首先來看《易傳》對這四個字的解釋：

> 元者，善之長也；亨者，嘉之會也；利者，義之和也；貞者，
> 事之幹也。君子體仁，足以長人；嘉會，足以合禮；利物，足以和
> 義；貞固，足以幹事。君子行此四德者，故曰：「乾：元亨利貞。」

〔註177〕

《乾卦》既然為六四卦之首，當然是「長」者。六四卦為一循環系統，《乾卦》
雖然是開端，卻又接《未濟》而為以新的開端，故循環往復，六四卦亨通而
「嘉」。利益是協調的，利與利之間不會發生衝突而互相諧和。《乾卦》乃是
至陽，健動天下，動又各得其正，即是「貞」之「固」。而且，張載把仁禮義
信與元亨利貞相配，不只是運用於《乾卦》，以《乾卦》為始終，運用於整個
《易》的系統之中。張載說：「六爻擬議，各正性命，故乾德旁通，不失太和
而利且貞也。」〔註178〕所謂「乾德旁通」，就是以乾之德而推及至其它諸卦，
以使諸卦也能元亨利貞。此處又將太和與《乾卦》相配，按張載的觀點，太
和之道就等於《易》道。從《易》道當中，元亨利貞也適用於太和之道。太
和之道乃是虛空即氣的流轉運行之道，則太和之道即是氣之道，太和之元亨
利貞就是氣之元亨利貞。

《易》中各卦由卦象和爻辭組成，「聖人有以見天下之賾，而擬諸其形容，
象其物宜，是故謂之象。聖人有以見天下之動，而觀其會通，以行其典禮，
繫辭焉以斷其吉凶，是故謂之爻。言天下之至賾而不可惡也，言天下之至動

〔註176〕《張載集》，第50頁。
〔註177〕《乾・文言》。
〔註178〕《張載集》，第50頁。

而不可亂也。擬之而後言，議之而後動，擬議以成其變化。」〔註179〕爻辭說
明盡卦象，卦象之間又是「會通」而有「典禮」的，《易》道的元亨利貞也要
是「會通」而有「典禮」的。《乾卦》雖然是至陽而健動者，其中又要求時刻
警惕戒懼。按照《易傳》的說法，在《乾卦》之中，九二「閑邪存其誠」，九
三「修辭立其誠」，都提到了誠。九二以「閑邪存其誠」，張載認爲是「成性
則躋聖而位天德，乾九二正位於內卦之中，有君德矣，而非上治也。」〔註180〕
孔穎達認爲：「『閑邪存其誠』者，言防閑邪惡，當自存其誠實也。」〔註181〕
九三以「修辭立其誠」，張載認爲：「乾九三修辭立誠，非繼日待旦如周公，
不足以終其業。」〔註182〕又說：「辭取意達則止，多或反害也。」〔註183〕不
以辭害義、不以文勝質，即是「辭各指其所之，聖人之情也」〔註184〕之謂。「閑
邪存其誠」與「修辭立其誠」二者的目的都是要通過誠來實現和成就君子的
美德。這就是所謂「乾乾」的進取之意。

　　就《乾卦》而言，九二是下卦之主，九五是上卦之主，二與五互相呼應，
王弼在《周易注》中提出：「利見大人，唯二、五焉。」〔註185〕將君臣上下的
關係代入其中，君爲九五，臣爲九二，九二之「閑邪存其誠」就要與九五相
呼應。《乾卦》九五之爻辭爲「飛龍在天，利見大人」，《文言》解之爲：

　　　　九五曰「飛龍在天，利見大人」，何謂也？子曰：「同聲相應，
　　同氣相求。水流濕，火就燥。雲從龍，風從虎。聖人作，而萬物睹。
　　本乎天者親上，本乎地者親下，則各從其類也。」〔註186〕

九二與九五是「同聲相應，同氣相求」的，九二又是因誠而如此，九五所以
能與九二相應者，必是同類相感。九五與九二所代表的的君臣上下之關係，
必須是誠的。否則，二與五爲不誠，也就不能相應。王弼在解釋何爲「飛龍
在天，利見大人」時，提出：「夫位以德興，德以位敘。以至德而處勝位，萬
物之睹，不亦宜乎！」〔註187〕九五爲大人之位，在現實政治中即是人君，人

〔註179〕《繫辭上》。
〔註180〕《張載集》，第51頁。
〔註181〕《周易正義》卷一。
〔註182〕《張載集》，第74頁。
〔註183〕同上，第44頁。
〔註184〕同上，第209頁。
〔註185〕《王弼集校釋》，第211頁。
〔註186〕《乾・文言》。
〔註187〕《王弼集校釋》，第212頁。

君之位又是因為人君之至德而有的，人君之誠也就是人君之至德，可以說人君因其誠而有其位，人君以其誠而施政於天下，就是將其誠推而至天下，於是天下咸誠。對此，張載的觀點是：

> 庸言庸行，蓋天下經德達道，大人之德施於是溥矣，天下之文明於是著矣。然非窮變化之神以時措之宜，則或陷於非禮之禮，非義之義，此顏子所以求龍德正中，乾乾進德，思處其極，未敢以方體之常安吾止也。〔註188〕

《易》所表現的的變化之理是有定數的，即簡易、變易、不易，所以一方面是變化無窮，另一方面是變而有所止。回到張載的氣論上看，《易》道變化是太虛之氣分為陰陽而互為聚散屈伸的呈現，每個變化的具體的呈現就是氣在不斷變化過程中的所「止」，就是在具體狀況下的變化之極致。通過《易》的卦象和爻辭以使這種變化的呈現便表達出來，反過來是為了從當中獲取關於變化的知識，從而能順應變化、隨著變化而變化，卦象和爻辭的重要性不言而喻。爻辭是解釋和說明卦象的，如果爻辭不能解釋和說明卦象，就不能使《易》道為人所知，故要「修辭立其誠」。變化隨時在進行，但萬變不離其宗，辭始終是要盡其所要表述之實的，所以「修辭立其誠」就是要健而動地致力於誠，使人與變化之誠一致，產生與變化偕行的「大人」。

　　張載說：「乾九三修辭立誠，非繼日待旦如周公，不足以終其業。」〔註189〕就是將「修辭立其誠」於周公的盛德大業相匹配。周公不僅能體察天道而製作周代禮樂，更能從個人的角度奮力向上，修人道而進於天道。周成王年幼不能親政，「周公踐天子之位」〔註190〕，所以周公被人猜忌。然而，周公並未放棄，孟子稱之為：「周公思兼三王，以施四事；其有不合者，仰而思之，夜以繼日；幸而得之，坐以待旦。」〔註191〕周公實際上以人臣而踐履人君之位，同時為上下所交迫，故不得不戒慎警懼，既要以誠而上待周成王，也要以誠而下待臣僚民眾，周公必須盡其誠實，最直接的表現就是不妄言、不妄行。荀爽認為《乾卦》之九三為：「日以喻君。謂三居下體之終，而為之君，

〔註188〕《張載集》，第51頁。
〔註189〕同上。
〔註190〕《禮記·明堂位》。
〔註191〕《孟子·離婁下》。

承乾行乾，故曰『乾乾』。夕惕以喻臣。謂三臣於五，則疾修柔順，危去陽行，故曰『無咎』。〔註192〕可知周公乾乾不息於誠，所以能至誠，在現實政治中就能「無咎」。

關於不妄自行動，張載認爲：「『益長裕而不設』，益以實也，妄加以不誠之益，非益也。」〔註193〕「益長裕而不設」語出《繫辭下》，王弼解之爲：「有所興焉，以益於物，故曰『長裕』。因物興務，不虛設也。」〔註194〕張載加以改造，將「不虛設」的行動等同於誠之行動。張載將《易》道變化等同於氣化，陰陽在《易》中分別是乾坤，乾坤變化就是《易》道之氣化，這個過程在張載看來，是「至健而易，至順而簡，故其險其阻，不可階而升，不可勉而至。」〔註195〕以順應《易》道變化爲先決條件，不追求超出具體條件的變化，不勉強促成變化發生。《易》道變化的過程有其自身規律，人是變化的產物而不是變化的原因，人只能順應變化。這樣看來，《易》道變化就是至誠的，也就意味著，人的一切行動都要符合《易》道變化的規律、規則，不能妄自行動，否則便是不誠。《易》道變化本來即是誠的，如樹木之生長，源於變化之實，順應變化就是要與變化相符合。對變化加上不符合變化的「不誠之益」，不僅無益於變化，反而是對變化的「反動」。變化是全體性的，符合變化的人是個體性的，兩方面都是誠，誠而一以貫之，就是變化之誠。所謂「凡益之道，與時偕行」〔註196〕，強調與《易》道變化之誠的同步性和一致性。因此，張載所說的周公之德也，其實就是誠之德業。

大人之德能使天下文明，而此又是與禮義密切聯繫的。據《禮記》所言，禮是天地之大綱，在現實的政治中，禮是由人君掌握的，人君將禮施行於天下，便是溥於天下。如此，一切都符合於禮，萬物之道就能並行而不悖，各得其宜而有義，就沒有非禮之禮、非義之義。無論君臣，都要時刻敬慎戒懼，不僅能誠於一時一事，更要不間斷於誠，從而能夠誠於始終。因爲天道是誠的，所以，天下無一物不誠，《乾·文言》曰：

　　夫大人者，與天地合其德，與日月合其明，與四時合其序，與

〔註192〕《周易集解》卷一。
〔註193〕《張載集》，第54頁。
〔註194〕《王弼集校釋》，第567頁。
〔註195〕《張載集》，第52頁。
〔註196〕《象·益卦》。

> 鬼神合其吉凶。先天下而天弗違，後天而奉天時。天且弗違，而況
> 於人乎？況於鬼神乎？〔註197〕

天地之道是誠，天地之德也是誠。大人所以能「與天地合其德」，在於大人能誠，所以能合於天地之誠。天地運行不竭，天地之誠也是不竭的，人之誠也必然是不竭的。換成《中庸》裏的語言，天地之誠的不竭，就是天道的至誠不息〔註198〕。

　　以上所述《乾卦》之九二與九五在誠上的聯繫，九二只提到了「閑邪存其誠」，而九三之「修辭立其誠」，雖然位於九二與九五之間，還需加以解釋。《乾卦》之九三的爻辭為「九三：君子終日乾乾，夕惕若厲，無咎。」王弼解之為：

> 　　處下體之極，居上體之下，在不中之位，履重剛之險。上不在天，未可以安其尊也；下不在田，未可以寧其居也。純修下道，則居上之德廢；純修上道，則處下之禮曠。故終日乾乾，至於夕惕若厲也。居上不驕，在下不憂，因時而惕，不失其幾，雖危而勞，可以無咎。處下卦之極，愈於上九之亢，故竭知力而後免於咎也。《乾》三以處下卦之上，故免亢龍之悔；《坤》三處下卦之上，故免戰龍之災。〔註199〕

九三居於下之九二與上之九五之間，同時為上下交迫，隨時有危險，故不得不「夕惕若厲」。為了避免受到傷害，最好的方法是與上下同體，同時修上道、上德與下道、下德。九二與九五之所以能同體為一，在於二者乃是以誠而為一的，九三必然也要以誠而與九二、九五為一。九三之「修辭立其誠」，就是要時刻自屬於誠，從而誠上誠下而通體為一。所以，張載說：

> 　　惟君子為能與時消息，順性命、躬天德而誠行之也。精義時措，故能保合太和，健利且貞，孟子所謂始終條理，集大成於聖智者與！《易》曰：「大明終始，六位時成，時乘六龍以御天。乾道變化，各正性命。保合太和，乃利貞」，其此之謂乎！〔註200〕

〔註197〕 《乾・文言》。
〔註198〕 《中庸》言：「故至誠無息，不息則久，久則徵，徵則悠遠，悠遠則博厚，博厚則高明。博厚，所以載物也；高明，所以覆物也；悠久，所以成物也。博厚配地，高明配天，悠久無疆。如此者，不見而章，不動而變，無為而成。」
〔註199〕 《王弼集校釋》，第211～212頁。
〔註200〕 《張載集》，第51頁。

無論出於何種位置，重點都只在誠上。惟有誠，才能不失去位置，從而能順應上下的變化，而又時刻與上下保持統一。以《乾卦》來看，九二之「閑邪存其誠」與九三之「修辭立其誠」，是因為誠而一致的，九五之君與九二、九三之臣若要保持一致，也只有通過誠的方法。

據《尚書·洪範》所記，周武王向箕子詢問何以治國，人君之權由天授，但人君是否能受命於天，還在於人君是否有德。《洪範傳》認為：「洪，大；範，法也。言天地之大法。」〔註201〕箕子以天地的運行與體現來回答周武王何以為政之問。觀鯀和禹的父子之事，天是否予人天命，首先在於人是否主動地合於天道，之後，天才能明確地予人以洪範九疇，使之「彝倫攸敘」。九疇的次序是：

> 九疇次敘：民資以生莫先天材，故首曰五行；君天下必先正己，故次五事；己正然後邦得而治，故次八政；政不時舉必昏，故次五紀；五紀明然後時措得中，故次建皇極；求大中不可不知權，故次三德；權必有疑，故次稽疑；可徵然後疑決，故次庶徵；福極徵然後可不勞而治，故九以嚮勸終焉。五為數中，故皇極處之；權過中而合義者也，故三德處六。〔註202〕

為了澄清張載的觀點，將之對比於孔穎達對洪範九疇次序的疏解。孔穎達認為：

> 禹為此次者，蓋以五行世所行用，是諸事之本，故「五行」為初也；發見於人，則為五事，故「五事」為二也；正身而後及人，施人乃名為政，故「八政」為三也；施人之政，用天之道，故「五紀」為四也；順天布政，則得大中，故「皇極」為五也；欲求大中，隨德是任，故「三德」為六也；政雖在德，事必有疑，故「稽疑」為七也；行事在於政，得失應於天，故「庶徵」為八也；天監在下，善惡必報，休咎驗於時氣，禍福加於人身，故「五福」、「六極」為九也。〔註203〕

通過比較張載與孔穎達的觀點，可見張載繼承了前人的理論，仍然認為人君要治平天下，首先正己而有德，繼而德合於天、德合天下，人君能代天而為天下之君。就張載而言，洪範九疇中的「皇極」之五與「三德」之六再次提

〔註201〕《尚書正義》卷十一。
〔註202〕《張載集》，第58頁。
〔註203〕《尚書正義》卷十一。

出以強調其特殊意義。《洪範》中的「皇極」，孔穎達解之爲：「皇，大也；極，中也。」〔註204〕皇極即是至大之中之原則、原理，以「皇極」統諸事，就是以中正之大之理治國平天下。〔註205〕這又是歷代帝王必須遵循的，「會有其極，歸有其極」。歷代共於「皇極」之大中至正，從而代天牧民，作民之父母。天下萬物無不由此而生，人也不出於此。人是萬物之中最靈秀者，聖王是人之中最有德者，故聖王能明瞭此「皇極」大中的天道，以執行天所賦予之職責，即「曰天子作民父母，以天下爲王」之謂。

「三德」指正直、剛克、柔克。孔穎達認爲「此三德者，人君之德，張弛有三也。」〔註206〕後又解釋爲高明者爲君，剛強者爲臣，以此君臣剛柔相濟，所以君臣同德而治國。人君從天爲剛健，人臣從地爲柔順，那麼天地交泰而萬物繁衍，君臣之相交也如此。《易・繫辭上》有「立地之道曰柔與剛」，天無所不覆，地無所不載，人君雖承天而治民，其實仍然立足於地，臣民雖然立於地上，而又與天爲一，即《皋陶謨》中所說「天聰明，自我民聰明；天明畏，自我民明威」〔註207〕，以及《泰誓》中所說「天視自我民視，天聽自我民聽」。人君剛而柔，臣民柔而剛，君臣之剛柔相交，即是天地交泰的體現，君臣相交而相宜爲中和，則又是「皇建有其極」，君臣皆大中而正道直行，所以能治平天下。

張載之所以把「皇極」與「三德」單獨列出，其意味不言而喻。由於《洪範》長期以來被認爲是一篇政治哲學著作，那麼張載對洪範九疇的敘述，也表達了張載的政治理想。這就是圍繞大中至正的「皇極」之理，修德業而順應「皇極」。而這種理想，體現在了《西銘》當中。

《西銘》描繪了一個雖然上下相分，卻又統爲一體的宗法政治制度。「民吾同胞，物吾與也」之所以可能，在於張載認爲性是「合虛與氣，有性之名」〔註208〕，「有無虛實通爲一物者，性也」〔註209〕。虛氣相即而爲誠，則性即

〔註204〕《尚書正義》卷十一。

〔註205〕《疏》又以《洪範傳》所解之「大中」爲「欲使人主之先自立其大中，乃以大中教民也。凡行不迂僻則謂之『中』。《中庸》所謂『從容中道』，《論語》『允執其中』，此之謂也。」同上。

〔註206〕同上。

〔註207〕孔穎達認爲這是「人君之行，用民爲聰明，戒天子使順民心，受天之福也。」見《尚書正義》卷四。

〔註208〕《張載集》，第9頁。

〔註209〕同上，第63頁。

是誠，一人之性、一物之性，等同於天地萬物爲一體之性、一體之誠。於是，張載以一人之身處於天地之間，此身與天地爲一，「誠，成也，誠爲能成性也，如仁人孝子所以成其身」〔註210〕。之所以將仁人孝子視爲能成其身者，仁者不遺一物，孝者以奉親爲始，俱是自誠於己而通達於天地之誠者，因而以此爲端，「仁道有本，近譬諸身，推以及人，乃其方也。必欲博施濟眾，擴之天下，施之無窮，必有聖人之才，能弘其道」〔註211〕。這也就是仁的體現：

> 仁通極其性，故能致養而靜以安；義致行其知，故能盡文而動以變。〔註212〕

這種觀點正好符合於二程的「仁者渾然與物同體」之說，故二程對《西銘》極爲讚賞，大程稱：「《西銘》某得此意，只是須得佗子厚有如此筆力，佗人無緣做得。孟子以後，未有人及此。得此文字，省得多少言語。且教佗人讀書，要之仁孝之理備於此，須臾而不於此，則便不仁不孝也。」〔註213〕二程以張載爲孟子之後第一人，在於《西銘》中所表達出來的仁政思想。孟子語：「堯舜之道，不以仁政，不能平治天下。今有仁心仁聞而民不被其澤，不可法於後世者，不行先王之道也。」〔註214〕孟子所謂先王之道即是仁道，行仁道即是行仁政，但仁道的推行依賴於人的主動認識和努力踐行。先王之道爲堯舜禹等聖人所傳承，這些聖人是在替天行道，《中庸》以誠爲天道，聖人所行之天道當然就是誠之天道。但是，《中庸》又強調「誠者自成也，而道自道也」。鄭玄認爲這是：「言人能至誠，所以『自成』也。有道藝所以自道達。」〔註215〕其中的道藝，就是何以自成而自誠、最後至誠的路徑或方法。所以張載說：

> 《中庸》曰「至誠爲能化」，孟子曰「大而化之」，皆以其德合陰陽，與天地同流而無不通也。〔註216〕

「至誠爲能化」，即是《中庸》裏說的「唯天下至誠，爲能盡其性。能盡其性，則能盡人之性。能盡人之性，則能盡物之性。能盡物之性，則可以贊天地之化育，則可以與天地參矣。」這個過程可分解爲

〔註210〕《張載集》，第192頁。

〔註211〕同上，第34頁。

〔註212〕同上。

〔註213〕《二程集》，第39頁。

〔註214〕《孟子・離婁上》。

〔註215〕《禮記正義》卷六十。

〔註216〕《張載集》，第16頁。

　　天地之至誠──個別人之誠──天下人之誠──萬物之誠──
天地之至誠

人之主宰在心，故自誠而至誠是以心之自明誠至於天地之誠，其實就是張載
「大其心」方式的不同使用方式而已〔註217〕。孟子以浩然之氣充塞天地，二
程說：「只著一個私意，便是餒，便是缺了佗浩然之氣處。『誠者物之終始，
不誠無物。』這裏缺了佗，則便這裏沒這物。浩然之氣又不待外至，是集義
所生者。這一個天理，不爲堯存，不爲桀亡。」〔註218〕張載以太虛的周流不
息充塞天地，雖然其間虛而不可見，卻不能否定其實存之誠，故孟子所謂的
浩然之氣，也就是誠、太虛之異名。太虛之誠通達於天地之間的萬物，萬物
之性皆爲誠。以此來回答《中庸》開篇的「天命之謂性，率性之謂道，修道
之謂教」者，即爲：

　　　盡其性能盡人物之性，至於命者亦能至人物之命，莫不性諸道，
　　命諸天。我體物未嘗遺，物體我知其不遺也。至於命，然後能成己
　　成物，不失其道。〔註219〕

把《西銘》中描繪的這種天地一體、天下一人的景象，放到中國古代家、國、
天下統爲一體的政治模式中〔註220〕，天下之人皆爲「我」之同胞，於是有父
母、夫婦、兄弟等血緣關係而構成宗族社會，即《西銘》中說的「大君者，
吾父母宗子；其大臣，宗子之家相也。」是以爲人君的大人、聖人是天地之
宗子，且人君爲民之父母，大宗之下又有小宗。從天到人、從人君到庶民，
是一個自上而下的層層相扣且統一的宗法制系統，其依據是：

　　　生有先後，所以爲天序；小大、高小相並而相形焉，是謂天秩。
　　天之生物也有序，物之既形也有秩。知序然後經正，知秩然後理行。
　　〔註221〕

〔註217〕《橫渠易說・乾》中認爲「……『大人者與天地合其德，與日月合其明，與
　　　　四時合其序，與鬼神合其吉凶』，如此則是全與天地一體，然不過是大人之事，
　　　　惟是心化也」。見《張載集》，第 77 頁。
〔註218〕《二程集》，第 29 頁。
〔註219〕《張載集》，第 22 頁。
〔註220〕這是由「亞細亞生產方式」決定的，「由家族到國家，國家混合在家族裏面，
　　　　叫做『社稷』」。見侯外廬、趙紀彬、杜國庠：《中國思想通史》（第一卷），人
　　　　民出版社，1995 年，第 11 頁。
〔註221〕《張載集》，第 19 頁。

在《經學理窟‧宗法》中，張載集中論證了宗法制的優越性和必然性，其主要觀點是：第一，「管攝天下人心，收宗族，厚風俗，使人不忘本」〔註222〕。第二，使朝廷有世臣，使「人人各知來處」〔註223〕，人人各保其家，由家而國、天下，「忠義既立，朝廷之本豈有不固？」第三，「『天子建國，諸侯建宗』，亦天理也」〔註224〕。那麼，既然宗法制是天理使然，而天理即誠，所以宗法制既是誠之眞實無妄者，也是誠而不可抗拒者。在因誠而上下貫通的立場上看，大宗與小宗的環環相扣中，君臣、父子、夫婦皆誠於其中，宗法制即是誠之制度，若要誠身事天，必然要遵循宗法制，仁人孝子的誠之意義也就因此而顯現〔註225〕。

與宗法制相對應，張載也強調恢復井田制。對於《周禮》的內容，張載做了區分，提出：「《周禮》是的當之書，然其間必有末世添入者。」〔註226〕張載又說：「治天下不由井地，終無由得平。周道止是均平。」〔註227〕均平土地之後，故民不爭，不爭故不亂，這是對孟子「制民之產」的繼承，孟子認爲。不論孟子對於「制民之產」是否能實現，張載解「安土敦仁，故能愛」爲：「安土，樂其所自生，不得其生，非忠厚之道也。」〔註228〕是以土地爲民之根本，故必須滿足他們對土地的要求，使民安居樂業且各立其宗。回到《西銘》中描繪的那種天地、人我、萬物俱爲一體理想模式，該模式以井田制爲基礎，以宗法制而層層相扣，由個人、家庭、國家、天下而遞次展開，形成了一個上下爲一的政治統一體。在張載看來，其中既有「制民之產」，又沒有脫離血緣紐帶。但是，張載所論井田制，是折衷性的，並非眞正地均平天下土地，他認爲：

> 蓋人無敢據土者，又須使民悅從，其多有田者，使不失其爲富。
>
> 借如大臣有據土千頃者，不過封與五十里之國，則已過其所有；其

〔註222〕《張載集》，第 258 頁。

〔註223〕同上，第 259 頁。

〔註224〕同上。

〔註225〕林樂昌認爲「《西銘》的主要義理內涵包括：以『乾坤』大父母爲表徵的宇宙根源論，以『仁孝』爲核心的道德價值論，以『仁人孝子』、『事天誠身』爲擔當的倫理義務論和倫理責任論。」見林樂昌：《張載〈西銘〉綱要新詮》，《中共寧波市委黨校學報》，2013 年第 3 期。

〔註226〕《張載集》，第 248 頁。

〔註227〕同上。

〔註228〕同上，第 186 頁。

他隨土多少與一官，使有租稅人不失故物。治天下之術，必自此始。
〔註 229〕

這仍然沒有超出孟子「夫仁政，必自經界始。經界不正，井地不鈞，穀祿不平。是故暴君汙吏，必慢其經界。經界既正，分田制祿，可坐而定也」〔註 230〕的觀點。這就肯定了土地不可能平均，而是要以官爵大小爲依據來分配土地。就官爵來說，官爵的大小被理想化爲能力和德性的大小，這是孟子對勞力者和勞心者劃分使然。張載正是繼承了孟子的這種觀點，以井田製作爲「制民之產」的根本，又允許土地的大量佔有。雖然按官爵大小爲佔有土地多寡的標準，可以說是依據於事實的，換言之，有其誠而不妄的基礎。均田地不意味均貧富，本身就使得天道之誠於人之中有厚薄不均之處，人之誠便不能自然貫通，這就使張載的井田制理想比「孟子的井田論更不切實際」〔註 231〕。

小　結

張載將誠與太虛、太和等氣化學說相結合，把誠視爲氣化不已、周流不息的天道。同時，又認爲「《易》即天道……聖人與人撰出一法律書，使人知所向避，《易》之義也」〔註 232〕。人是氣化的產物，人自誠而能通極於天道，在氣化上實現了天人合一。天人之誠在氣化上的統一，人生活在誠的氣化之中，「大」其氣化之心而週知天地萬物，知「民吾同胞，物吾與也」，是以能篤行誠之天道。因此，《中庸》說的修身、尊賢、親親、敬大臣、體群臣、子庶民、來百工、柔遠人、懷諸侯之九經，能誠而一以貫之。這些體現在張載對通經致用、躬行禮教的重視上，張載詩云：「聖心難用淺心求，聖學須專修禮法。」〔註 233〕這種將氣化與誠相結合的方法，正是全祖望稱讚張載「勇於造道」的開創精神〔註 234〕。

〔註 229〕《張載集》，第 249 頁。
〔註 230〕《孟子・滕文公上》。
〔註 231〕周淑萍：《兩宋孟學研究》，西北大學博士論文，2004 年，第 186 頁。
〔註 232〕《張載集》，第 181～182 頁。
〔註 233〕同上，第 368 頁。
〔註 234〕《宋元學案》卷十七，《橫渠學案上》。《黃宗羲全集》（第三冊），浙江古籍出版社，2005 年，第 795 頁。

第四章　二程的誠論 〔註1〕

　　程顥（公元 1032～1085）字伯淳，學者稱爲明道先生。程頤（公元 1033～1107）字正叔，學者稱爲伊川先生。二人都曾就學於周敦頤，周敦頤教他們領悟孔顏樂處。張載爲二程表叔，曾與二程有過深入的學術交流。張載死後，其門人大多歸入小程門下。二程創立的「洛學」是具有廣泛的影響的重要學派，與周敦頤沒有傳人和張載身後關學凋敝的狀況不同，他們的學說通過門人弟子的薪火相傳而長盛不衰，四傳至朱熹而集大成。到元代時，程朱對經典的傳注成爲科場程序。明代初年，通過編訂《五經大全》、《四書大全》、《性理大全》，程朱理學更是定於獨尊而成爲正統。

第一節　本體論

　　二程以天理爲宇宙本體，建立了以理本論爲核心的學說體系。在二程看來，天理即是天道，《中庸》語：「誠者，天之道。」二程語：「誠者實理也。」〔註2〕可見天理即誠。所以，對二程誠論的分析，從天理與誠的關係開始。

1. 理與誠

　　二程的思想與學術特色，就在於「天理」之說，大程自稱：「吾學雖有所受，天理二字，卻是自家體貼出來。」〔註3〕天理可簡稱爲理。周敦頤言太極、

〔註1〕二程雖有差別，但小程認爲：「我昔狀明道先生之行，我之道蓋與明道同。」
　　　　見《二程集》，第 346 頁。故本文不對二程的誠論進行區分，統一論之。
〔註2〕同上，第 1169 頁。
〔註3〕《二程集》，第 424 頁。

誠不言理，張載雖然語及理、理一分殊，重點卻仍在太虛，與周敦頤和張載相比，二程的核心是理，於是可以由理字來區分二程與其它學者。〔註4〕實際上，宋明理學之所以得名，源頭正在於此。〔註5〕用二程自己的話說，「萬物皆只是一箇天理」〔註6〕。當中包涵了兩層意思，一是有一箇惟一的天理來轄制萬物，二是萬物無論情狀如何，都只是這樣一箇天理使然，兩相結合，就是理一分殊之謂。可知，二程的理是無所不包的，涵蓋了自然與人倫，理既指自然規律，也指道德法則。二程將理視爲貫通天、地、人的根本規律、法則。這些規律、法則，換言之，理即是天、地、人之道，所以他們認爲：

> 天理云者，這一箇道理，更有甚窮已？不爲堯存，不爲桀亡。
>
> 人得之者，故大行不加，窮居不損。這上頭來，更怎生說的存亡加
>
> 減？是佗元無少欠，百理具備。〔註7〕

這應是受了荀子的影響。《荀子・天論》中說：「天行有常，不爲堯存，不爲桀亡。」楊倞將「天行有常」解釋爲「天子有常行之道也。」〔註8〕荀子所謂天行之「常」，指的是天的不變之運行規律，故稱之爲「道」，尚且是道路之意，二程卻從中引申出了道理的意義。荀子論天是「要明於天人之分」，二程卻是以人直承於天而與天爲一，二程所說的理，乃是具於萬物之中。從根本上說，理是一，從理散在萬物而言，理又是多。萬物之理不能「存亡加減」，本身是「元無少欠」的，意味著理雖然生成萬物，本身卻沒有任何變化，理始終是獨一無二的，則散在萬物之理，與根本之一理是沒有區別的，這就是二程所說的理一分殊。

理一分殊的產生，被普遍認爲是受佛學之華嚴宗的事理觀的影響。大部分論證二程的理一分殊說與華嚴宗事理觀的關係的著作，大都以《遺書》卷

〔註4〕 二程不言太極，也反對張載太虛的「清虛一大」，有人認爲表明了二程的不同學術取向。見程強：《「太極」概念内涵的流衍變化——從〈易傳〉到朱熹》，上海師範大學博士論文，2012 年，第 96～102 頁。

〔註5〕 雖然在《宋史・道學傳》中，二程與其它理學家一併被冠以「道學」之名，不過其思想特色爲理，《道學傳》敘述的傳承又是以二程、朱熹一脈爲正宗，故道學之名因此而變爲理學。二程本身將道、理二字混用，認爲道與理不過是名異而實同，所謂道學，完全可以成爲理學。更詳細的分析，可以參見蒙培元：《理學範疇系統》，人民出版社，1998 年，第 33～34 頁。

〔註6〕 《二程集》，第 30 頁。

〔註7〕 同上，第 31 頁。

〔註8〕 王先謙：《荀子集解》，《諸子集成》本，上海書店，1996 年，第 205 頁。

十八中小程的這麼一段話爲依據：「問：『某嘗讀《華嚴經》，第一眞空絕相觀，第二理事無礙觀，第三事事無礙觀。譬如鏡燈之類，包含萬象，無有窮盡，此理如何？』曰：『只謂釋氏要周遮，一言以蔽之，不過曰萬理歸於一理也。』又問：『未知所以破佗處。』曰：『亦未得道他不是。』」〔註9〕但其下還有「百家諸子箇箇談仁談義，只爲他歸宿處不是，只是箇自私。爲輪回生死，卻爲釋氏之辭善遁，纔窮著他，便道我不爲這箇，到了寫在冊子上，怎生遁得？且指他淺近處，只燒一文香，便道我有無窮福利，懷卻這箇心，怎生事神明？」〔註10〕與前面半段倍受重視相比，後面半段對佛家的批判卻不那麼受關注。小程的意思是，佛家的理事觀儘管有「是」處，但落到仁義禮智的實處就因其「自私」而「不是」。在仁義禮智的問題上，二程直接以「陰陽、剛柔、仁義，只是此一箇道理」〔註11〕、「仁者，渾然與物同體」〔註12〕，二程是站在仁義禮智統爲一體、而又分殊的立場上來批判佛家的理事觀的，因而二程的理一分殊之說，與華嚴宗的理事觀只是在語言形式上相似，實質根本不同。

二程與佛學的根本不同之處在於，佛學的宗旨是空、無，故追求絕對的空、無，以理與事都爲蔽障而要棄絕之。二程卻以理與事爲實有，即事可知理，即理而可以通於事，二程理一分殊的理事觀與佛學大相徑庭。〔註13〕其根本之不同，可從小程對《睽》中「天地睽而其事同也，男女睽而其志通也，萬物睽而其事類也」的解釋中看出端倪：

> 推物理之同，以明睽之時用，乃聖人合睽之道也。見同之爲同者，世俗之知也。聖人則明物理之本同，所以能同天下而和合萬類也。以天地男女萬物明之：天高地下，其體睽也，然陽降陰升，相合而成化育之事則同也；男女異質，睽也，而相求之志則通也，生物萬殊，睽也，然而得天地之和，稟陰陽之氣，則相類也。物雖異而理本同，故天下之大，群生之眾，睽散萬殊，而聖人爲能同之。
>
> 〔註14〕

〔註9〕 《二程集》，第195頁。

〔註10〕 同上。

〔註11〕 同上，第6頁。

〔註12〕 同上，第16頁。

〔註13〕 如《宋明理學史》就認爲，二程是以華嚴宗的理事觀爲基礎，加以取捨而構建出理一分殊的思想。詳見侯外廬、邱漢生、張豈之主編：《宋明理學史》（上），人民出版社，1997年，第138～139頁。

〔註14〕 《二程集》，第889頁。

《睽》的卦象是兌下離上，「爲卦，上離下兌，離火炎上，兌澤潤下，二體相違，睽之義也」〔註15〕。《睽》本是背離之象，小程認爲背離之中有著相通的理，因爲萬物的生成皆是陰陽二氣使然，理便是陰陽二氣所以然之理，「離了陰陽更無道。所以陰陽者是道也。陰陽，氣也。氣是形而下者，道是形而上者」〔註16〕。就《睽》卦而言，陰陽本是相對立的，故有睽離之理，於是有睽離之象；而在睽離之後，由於陰陽雖相對立，卻又有異而求合之理，最終睽散萬殊而彙歸爲一理。所以，二程提出：

> 「忠信所以進德」，「終日乾乾」，君子當終日對越在天也。蓋上天之載，無聲無臭，其體則謂之易，其理則謂之道，其用則謂之神，其命於人則謂之性，率性則謂之道，修道則謂之教。……徹上徹下，不過如此。形而上爲道，形而下爲器，須著如此說。器亦道，道亦器，但得道在，不繫今與後，己與人。〔註17〕

> 如天理底意思，誠只是誠此者，敬只是敬此者，非是別有一箇誠，別有一箇敬。〔註18〕

明確地將易、理、道、神、性視爲同一的，名異而實同，歸根到底，曰之爲天理，簡言之，就只是一箇理而已。既然誠被解釋爲眞實無妄，且易、理、道、神、性必然是眞實無妄的，那麼易、理、道、神、性也同樣可以稱之爲誠：

> 或問：「誠者，專意之謂乎？」子曰：「誠者實理也，專意何足以盡之？」呂大臨曰：「信哉！實有是理，故實有是物；實有是物，故實有是用；實有是用，故實有是心；實有是心，故實有是事。故曰：誠者實理也。」〔註19〕

天理之實然爲一，即是誠之實然爲一，就可以稱之爲誠之一，則二程的理學，也就可以稱之爲「誠學」。對此，戴震說到：

> 《中庸》既云「所以行之者三」，又云「所以行之者一也」，程子朱子以「誠」當其所謂「一」；下云「凡爲天下國家有九經，所以

〔註15〕《二程集》，第 888 頁。
〔註16〕同上，第 162 頁。
〔註17〕同上，第 4 頁。
〔註18〕同上，第 31 頁。
〔註19〕同上，第 1169～1170 頁。

行之者一也」，朱子亦謂「不誠則皆爲虛文」。在《中庸》，前後皆言
誠矣，此何以不言「所以行之者誠也」？〔註20〕

戴震的這種解釋，天下「所以行者之一」，歸結爲誠。無論是《中庸》所謂的
九經抑或三達德，皆以一道而貫通之，這就是誠，所以，誠則一，至於三達
德、九經，最後又歸之於誠。誠既然已經是天地獨一無二之道，根據二程的
一理萬殊之說，誠就等於天理、天道，這在《中庸解》表述爲：「誠者，理之
實然，致一而不可易也。天下萬古，人心物理，皆所同然，有一無二，雖前
聖後聖，若合符節，是乃所謂誠，誠即天道也。」〔註21〕宋明理學諸範疇的
關係，即如蔡仁厚所說：

> 所謂「一本」，是表示無論從主觀面或客觀面說，總只是這「本
> 體宇宙論的實體」之道德創造或宇宙生化之立體的直貫。

> 此本體宇宙論的實體有種種名：天、帝、天命、天道、太極、
> 太虛、誠體、神體、仁體、中體、性體、心體、寂感眞幾、於穆不
> 已之體，等皆是。此實體亦可以總名之曰「天理」或「理」。此理是
> 「既超越而又内在」的動態的生化之理、存在之理、或實現之理。
> 自其爲創造之根源而言，是「一」；自其散著於萬事萬物而言，則是
> 「多」。自其爲一而言，是動態的理（活理）；自其爲多而言，是靜
> 態的理。〔註22〕

姑且不論蔡仁厚的理一分殊觀中，理一是否爲動、分殊是否爲靜的問題，誠
與理一分殊的關係已經顯現無遺。就《中庸》而言，九經與三達德無疑是眞
實存在的，故它們皆是誠；九經與三達德之中貫穿著唯一的天理，此理即是
誠，九經與三達德的實現就是誠的實現。故《中庸解》中說：「一以貫九者誠
也。」〔註23〕因此，理一分殊之說，就可以改寫爲誠一分殊。二程自己也說：
「天地之間，有者只是有。譬人之知識聞見，經歷數十年，一日念之，了然

〔註20〕 〔清〕戴震：《孟子字義疏證》，中華書局，2011年，第51頁。
〔註21〕 《二程集》，第1158頁。《中庸解》的作者現在被普遍認爲是呂大臨。呂大臨
　　　　先從學於張載，後棄其前學而歸宗二程，甚至有將張載之學歸宗二程的過分
　　　　之語，可見呂大臨的學術無疑是以二程之教爲主旨的，是以《中庸解》雖不
　　　　能完全視爲二程的思想，卻可以視爲二程思想的發展，因而可以佐證二程之
　　　　誠論。參見龐萬里：《〈二程集〉中〈中庸解〉作者考辨》，《中國哲學史》，1993
　　　　年第2期。
〔註22〕 蔡仁厚：《宋明理學・北宋篇》，吉林出版集團，2009年，第170頁。
〔註23〕 《二程集》，第1157頁。

胸中，這一箇道理在那裏放著來。」〔註24〕萬物之理的眞實無妄之誠，是實在而不可易的，能使萬物爲實有，認識萬物即是認識其何以爲誠者。因此，朱光庭贊大程道：「大抵先生之學，以誠爲本。仰觀乎天，清明穹窿，日月之運行，陰陽之變化，所以然者，誠而已。俯察乎地，廣博持載，山川之融結，草木之蕃殖，所以然者，誠而已。人居天地之中，參合無間，純亦不已者，其在茲乎！蓋誠者天德也。聖人自誠而明，其靜也淵停，其動也神速，天地之所以位，萬物之所以育，何莫由斯道也？」〔註25〕

　　從上述觀點看來，天地之間無一物無非理而生成消滅，就是無一物而非誠，故誠有君臣、父子、夫婦之事實與原理，對天理的把握就是要從一事一物中而進行，即是二程的格物致知之說的適用範圍。二程認爲：「若不能存養，只是說話。」〔註26〕存養的對象是理，也即是誠。而誠最初的意思就是實，存養誠就是要落到實處，如事親之誠、事君之誠，等等。否則，就成了大程批評王安石不能識道的「十三級塔上相輪」，雖然言必稱道，卻無一落到實處，於是「只說道時，便不是道」了〔註27〕。

2. 誠論的展開

　　二程認爲道即理，合上下、本末、內外爲一的，誠也同樣如此，故死生雖然有異，但生有生之理、死有死之理，是誠而不可易者，最終要彙歸於天地之一理，所以死生之理爲一不爲二，因而能誠而一以貫之，「《中庸》始言一理，中散爲萬事，末復合爲一理」〔註28〕。《中庸》的誠貫通於天地萬物，所以天地萬物的生滅皆是誠。二程以此反對佛老之說，認爲他們愛生而怖死，是不誠的，不符合天地之理。在他們看來，即便是莊子的坐忘之說，也只是試圖遺忘死生而已，並非眞的無生無死。小程在《答鮑若雨書並答問》中，對於鮑若雨認爲的佛學輪迴之說「似有此理」的疑惑，直接答之以「夫子曰：『未知生，焉知死？』知生則知死矣，能原始則能要終矣」〔註29〕。

〔註24〕《二程集》，第31頁。
〔註25〕同上，第331頁。
〔註26〕同上，第5頁。
〔註27〕同上，第5～6頁。語錄中雖然只稱「先生」，未標明具體爲何者，但大程與王安石交往頗深，而小程未能如此，故可斷定此爲大程所言。
〔註28〕同上，第140頁。
〔註29〕《二程集》，第617頁。

《易‧繫辭上》有「易與天地準，故能彌綸天地之道；仰以觀於天文，俯以察於地理，是故知幽明之故；原始反終，故知死生之說」的觀點，小程應是繼承了這種觀點。小程解釋此句時，正是以天地間之一理貫通爲中心：

> 聖人作《易》，以準天地之道。《易》之義，天地之道也，「故能彌綸天地之道」。彌，徧也。綸，理也。在事爲倫，治絲爲綸，彌綸，徧理也。徧理天地之道，而復仰觀天文，俯察地理，驗之著見之際，故能「知幽明之故」。在理爲幽，成象爲明。「知幽明之故」，知理與物之所以然也。原，究其始；要，考其終；則可以見死生之理。聚爲精氣，散爲遊魂。聚則爲物，散則爲變。觀聚散，則見「鬼神之情狀」。萬物始終，聚散而已。鬼神，造化之功也。以幽明之故，死生之理，鬼神之情狀觀之，則可以見「天地之道」。〔註30〕

《易》之道即是天地之道，《易》之道就是彌綸遍佈於天地間的理，天文、地理雖有高下的位置差別，卻統一於道、理。事物之所以有顯與不顯的區分，其實是陰陽二氣的聚散而已，這便是幽冥之故，也就是陰陽的眞實無妄之誠。至於死與生，也是理使然，可知沒有無理的死與生，生爲誠生，死爲誠死，佛老所謂的外死生，在二程看來當然就是荒謬不誠的。

不過，批評佛老的死生之說，並不是意味著二程將死生視爲理所當然而是無情之人。大程的幼女澶娘，因爲醫師失誤而死於用藥之劑量過大，年幼的澶娘雖然有當生之理，卻又因藥劑致死之理而死，是死生皆有理，死生俱要順理。因此，《澶娘墓誌銘》中，大程感歎道：「噫！是亦命矣？人理之未至，吾容當責命於天，言之以爲世戒云爾。悲夫！」〔註31〕然而，人死不能復生也是理所當然之事，大程承認人是陰陽二氣的產物，澶娘之死，即是天地陰陽交迭推蕩的結果，故大程又說：「精氣本於天，形魄歸於地，謂之往亦可矣。」〔註32〕

如果說大程已經從理的彌綸遍佈中，知曉了原始反終之要，可以坦然對待至親的死亡，但人之理使人不能無情。兒女出於父母之懷，既是生命的延續，又是精神的寄託，這種感情眞切不易，爲誠之感情。兒女早逝，對於父母而言無疑是一大打擊，大程的悲慟就是理所當然，也是誠而眞實無妄的。

〔註30〕《二程集》，第 1028。
〔註31〕同上，第 501～502 頁。
〔註32〕同上，502 頁。

置諸於天地之間，仍是如此，故大程在《定性書》中說：「夫天地之常，以其心普萬物而無心；聖人之常，以其情順萬物而無情。故君子之學，莫若廓然而大公，物來而順應。」〔註33〕小程也持同樣觀點，可在他對顏淵之不遷怒、不二過的解釋中看出來。他認為：「顏子之怒在物不在己，故『不遷』；有不善未嘗不知，知之未嘗復行，『不二過』也」。〔註34〕怒在物，是物有可怒之理，應其理而怒；既怒之後，他物不復有此可怒之理，不遷怒於他物。怒而犯錯，卻可以知過錯之理，不復二過。在生死上，既已知生死之理，當生之時則喜，當死之時則悲。但不可過喜過悲，有過錯，知之而不復二過。因此，既然生死之理已經注定，故生死不可逃，逃生死便是離此天地而另言天地，即是陷於「二本」，由此可知，二程認為佛學以超脫生死為目的，必然不被他們所接受。

因此，人世間的一切，都可以用理與誠來解釋。子女夭折、顏淵早死之類，對人來說有遺憾之處，但就根本而言，

> 顏子短命之類，以一人言之，謂之不幸可也；以大目觀之，天地之間無損益，無進退。譬如一家之事，有子五人焉，三人富貴而二人貧賤，以二人言之則不足，以父母一家言之則有餘矣。若孔子之至德，又處盛位，則是化工之全爾。以孔、顏言之，於一人有所不足，以堯、舜、禹、湯、文、武、周公群聖人言之，則天地之間亦富有餘一作亦云富有。也。「惠迪吉，從逆凶」，常行之理也。〔註35〕

天地作為一箇整體，是無損益可言的，天地自然流轉、天理常存，理真實無妄地貫通於事物。顏淵早死，孔子感慨之謂「天喪予」，在二程看來，實為天理之必然，生死不出於天理的範圍，進而可知生死皆有其誠。由於天地萬物流轉變化是不息的，作為所以然的理自然是生生不息的，故事事物物皆是理，理即是誠，以《中庸》而言，便是誠之不息。大程說：「《中庸》言誠便是神。」〔註36〕《中庸解》認為：「不一於誠，則有時而息。」〔註37〕所以，二程的天理論，其實就是誠論，理與誠的關係，便如《宋明理學史》所說：

> 二程借用「誠」這一範疇，加以改造，用它來溝通「天理」與

〔註33〕《二程集》，第 460 頁。
〔註34〕同上，第 1141 頁。
〔註35〕同上，第 131。
〔註36〕同上，第 119 頁。
〔註37〕同上，第 1156 頁。

人。他們說，天理即誠，又說只要人們心存誠敬就能感知天理。按「誠」原出於《禮記·中庸》。《中庸》云：「誠者，天之道；誠之者，人之道。」這裏說「誠」即是「天道」，向「誠」的方面努力，即是人之道。真正達到「誠」的境界，即可以成為先知者，預見禍福之將至。因而說「至誠如神。」這樣，「誠」又被解釋成人的神秘主義精神狀態。在二程看來，天理即是誠，誠即是天理；它把古今、上下等時間和空間全都溝通起來，而且是人心所同然、前聖和後聖相一致的。所以在二程的理學中，「天理」被渲染為超時間和空間的絕對。〔註38〕

天理即是誠，誠也應當是超時間和空間的絕對，由理支配的世界，也同樣是由誠來支配的。用《中庸解》的話來說，便是「誠一於理，無所間雜，則天地人物，古今後世，融徹洞達，一體而已」〔註39〕。誠與理不分，言理時就是言誠。理也是道之別名，「理則極高明，行之只是中庸也。」〔註40〕即是《中庸》的「誠不遠人」，天地間只有一理，即是天地間只有一誠而已。二程是通過對《易》的闡發來說明其宇宙的生生不息：「『天地設位而易行乎其中』，何不言人行其中？蓋人亦物也。若以神行乎其中，則人只於鬼神上求矣。若言理言誠亦可也，而特言易者，欲使人默識而自得之也」〔註41〕。因此，誠也是生生不息的。

第二節　心性論

二程認為：「天之付與之謂命，稟之在我之謂性，見於事業之謂理。」〔註42〕是以天命、天性、天理，其實為異名而同實，人之性即是理之在人者，是命中注定而不可易者。故大程說：「道即性也。若道外尋性，性外尋道，便不是。」〔註43〕小程說：「性即理也，所謂理，性是也。」〔註44〕人之命性，皆

〔註38〕侯外廬、邱漢生、張豈之主編：《宋明理學史》（上），人民出版社，1997年，第154～155頁。
〔註39〕《二程集》，第1160頁。
〔註40〕同上，第119頁。
〔註41〕同上，第118頁。
〔註42〕同上，第91頁。
〔註43〕同上，第1頁。
〔註44〕同上，第292頁。

源出於天而眞實無妄，故三者皆以誠爲本，則誠是人性的基礎。人性是通過心的活動而顯現的，須以誠而盡心盡性。同時，心本身不是完善的，需要對心加以修治，故二程以誠敬相結合而作爲心性修養的工夫與方法。

1. 性命之源

　　道、理、性、命雖在具體的用法有差異，小程在回答什麼是天道的問題時說：「只是理，理便是天道也。」〔註45〕《中庸》以「天命之謂性」，大程說：「天者理也。」〔註46〕小程說：「曰天者，自然之理也。」〔註47〕二程以天理等於天道，簡稱之即是理、道。理、道作爲天地、宇宙的根本，在人而言即爲人性，在萬物而言即爲萬物之性。理是天地間最根本、最眞實的存在，二程皆以人之理爲人之性，因而理即性、性即理，不能夠離開理來談人性，這種觀點體現在大程與韓維的討論中：

> 　　道即性也。若道外尋性，性外尋道，便不是。聖賢論天德，蓋謂自家元是天然完全自足之物，若無所污壞，即當直而行之；若小有污壞，即敬以治之，使復如舊。所以能使如舊者，蓋爲自家本質元是完足之物。若合修治而修治之，是義也；若不消修治而不修治，亦是義也；故常簡易明白而易行。……此理本無二故也。〔註48〕

道即是性，而道即天道，則性即天性。天地萬物莫不因此天道而生生不息，所以離道便是無性，所以性在人而言，其實就是道而已。道本身是完整的，於是，以上所說聖賢之天然完全自足的天德，是「自家本質元是完足」的。不過，這只是從天賦的普遍的性上說的，卻並非所有的人都能夠實現自身所具的完足之性。具體的人性出於天理之誠，卻不能直接以人性爲誠，人性與誠之天理在現實中有間斷。這其實已經被《中庸》說的「誠者，天之道也；誠之者，人之道也」所設定了，大程只是換了種方式說出來。既然不能接直以具體的人性等同於完足的天性，就要消滅天人之間的隔閡，故大程提出：「誠者天之道，敬者人事之本。敬則誠。」〔註49〕在天而言是誠，在人而言是敬，人之所以能敬也是根據天性之誠的，因爲誠既然是天理、天道，其運行不息

〔註45〕《二程集》，第 290 頁。
〔註46〕同上，第 132 頁。
〔註47〕同上，第 313 頁。
〔註48〕同上，第 1 頁。
〔註49〕同上，第 127 頁。

而賦予人與萬物者即是人與萬物承受天命而具有的各種具體的性，這是由誠而入於敬，反之而能夠由敬入誠。從恢復本身所具的完足之性的角度看，這種路徑可以稱爲「敬治復性」〔註50〕。一般人需要修治才能達到此聖賢所論之天德，修治時就需要敬的態度，敬天道而篤行之，是敬自己本身所具的性而篤行之，即是二程所說：「世之人務窮天地萬物之理，不知反之一身，五臟六腑毛髮筋骨之所存，鮮或知之。善學者，取諸身而已。自一身以觀天地。」〔註51〕

　　敬不是孤立的，需要義的同步配合，即《坤・文言》所說的「直其正也，方其義也。君子敬以直內，義以方外，敬義立而德不孤，『直方大，不習無不利』，則不疑其所行也」。孔穎達對此注解爲：

> 「直其正」者，經稱直是其正也。「方其義」者，經稱方是其義也。義者，宜也，於事得宜，故曰義。「君子敬以直內」者，覆釋「直其正」也。言君子用敬以直內，內謂心也，用此恭敬以直內理。「義以方外」者，用此義事，以方正外物，言君子法地正直而生萬物，皆得所宜，各以方正，然即前云「直其正也，方其義也」。下云「義以方外」，即此應云「正以直內」。改云「敬以直正」者，欲見正則能敬，故變「正」爲「敬」也。「敬義立而德不孤」者，身有敬義，以接於人，則人亦敬，義以應之，是德不孤也。直則不邪，正則謙恭，義則與物無競，方則凝重不躁，即「不習無不利」，則所行不須疑慮，故曰「不疑其所行」。〔註52〕

以孔氏之言爲參照，大程以敬的方式來進行自我修治以成德，敬而行之，即是直行自己所具之德。無論是能直而行者，抑或不能直而行者，就要尋找所以何以能直不能直的義。義者宜也，能直不能直都各有其義，根據其義而決定是否能直行，即大程告訴韓維的「若合修治而修治之，是義也；若不消修治而不修治，亦是義也；故常簡易明白而易行」。修治的行爲必須以義爲標準，敬以直內而發用於外時，就要敬此義；反之，表現在外的義，也需要由內在的敬的方式來確立其行動的自主性。在這箇問題上，小程的觀點與大程的觀點完全一致，小程認爲：「直言其正也，方言其義也。君子主敬以直其內，守

〔註50〕　向世陵：《「生之謂性」與二程的「復性」之路》，《中州學刊》，2005 年第 1 期。

〔註51〕　《二程集》，第 411 頁。

〔註52〕　《周易正義》卷一。

義以方其外。敬立而內直，義形而外方。義形於外，非在外也。敬義既立，其德盛矣，不期大而大矣，德不孤也。無所用而不周，無所施而不利，孰為疑乎？」〔註53〕通過這樣的方式，敬與義、內與外合而為一，敬的內在修治和義的外在修治也就合一。這種合一之道，就是誠，二程認為這是「誠者合內外之道，不誠無物」〔註54〕。

誠是一貫而至於內外、上下、本末、精粗的無所不包之一，「蓋上下、本末、內外，都是一理也，方是道。」〔註55〕這種內外的合一，大程在《答橫渠張子厚先生書》中又表述為動靜內外的皆定且一，天地之心即是人心，誠的天道落實到人身上，自誠的人道必然也是一貫的。落實上述所說的敬、義，並使之和合為一，必然就落到了人的自誠之上。

在二程看來，人生離不開日用人倫，則誠的下手處也就在日用人倫之中。講學是人倫日用之一，以講學為例，下面這段材料便是二程教人如何將誠落到實處：

> 蘇季明嘗以治經為傳道居業之實，居常講習，只是空言無益，質之兩先生。伯淳先生曰：「『修辭立其誠』，不可不子細理會。言能修省言辭，便是要立誠。若只是修飾言辭為心，只是為偽也。若修其言辭，正為立己之誠意，乃是體當自家敬以直內，義以方外之實事。道之浩浩，何處下手？惟立誠才有可居之處，有可居之處，則可以修業也。『終日乾乾』，大小大事，卻只是『忠信所以進德』為實下手處，『修辭立其誠』為實修業處。」正叔先生曰：「治經，實學也，『譬諸草木，區以別矣。』道之在經，大小遠近，高下精粗，森列於其中。……為學，治經最好。苟不自得，則盡治《五經》，亦是空言。今有人心得識達，所得多矣。有雖好讀書，卻患在空虛者，未免此弊。」〔註56〕

講經要「修辭立其誠」，講經之事與講經之心都是誠的真實無妄，然後以經書中所載之理而用之於事，是將內在的敬轉化為外在的義，於是，敬與義得以合而為一，敬德修業在於誠。大程反對空講經義，主張在踐履上將經中之內容和意義，落實到講經之人的踐履上，誠而能進德修業。小程把經學看做實

〔註53〕《二程集》，第 712 頁。
〔註54〕同上，第 9 頁。
〔註55〕同上，第 3 頁。
〔註56〕同上，第 2 頁。

學，是因爲經書之中所記載的乃是古代聖王的事業，其實就是《中庸》說的九經。

既然九經載於經書中，治天下的方法就在其中，講經就是講實理，通過講習辯論而識得其中之理，以理行事故皆合於理，自誠的首要工夫在於講學。小程也注意到了學者的弊病在於「人患居常講習空言無實者，蓋不自得也」，《中庸》已經說明講學也是要通過誠來進行的，講經而能找到切合於己之處，用於實踐，講經也是以誠而修身的一部分，便是要學者「修辭立其誠」。

表面上看，二程似乎有差異。「天地生物，各無不足之理」〔註57〕，人作爲萬物之一，也應本具「無不足之理」，即是人與天地萬物一樣，先天所具的理是元無少欠的，二程對講經的方法的解說雖有不同，目的卻是一致的：通過進德修業而使理自然地呈現出來，其中人也因此而實現誠的眞實無妄。這以克己復禮德方式表現出來：

> 先生常論克己復禮。韓持國曰：「道上更有甚克，莫錯否？」曰：「如公之言，只是說道也。克己復禮，乃所以爲道也，更無別處。克己復禮之爲道，亦何傷乎公之所謂道也！如公之言，即是一人自指其前一物，曰此道也。他本無可克者。若知道與己未嘗相離，則若不克己復禮，何以體道？道在己，不是與己各爲一物，可跳身而入者也。克己復禮，非道而何？至如公言，克不是道，亦是道也。實未嘗離得，故曰『可離非道也』，理甚分明。」又曰：「道無眞無假。」曰：「既無眞，又無假，卻是都無物也。到底須是是者爲眞，不是者爲假，便是道，大小大分明。」〔註58〕

克己復禮的原因是爲了在己身上體現道，克己復禮的標準也是道，正是說明了道的無處不在。克己復禮曰仁的具體實現，在於非禮而勿視聽言動，視聽言動由人自身決定，克己復禮在於自己而不在他人，體現在人倫關係上，就是「天地生物，各無不足之理。常思天下，君臣、父子、兄弟、夫婦，有多少不盡分處。」〔註59〕君臣、父子、兄弟、夫婦，是人生而有之的，最關切人的事情，所以爲人者，即是去實現這樣的人倫關係。在誠之天道作用於人的提下，其中的敬與義是眞實存在的，故克己復禮就是要能

〔註57〕《二程集》，第2頁。
〔註58〕同上，第3頁。
〔註59〕同上，第2頁。

正君臣、父子、兄弟、夫婦之義，符合於此的爲是，否之爲非。就理的完善而言，是非也就是善不善而已，克己復禮就是以善去不善。人能自善，是主動地合於理。在誠即理的角度看，便是自誠。以善去不善，就是以誠去不誠，始終是以人自身的工夫展開的，人的主動性是人是否能誠的關鍵，即「忠信進德，修辭立其誠，所以居業修立在人」〔註 60〕。所以，小程才說：「敬是閑邪之道。閑邪存其誠，雖是兩事，然亦只是一事。閑邪則誠自存矣。天下有一箇善，一箇惡。去善即是惡，去惡即是善。譬如門，不出便入，豈出入外更別有一事也？」〔註 61〕

二程的這種說法，很自然地使人聯繫到孟子的「仁心義路」之說。孟子認爲：「仁，人心也；義人路也。舍其路而弗由，放其心而不知求，哀哉！人有雞犬放，則知求之；有放心而不知求。學問之道無他，求其放心而已矣。」〔註 62〕實現仁義是成就大人，則仁義爲大人之事。仁義又不可以自行，要通過人心而行動，即在於「求放心」。孫奭認爲：「能求放心，則仁義存矣。以其人之所以學問者，亦以精此仁義也。」〔註 63〕孟子所說的心包括四端，實現人性善、以善去不善，樞要就在於心。在這箇問題上，二程自認爲是接續了孟子的，小程說：「孟子曰：『盡其心，知其性。』心即性也。在天爲命，在人爲性，論起所主爲心，其實只是一箇道理。」〔註 64〕既然只有一箇道理，要將這箇道理落實到人的生活中，其實也就是如何落實到心上而已。

在中國思想史上，心一直被認爲是人思慮言動的主宰。因此，人是否能自誠而至誠的問題，儘管源出於人應當如何循理的問題，卻要在心上解決。心與理的關係問題，「只有當『理』成爲主要範疇之後，才正式出現。就是說，只有當二程建立理本論哲學之後，才成爲理學家討論的重要問題。在此之前，周敦頤主要講『誠』、『神』，而張載則講『性』。二程以後，周、張的『誠』、『神』、『性』，都被包括在心與理的問題之中了」〔註 65〕既然二程論性、論心之時，已經將誠、神包括在內了，在對二程所說的性進行討論時，就必須落到心的問題上，對誠在其中的作用進行分析。

〔註 60〕《二程集》，第 82 頁。
〔註 61〕同上，第 185 頁。
〔註 62〕《孟子‧告子上》。
〔註 63〕《孟子注疏》卷十一下。
〔註 64〕《二程集》，第 204 頁。
〔註 65〕蒙培元：《理學範疇系統》，人民出版社，1998 年，第 452 頁。

自先秦開始，儒家就重視心的自我主宰能力，《論語‧爲政》中提出「從心所欲不逾矩」〔註66〕，《孟子‧告子上》中提出「心之官則思，思則得之，不思則不得也，此天之所與我者」，《荀子‧解蔽》荀子提出「心者，形之君也，而神明之主也」。這些對於心的討論，無不突出了心所具有主動性，人也因爲具有心而具有了獨特的、不同於動植物的主動性。二程繼承了先秦儒家的觀點，並加以發揮。

大程認爲心之所以有主動性，就在於心能動氣、駕馭氣，他說：

> 告子「不得於言，勿求於心」，蓋不知義在內也。志帥氣也。持定其志，無暴亂其氣，兩事也。志專一則動氣，氣專一則動志，然志動氣爲多。且若志專在淫辟，豈不動氣？氣專在喜怒，豈不動志？故「蹶者趨者反動其心」。志者，心之所之也。〔註67〕

「不得於言，勿求於心」出自《孟子‧公孫丑上》，原爲告子所言，孟子引之而論證養氣以使不動心。其中討論的關鍵，就在何以爲志的問題。告子認爲性無善無不善，提出「以人性爲仁義，猶以杞柳爲桮棬」〔註68〕，認爲人性中本來沒有仁義，則心中既無仁義，自然不能在行動上施行仁義，心是心，氣是氣，各不相干，這是告子的不動心。孟子正與告子相反，認爲人心中本身已經具有了仁義禮智之四端，故心本有仁義禮智，行動與心一致而爲仁義，即是以志帥氣。心與氣本是一體，這是孟子的不動心，所以，《孟子注疏》將「志一則動氣，氣一則動志也。今夫蹶者趨者，是氣也，而反動其心」解釋爲：「孟子言志一者，志氣閉而爲一也。志閉塞則氣不行，氣閉塞則志不通。蹶者相動，今夫蹶而行者，氣比不能自持，故志氣顛倒。顛倒之間，無不動心而恐矣，則志氣之相動也。」〔註69〕

〔註66〕 「這裏，心具有三箇層次的涵義：內心的欲望、主體的思維和主體道德意識。孔子的成長過程，是一箇修業與進德相結合的過程。……在這箇過程中，心作爲主體道德意識，……隨著學問的進步，思想水平的提高，道德也在逐步積纍，最後達到既博學多才又道德高尚，淵博的學識與高尚的道德統一於內心，使心理欲望服從於道德要求，心在道德規範內活動而有感到有充分的自由，這便是『從心所欲不逾矩』」。這就是說，從儒家學派創立開始，心的意義就不是單一的，而是多重的，尤其是在心作爲活動的道德主體時。見張立文主編：《中國哲學範疇精粹‧心》，中國人民大學出版社，1996年，第32頁。

〔註67〕 《二程集》，第362～363頁。

〔註68〕 《孟子‧告子上》。

〔註69〕 《孟子注疏》卷三。

　　二程明顯是站在孟子一邊。小程認爲孟子的貢獻極大：「孟子有功於聖門不可言。如仲尼只說一箇仁義，孟子開口便說仁義；仲尼只說一箇志，孟子便說許多養氣出來。只此二字，其功甚多。」〔註70〕因爲「形而上者謂之道，形而下者謂之器」，故大程說：「有形總是氣，無形只是道。」〔註71〕氣始終是從屬於道的，道具體在人，就在於人的心，心就能動氣而行仁義。心既然能動有形的氣，又能求無形的義，心就兼具有形與無形兩箇層面〔註72〕，心既能認識到道是什麼，又能將道發於使用之中。孟子之所以不動心，就在於心的主宰作用，而告子「近似省卻了『心』這一環節，無法知言，無法持志，使得告子的不動心雖簡單迅速，卻又膚淺而脆弱。告子說的『勿求於心』即是對心之作用的否定，緊接著後面的『不得於心』便空無含義了」〔註73〕。心也就兼具內外而言。前面說到了以誠合內外，在心而言，也是通過心之誠而合內外。

　　按照這種思路，二程所說的理、道，既然在人身上就是性，通過心的活動作用顯露出來。在以孟子所說「以志動氣」的不動心的條件下，即是以心之善去萬物之不善，小程認爲「在天爲命，在義爲理，在人爲性，主於身爲心，其實一也。」〔註74〕「孟子曰：『盡其心者知其性也，知其性則知天矣。』心也，性也，天也，非有異也。」〔註75〕命、理、性、心本無二致，就命、理、性在人身上而言，言心即是言命、理、性，此心是合內外、上下、本末等而爲一的，實現命、理、性，就不能脫離心而言。否則心無所主，所言之命、理、性就會淪爲孟子所批評的告子式的不動心，二程正是選擇了孟子式的不動心。

〔註70〕《二程集》，第 221 頁。
〔註71〕同上，第 83 頁。
〔註72〕葛瑞漢認爲這是中國思想史上，關於心的討論到了宋代的新發展，他這樣寫道：「到了宋代，『心』已經被有意識地賦予兩箇意義：一箇是作爲身體的器官心臟；另一箇是作爲存在於心中的某種東西——能控制身體的運動，是『知』（knowledge）中的能動者。精神活動被設想爲『用』（functions），他隨著外物對內在的體（substance）的刺激（stimulation）而變化。」這樣，葛瑞漢就把心視爲無形的道之體與有形的道之用的結合，所以，心兼體用而言。見葛瑞漢：《中國的兩位哲學家——二程兄弟的新儒學》，程樹德譯，大象出版社，2006 年，第 111 頁。
〔註73〕彭歲楓：《「不得於言，勿求於心；不得於心，勿求於氣」新解》，《中國文化研究》，2003 年夏之卷。
〔註74〕《二程集》，第 204 頁。
〔註75〕同上，第 321 頁。

2. 誠而不動心

關於不動心，《遺書》卷十八中，有兩則小程關於夢周公的材料，正好與心有關，從側面說明了不動心：

> 問：「日中所不欲爲之事，夜多見於夢，此何故也？」曰：「只是心不定。今人所夢見事，豈特一日之閒所有之事，亦有數十年前之事。夢見之者，只爲心中舊有此事，平日忽有事與此事相感，或氣相感，然後發出來。故雖白日所憎惡者，亦有時見於夢也。譬如水爲風激而成浪，風既息，浪猶洶湧未已也。若存養久底人，自不如此，聖賢則無這箇夢。只有朕兆，便形於夢也。人有氣清無夢者，亦有氣昏無夢者。聖人無夢，氣清也。若人困甚時，更無夢，只是昏氣蔽隔，夢不得也。若孔子夢周公之事，與常人夢別。人於夢寐閒，亦可以卜自家所學之淺深，如夢寐顛倒，即是心志不定，操存不固。」〔註76〕
>
> 問：「人心所繫著之事，則夜見於夢。所著事善，夜夢見之者，莫不害否？」曰：「雖是善事，心亦是動。凡事有朕兆入夢者，卻無害，捨此皆是妄動。」或曰：「孔子嘗夢見周公，當如何？」曰：「此聖人存誠處也。聖人欲行周公之道，故雖一夢寐，不忘周公。及既衰，知道之不可行，故不復夢見。然所謂夢見周公，豈是夜夜與周公語也？人心須要定，使佗思時方思乃是。今人都由心。」曰：「心誰使之？」曰：「以心使心則可，人心自由便放去也。」〔註77〕

前一條以有夢無夢在於心志是否能定，心志定，則以志動氣，故無夢；心志不定，則志隨氣動，故有夢。心志所隨動之氣，見於形體就是外物，有夢無夢的區別就在於是否爲外物所動。小程又指出了聖人之夢與不夢不同於常人，故後一條以存誠來說明孔子之夢與不夢周公。既然「若孔子夢周公之事，與常人夢別」，「聖人欲行周公之道，故雖一夢寐，不忘周公。及既衰，知道之不可行，故不復夢見。然所謂夢見周公，豈是夜夜與周公語也？人心須要定，使佗思時方思乃是。今人都由心」，小程是以孔子無論夢與不夢，心思都處於定的狀態，楊時所記如下：

〔註76〕《二程集》，第 202 頁。
〔註77〕同上，第 202～203 頁。

曰：「孔子夢見周公，何也？」子曰：「聖人無非誠，夢亦誠，
不夢亦誠。夢則有矣，夢見周公則有矣，亦豈寢而必夢，夢而必見
周公歟？」〔註78〕

將之與孟子說的「誠者，天之道也。思誠者，人之道也。至誠而不動者，未之
有也。不誠，未有能動者也」〔註79〕的觀點相比較。孟子認為不誠未能動，孔
子不夢周公難道是不思、不誠？小程將誠意引入孔子夢周公的解說中，繼承了
《孟子》、《中庸》中所說的誠的天道和自誠的人道相統一的理論，又加以《大
學》的正心誠意，孔子自誠，進而能思誠。就《大學》之三綱八目而言，自誠
與思誠的對象就是誠的道，表現在政治上既是誠的禮樂制度，終生以恢復周禮
為己任的孔子，必然要夢見創制了周禮的周公，是孔子內心的誠的志向與天地
之誠的合一。孔子不復夢見周公，是由於年老體衰，精神不濟而思慮減少，日
有所思而夜有所夢，此時的孔子已無力思考，也就無法夢及周公。這是人的自
然狀態，也即是基於自身之誠而不能夢見周公。又或者將孔子所言之衰，指的
是時代之衰，而不是人的衰老〔註80〕。推行禮樂制度的時代條件也是誠而真實
存在的，不夢周公也是理所當然。因此，孔子之夢與不夢周公，無論是身衰還
是時衰，皆是由於誠而已，不可以夢為誠而不夢為非誠〔註81〕。

又或者，以夢為感通之說：

子曰：「在此而夢彼，心感通也；已死而夢見，理感通也。明乎
感通，則何遠近死生古今之別哉？楊定鬼神之說，其能外是乎？」

〔註82〕

〔註78〕 《二程集》，第 1230 頁。

〔註79〕 《孟子·離婁上》。

〔註80〕 朱熹就認為「不是孔子衰，是時世衰」。見《朱子語類》卷三十四。而在注解
《論語》時，朱熹採用的卻是「孔子衰」的說法，並引二程言：「程子曰：『孔
子盛時，寤寐常存行周公之道；及其老也，則志慮衰而不可以有為矣。蓋存
道者心，無老少之異；而行道者身，老則衰也』」。見《四書集注》，第 94 頁。

〔註81〕 劉文英的說法值得關注，他認為孔子之所以不夢周公「有兩方面的原因，一
是客觀時勢的變化，使孔子已經知道周公之道不可行；二是孔子身體衰老，
主觀上已經不能推行周公之道了。」但是，劉文英又認為「所謂志慮衰，是
說早年推行周公之道的欲望、志向已經衰弱了、淡化了。沒有這種欲望和志
向，當然也就不再夢見周公了」。此觀點似有不妥，因為既然禮樂制度是誠之
天道的表現，則無論就人或就時世而言，天道之誠始終未曾改變，並不以人
的欲望和意志為轉移。見劉文英：《關於孔子夢見周公的幾箇問題》，《孔子研
究》，2004 年第 4 期。

〔註82〕 《二程集》，第 1228 頁。

天道是心之思考的對象，二程則把天道的概念以天理來替換了。二程借用了
《易》來將天道替換爲天理，小程這樣寫道：「聖人作《易》，以準天地之道。
《易》之義，天地之道也，『故能彌綸天地之道』。彌，徧也。綸，理也。在事
爲倫，治絲爲綸。彌綸，遍理也。徧理天地之道，而復仰觀天文，俯察地理，
驗之著見之跡，故能『知幽明之故』。在理爲幽，成象爲明。『知幽明之故』，
知理與物之所以然也。原，究其始；要，考其終，則可以見死生之理。」〔註
83〕《中庸》與《孟子》都肯定地認爲是「誠者，天之道也」，可以替換爲「誠
者，天之理也」。《中庸》說的是「誠之者，人之道也」，《孟子》說的是「思誠
者，人之道也」，相應地也就應該替換爲「誠之者，人之理也」，「思誠者，人
之理也」。「思誠」與「誠之」的合一，始終不脫離誠的天理、天道，便是人的
自誠而達於至誠的天理、天道，是弘揚人因誠而具有的的主體性意義上的天人
合一。

　　從道統說來看，韓愈首倡「堯以是傳之舜，舜以是傳之禹，禹以是傳之
湯，湯以是傳之文、武、周公，文、武、周公傳之孔子，孔子傳之孟軻，軻
之死，不得其傳焉」的道統傳授次序，至北宋時，贊同道統論者基本上也都
採用此說，不過，在孔子和孟子之間增加了曾子和子思。一般認爲《中庸》
爲子思所作，孟子受學於子思門人，則子思與孟子之間存在的道統或學術脈
絡〔註 84〕，應當落到誠上，《中庸》講人的誠之，《孟子》講人的思誠，其實
應當是一致的。二程以道統的繼承者自居〔註 85〕，也應接續此誠與誠之、思
誠，故小程著《明道先生行狀》云：

　　　　謂孟子沒而聖學不傳，以興起斯文爲己任。其言曰：「道之不明，

〔註83〕《二程集》，第 1028 頁。

〔註84〕小程對比《中庸》與《孟子》二書，得出的結論是：「《中庸》之書，是孔門
　　　　傳授，成於子思。《孟子》其書，雖是雜記，更不分精粗，一衮說了。今之語
　　　　道，多說高便遺缺卑，說本便遺缺末」。《二程集，第 160 頁。》按此意思，
　　　　小程是高卑、本末都兼顧，所以能得《中庸》《孟子》書中所載之道。小程自
　　　　認爲「我昔狀明道先生之行，我之道蓋與明道同」。則二程就應是接續孔子、
　　　　子思、孟子之傳者，二程於孔門之道無不盡然。

〔註85〕蔡方鹿認爲「與尊崇孟子相聯繫，雖然二程一定程度地吸取了韓愈的道統的
　　　　思想，但卻不承認韓愈在道統中的地位，而是以繼孟子之後，得不傳之絕學
　　　　而自居。……由二程兄弟超越漢唐，直接聖人之道於孟子，並通過心傳，才
　　　　將儒家聖人之道接續下來。由此可見，二程確立的道統論是從內容道形式對
　　　　孔孟之道及其道的傳承說的繼承和發展。」見蔡方鹿：《程顥、程頤的道統思
　　　　想》，《開封大學學報》，1997 年第 1 期。

異端害之也。昔之害近而易知，今之害深而難辨。昔之惑人也乘其
迷暗，今之入人也因其高明。自謂之窮神知化，而不足以開物成物。
言爲無不周遍，實則外於倫理。窮深極微，而不可以入堯舜之道。
天下之學，非淺陋固滯，則必入於此。自道之不明也，邪誕妖異之
說競起，塗生民之耳目，溺天下於污濁。雖高才明智，膠於見聞，
醉生夢死，不自覺也。是皆正路之蓁蕪，聖門之蔽塞，辟之而後可
以入道。」〔註86〕

既然天道是誠，聖人之所以能成聖人，就在於聖人把握了此誠之天道。大
程憂慮道之不傳，也就是憂慮人不能誠之、思誠，人不能自誠，誠之道也
就汩沒於所謂佛老之邪說中。小程專門將「中」與「庸」二字解說爲：「中
者，只是不偏，偏則不是中。庸只是常。猶言中者是大中也，庸者是定理
也。定理者，天下不易之理也，是經也。孟子只言反經，中在其間。」〔註
87〕且指出：「《中庸》乃孔門傳授心法。」〔註88〕孔子所言之道載於書册，
但「傳錄言語，得其言，未得其心，必有害」〔註89〕，學道即是要求其中
之意。以書中所載之道爲誠，子思所言的誠之與孟子所言的思誠，就是「反
經」而求其中所以爲誠之意義。聖人言語載於書册，但是「義之精者，須
是自得求之，如此則善求義也」〔註90〕，孟子之「反經」就是孟子所說的
「以意逆志」。

「以意逆志」爲孟子解說《詩》的方法，《孟子注疏》解之爲「志，詩人
所欲之事。意，學者之心意也。孟子言說詩者當本之，不可以文害其辭，文
不顯乃反顯也」〔註91〕。孟子不拘泥與文字，而是試圖以讀者心意直接把握
作者寫作時的旨趣。按前面所說，書册中所承載的聖人之意即是誠的天道的
顯現，孟子式的思誠就是使讀者自己的意志自誠，作者爲他人，讀者爲自我，
「以意逆志」所追求的是誠的眞實無妄的意義，這就打破了作者與讀者的人
我之分〔註92〕，通過以自誠而至誠的方式，使人合於天道的路徑，來使誠能

〔註86〕《二程集》，第638頁。
〔註87〕同上，第160頁。
〔註88〕同上，第411頁。
〔註89〕同上，第163頁。
〔註90〕同上，第174頁。
〔註91〕《孟子注疏》卷九上。
〔註92〕這裏所說的他者與自我，可以參考笛卡爾對相關問題的思考。楊大春的研究
　　　　表明：「翻開笛卡爾《第一哲學沉思集》，我們就會發現，那箇進行沉思的『我

透徹人我。《中庸》已經肯定了作爲誠的天道與自誠的人道的一致性，也就肯定了「人同此心，心同此理」。而且，「正因爲人心有同然，人心同具理義，因此『人情不遠』，在同樣的情境之下，完成己心與彼心的對話，所以孟子『以意逆志』的過程實爲以己心與彼心心靈融合的過程」。〔註93〕以意逆志雖然在文字上有出入，其中的核心思想卻未曾改變，「反經」即是等同於孟子所說的「反身而誠」。二程既然肯定「反經」，且大程《南廟試九敘惟歌論》中說：「道之大原在於經，經爲道，其發明天地之秘，形容聖人之心，一也。」〔註94〕六經所載之道即是誠的天道，學者的「反經」和反身而誠，便是要打破箇人的局限，直接把握天道和聖人之誠。聖人是以心體道，「反經」和反身而誠的樞要仍在於心，人之心不能不自誠、思誠，歷代學者如果都能這樣，自然就能將道統傳授下去。十六字何以爲「心傳」，原因就在這裏。故二程告誡弟子：「學者不學聖人則已，欲學之，須是熟玩聖人氣象，不可只於名上理會。如是，只是講論文字。」〔註95〕

　　求道的方法，不在於講論文字，在於將自覺地將道與人事相貫通，既是事事物物不離於道，道也時刻不離於事事物物。《中庸》說：「誠者，自成也，而道自道也。」道之誠化生萬物而無所不在，卻並非萬物都能自覺地意識到自身所具之誠，問題仍然回到了人如何自誠上。孔穎達認爲：「『誠者，自成也，而

思』，確實不是一箇孤獨的『小我』，而是一箇『大我』。經過懷疑之旅，人的本之被確定爲思維或理性。在這裏『我』的思維就是『我們』的思維，任何觀念的產生，都可以說來自於『我』而不是來自於『他』，……簡單地說，笛卡爾在『我』與『人』之間或者說箇體與『類』之間劃了等號，把他們的沈思與『類』的能力相混同。」見楊大春：《語言·身體·他者——當代法國哲學的三大主題》，生活·讀書·新知三聯書店，2007年，第254～255頁。而在儒學中，孔子曾說：「性相近，習相遠也。」（《論語·陽貨》）依然肯定了他者與自我再本性上的同質性，他者與自我的界限是可以被打破的，故而在讀聖人之書時，可以直接以己意體悟聖人之意，這是的自我便是在以思誠的方式去把握誠的聖人之道，使得自我與聖人無間，聖人與聖人所代表的天道也就不是外在於自我、異於自我的，便是自我與聖人、自我與天道爲一。關於該問題的思考，還可參見顧紅亮：《孔子人學中的他者哲學維度》，《華東師範大學學報》（哲學社會科學版），2006年第5期。這也正是大程在《答橫渠張子厚先生書》中說的「夫天地之常，以其心普萬物而無心；聖人之常，以其情順萬事而無情。」

〔註93〕周淑萍：《兩宋孟學研究》，西北大學博士論文，2004年，第42頁。
〔註94〕《二程集》，第463頁。
〔註95〕同上，第404頁。

道自道也』者，言人能有至誠之德，則自成就其身，故云『誠者，自成也』；若人有道藝，則能自達於己，故云『而道，自道也。』」〔註96〕這就點明了誠的天道與自誠的人道雖然在根本上一致，卻需要人為的後天努力而使這種先天的一致得以落實。人所具有的這種主體性，就是人心而已。二程說：「天地之間，非獨人為至靈，自家心便是草木鳥獸之心，但人受天地之中以生爾。」〔註97〕天地之間無非誠的產物，則天地之中也是誠，人之心能中於誠。

　　大程說：「只心便是天，盡之便知性，知性便知天。」〔註98〕小程直接認為它們是沒有分別的，他說：「在天為命，在義為理，在人為性，主於身為心，其實一也。」〔註99〕又說：「孟子曰：『盡其心者知其性也，知其性則知天矣。』心也，性也，天也，非有異也。」〔註100〕二程所論的天、理、性、命，若要實現，只能是落到人心之上。結合《大學》的八條目，在大程看來，就是「正心以正身，正身以正家，正家以正朝廷百官，至於天下，此其序也」〔註101〕。即是心的不斷認識和擴充，最後至於天、理、性、命的過程。由心而能盡心、知性、知天、窮理，仍然不出於誠，心也必然是誠的。因此，回到日用人倫之中，即是「且省外事，但明乎善，惟進誠心，其文章雖不中不遠矣」〔註102〕。

3. 敬的工夫

　　儘管心是誠的，且心也因為誠之天理而有自誠的能力，心之誠卻不是可以一蹴而就的。心仍然需要下一番工夫，才能夠使心本來已具的誠完全地顯現出來，這種工夫就是敬。吳澄認為敬的工夫就是二程極有功於儒學者，他稱讚道：「夫修己以敬，吾聖門之教也，然自孟子之後失其傳。至程子乃復得之，遂以『敬』之一字為聖傳心印。程子初年受學於周子，周子之學主靜，

〔註96〕《禮記正義》卷六十。
〔註97〕《二程集》，第4頁。
〔註98〕同上，第15頁。
〔註99〕同上，第204頁。
〔註100〕同上，第321頁。收錄該語句的《遺書》卷二十五，雖然標明為「伊川先生語十一」，卻又注明「胡氏注云：『識者疑其間多非先生語。』」那麼以心、性、天為一之語，可能是大程所說。如果真是這樣，恰好說明二程兄弟在這箇問題上的一致性。
〔註101〕同上，第20頁。
〔註102〕同上。

而程子易之以敬，蓋敬則能主靜矣。」〔註103〕可知二程之主敬工夫，並非橫空出世，而是有其傳承的。

誠本來是徹上徹下、貫通天人、體用、本末，而且「誠者，自成也」，之所以要加以敬的工夫，是因爲人性雖然本無不善，卻難免在有形之生中受到污壞。大程說：「聖賢論天德，蓋謂自家元是天然完全自足之物，若無所污壞，即當直而行之；若小有污壞，即敬以治之，使復如舊。所以能使如舊者，蓋爲自家本質元是完足之物。」〔註104〕通過敬的方式去除後天的污壞，便得到了無所污壞的先天之誠。以污壞的狀態爲不誠，去除污壞就是自誠，最後的結果是光明宏大的誠，則敬作爲篤行工夫的下手處，始終是要敬於誠，自誠之時時刻以誠爲準的，不可須臾而離敬，可見敬之於誠的重要性〔註105〕。

雖然二程肯定誠與敬之間存在必然聯繫，卻強調在工夫層面，先敬而後能誠，他們說：「誠然後能敬，未及誠時，卻須敬而後能誠。」〔註106〕當小程提到「主一者謂之敬，一者謂之誠」時〔註107〕，儘管看上去誠者爲一，敬者也爲一，然而，在具體的人身上，只有首先能敬，即是敬人所具有的天、道、性、理、心，使人之「我」無間於天、道、性、理、心。同時，由於天、道、性、理、心是眞是無妄的，二程也承認「無妄之謂誠」〔註108〕，天、道、性、理、心是眞是無妄而誠於「我」，敬只是敬此誠，誠之一與敬之一也就合一了。這還可以從小程對《无妄》卦的解釋中看出來。

小程將《无妄》的卦象解釋爲：

> 《无妄》，《序卦》：「復則不妄矣，故受之以无妄。」復者反於
> 道也，既復於道，則合正理而无妄，故復之後受之以无妄也。爲卦，

〔註103〕《宋元學案》卷十六，《伊川學案下》。《黃宗羲全集》（第三冊），浙江人民出版社，2005年，第783頁。

〔註104〕《二程集》，第1頁。

〔註105〕任劍濤認爲二程繼承了周敦頤的誠的本體論，但在時間上卻將周敦頤的主靜改爲主敬，從而使誠與敬相結合，既在信仰上穩固了儒家的價值目標，又在實踐中促生了獨特的倫理力量。見任劍濤：《敬畏之心：儒家理論及其與基督教的差異》，《哲學研究》，2008年第8期。

〔註106〕《二程集》，第92頁。

〔註107〕同上，第315頁。這與周敦頤的觀點很相似，《通書·理性命》章提出：「二氣五行，化生萬物。五實二殊，二本則一。是萬爲一，一實萬分。」非常接近二程的理一分殊説。

〔註108〕《二程集》，第92頁。

乾上震下。震，動也，動以天爲无妄，動以人欲則妄矣。无妄之義
大矣哉！〔註109〕

反復於道，即是《中庸》所說的誠之天道，道的實現也是人的自我實現，故
誠之天道繫於人是否能自誠復於道。由於道是誠，人復於道也是誠，以人的
眞實無妄而復於道的眞實無妄，誠的天道與誠之的人道貫通爲一。雖然二程
一再強調形而上之道與形而下之器的區分〔註110〕，這種區分在此卻以誠的方
式被消除了。這一切都離不開人的種種行爲，因爲「二氣五行剛柔萬殊，聖
人所由惟一理，人須要復其初」〔註111〕。要在二氣五行所形成的所有事物中
逐一地誠，首先就要重視其中的誠，這種重視是發自人內心的，因而用敬來
表達這種重視，最後使人的內心之敬與天地萬物之誠貫通爲一，就是「入道
莫如敬，未有能致知而不在敬者」〔註112〕。人能敬，便能無妄。所以，緊接
著對《無妄》的卦象的解釋後，小程在解釋「無妄：元亨，利貞。其匪正有
眚，不利有攸往」一句時，提出：

> 无妄者至誠也，至誠者天之道也。天之化育萬物，生生不窮，
> 各正其性命，乃无妄也。人能合无妄之道，則所謂與天地合其德也。
> 无妄有大亨之理，君子行无妄之道，則可以致大亨矣。无妄，天之
> 道也，卦言人由无妄之道也。利貞：法无妄之道，利在貞正，失貞
> 正則妄也。雖無邪心，苟不合正理，則妄也，乃邪心也，故有匪正
> 則爲過眚。既已无妄，不宜有往，往則妄也。〔註113〕

這段解釋明顯相似於周敦頤〔註114〕。姑且不論二程是否繼承了周敦頤的思
想，但是在肯定誠者爲至大的天道的前提下，誠是無妄的，人之無妄在於人
能自誠，即是以「震」而「復」於誠。《震》卦是動，「震」的目的是《乾》〔註

〔註109〕《二程集》，第822頁。
〔註110〕在形而上與形而下的區分上，大程的觀點爲：「『形而上者謂之道，形而下者
謂之器』，若如或者以清虛一大爲天道，則乃以器言而非道也。」同上，第
118頁。小程的觀點是：「『一陰一陽之謂道』，道非陰陽也，所以一陰一陽道
也，如一闔一辟之謂變。」同上，第67頁。
〔註111〕同上，第83頁。
〔註112〕同上，第66頁。
〔註113〕同上，第822頁。
〔註114〕《周敦頤集》，第13～14頁。
〔註115〕這可以從小程對《震》卦的解釋看出來：「《震》之爲卦，一陽生於二陰之下，
動而上者也，故爲震。震，動也。不曰動者，震有動而奮發震驚之義。乾坤
之交，一索而成震，生物之長也，故爲長男。其象則爲雷，其義則爲動。雷

115〕，《乾》乃有元、貞、利、亨之說，小程肯定地說：「惟《乾》《坤》有此四德，在他卦則隨事而變焉。」〔註116〕既然《乾》之元、貞、利、亨是無所不包的，誠便是元、貞、利、亨而無所不包。小程又認爲：「《易》之道，其至矣乎！聖人以《易》之道崇大其德業也。……斯理也，成之在人則爲性。成之者性也。人心存乎此理之所存，乃『道義之門』也。」〔註117〕《无妄》之「震」而「復」，便是「復」《乾》之誠。《乾》爲至陽，且《乾》德乃是「天行健，君子以自強不息」，故小程認爲《復》卦是：「爲卦，一陽生於五陰之下，陰極而陽復也。……陽，君子之道。陽消極而復反，君子之道消極而復長也，故爲反善之義。」〔註118〕所以，能如此之「復」的君子，必然是誠者。人心在操舍存亡之間，能夠抓住心何以能誠的根本道理，直以誠而行之，於誠無所不盡，一切行爲都是敬於誠的，能夠先敬而後能誠，進而能元、貞、利、亨。

以心爲復的觀點，在王弼的《周易注》中，已經有所體現。王弼解《无妄》中「大亨以正，天之命也」一句時，說：「剛自外來而主於內，動而愈健。剛中而應，威剛方正，私欲不行，何可以妄？……剛自外來，而爲主於內，則柔邪之道消矣；動而愈健，則剛直之道通矣。剛中而應，則齊明之德著矣，故『大亨以正』也。」〔註119〕此剛中之主，在人而言，惟有人心能自主，所以人心以剛中應外物而動，且動而合於天命之正理。從《易》道的生生不息來看，《无妄》之動的目的，在於與道合一，所以王弼在解釋「復其見天地之心乎」時，提出：「復者，反本之謂也。天地以本爲心者也。」〔註120〕人生天地之間，於是人乃參兩於天地，天地即在人身之中，則天地之心具體到人，就是人之心。以人之心而求「復」天地之心，而且這種「復」是人內在的「剛中」，人最終是復於天地。以《中庸》的「誠者，天之道也；誠之者，人之道也」的立場上看，便是將人的內在之誠，以自誠的方式而復歸於天地之誠。王弼雖然表述的意思與二程不同，卻是達到了同樣的效果，正好符合《繫辭

有震奮之象，動爲驚懼之義。」《二程集》，第962頁。是以《震》本身就是動，又是因爲乾坤之交而動，所以動而得乾坤之正，這便是動而無妄。

〔註116〕《二程集》，第695頁。
〔註117〕同上，第1029頁。
〔註118〕同上，第817頁。
〔註119〕《王弼集校釋》，第342～343頁。
〔註120〕同上，第336頁。

下》所說的「天下同歸途而殊，一致而百慮」的統一性與多樣性相統一的思
維模式。

於是，在誠與敬的關係問題上，心因為與命、理、性是一致的，故心本
身是誠的。這種本身已具的誠，卻需要在後天的功夫上，以敬的方式體現出
來。二程的工夫論可以概括為「敬以直內，義以方外」〔註121〕的敬義夾持，
心能敬，所以心能直行，其結果便體現為義。「義者，利之和」〔註122〕，是誠
而有利，不誠無利。推而行之，即如大程所說：「道，一本也。或謂以心包誠，
不若以誠包心；以至誠參天地，不若以至誠體人物，是二本也。知不二本，
便是篤恭而天下平之道。」〔註123〕之所以能以心包誠，是由於心中本來已具
誠，這是道的統一性所決定的。惟有以先敬後誠的方式，敬於人與萬物中的
道理之誠，以之而格物致知，「識得此理，以誠敬存之而已。不須防檢，不須
窮索」〔註124〕，使之與心中之誠相統一，也就是以心包誠與以誠包心的統一。

學者所需要學習的，在二程看來即是學誠，不過學者仍然是要先敬而後
誠，這樣的觀點在二程的語錄中是大量存在的，現舉數例如下：

> 今學者敬而不見得，又不安者，只是心生，亦是太以敬來做事
> 得重，……要人道如何？只是天理合如此，本無私意，只是箇循理
> 而已。〔註125〕

> 學者不必遠求，近取諸身，只明人理，敬而已矣，便是約處。……
> 「思無邪」，「無不敬」，只此二句，循而行之，安得有差？有差者，
> 皆由不敬不正也。〔註126〕

> 敬是閑邪之道。閑邪存其誠，雖是兩事，然亦只是一事。閑邪
> 則誠自存矣。天下有一箇善，一箇惡。去善即是惡，去惡即是善。
> 譬如門，不出便入，豈出入外更別有一事也。」〔註127〕

〔註121〕小程認為敬以直內與義以方外是不能分開的，所以他說：「有諸中者，必形諸
　　　　外。惟恐不直內，內直則外必方。」《二程集》，第185。相較之下，「直內」
　　　　更重於「方外」，因為若人心不能自主，便會應物無方，進而導致行事的無義。
〔註122〕《乾·文言》。
〔註123〕《二程集》，第117～118頁。
〔註124〕同上，第16～17頁。
〔註125〕同上，第34頁。
〔註126〕同上，第20頁。
〔註127〕同上，第185頁。

學要在敬也、誠也，中間便有箇仁，「博學而篤志，切問而近思，
仁在其中矣」之意。〔註128〕

敬是人自誠的方式。敬便是敬於理、敬於道、敬於性命、敬於心，敬於天地
之間所有的真實無妄的存在。誠是真實無妄之謂，敬於誠也就能無所不誠，
人之自敬也就是自誠。敬而後能誠，是在人不識誠為何物，卻又在努力尋找
誠之時，以敬的方式收斂身心，敬於己心、己身，而後能將此敬由己及人、
由己及物。對此，小程說：「子夏曰：『賢賢易色。』見賢改色，有敬賢之誠
也。事親事君與朋友交，皆盡其誠，學求如是而已。」〔註129〕這就走上了《大
學》中描述的正、誠、格、致、修、齊、治、平的道路，這種逐步擴大、同
化的方式打破了人我、人物的界限，仍是以人自身之誠而體會、通達於天地
萬物之誠，就是大程說的仁者與天地萬物為一體之謂。這種方法是孟子式的，
大程說：「『萬物皆備於我，反身而誠，樂莫大焉。』不誠則逆於物而不順也。」
〔註130〕人所以能順於萬物，首先就是由人之敬開始，隨後能自誠而至誠，最
終無所不盡其誠。誠已經是完全內在於人，小程說：

子以誠敬為可勉強，且恁地說。到底，須是知了方行得。若不
知，只是覷卻堯學他行事。……未致知，便欲誠意，是躐等也。學
者固當勉強，然不致知，怎生行得？勉強行者，安能持久？除非燭
理明，自然樂循理。性本善，循理而行是須理事，本亦不難，但為
人不知，旋安排著，便道難也。知有多少般數，煞有深淺。〔註131〕

因為人之誠本於天道之誠，人倫就是誠的，忠信、進德、誠敬不假外力而
有。人之于忠信、進德、誠敬，看上去是人在努力下工夫，由於誠的根源
性而並非勉強的，先敬而後誠同樣是理所當然的。因此，由敬而誠，誠既
然貫通天人，敬即是合誠者與誠之者為一，這種由敬而主一的工夫便是「閑
邪存誠」：

閑邪則誠自存，不是外面捉一箇誠將來存著。今人外面役役於
不善，於不善中尋箇善來存著，如此則豈有入善之理？只是閑邪，
則誠自存。故孟子言性善，皆由內出。只為誠便存，閑邪更著甚工

〔註128〕《二程集》，第141頁。
〔註129〕同上，第1134頁。
〔註130〕同上，第129頁。
〔註131〕同上，第187～188頁。

－169－

夫？但惟是動容貌、整思一作心。慮，則自然生敬，敬只是主一也。
主一，則既不之東，又不之西，如是則只是中。既不之此，又不之
彼，如是則只是內。存此，則自然天理明。學者須是將一本無此字。
敬以直內，涵養此意，直內是本。〔註132〕

心思迷惑為使人通病，不能主一就會導致心無所定、止，為邪念的產生提
供了條件，小程就說：「學者患心慮紛亂，不能寧靜，此則天下公病。學者
只要立箇心，此上頭儘有商量。」〔註133〕大程也說：「誠者天之道，敬者
人事之本，敬則誠。」〔註134〕於是，《孟子‧公孫丑上》言「心勿忘，勿
助長」，以此為心之主，二程言立心，就是使心能勿忘勿助長，「敬則無己
可克」〔註135〕。無己可克便是絕意必固我，無我而我已通極於天道，天道
之誠與人之誠合而為一，心思主敬知一則因此而歸之於一本之誠，從而能
夠「誠則自然無累，不誠便有累」〔註136〕。人在能敬之前，尚且不能克去
雜念而誠，惟有敬之後才能克去雜念而誠，其後敬歸於誠，再也無敬可言，
「忘敬而後『無不敬』」〔註137〕。

　　小程甚至用敬來區分儒學與佛學，他說：

釋氏之學，更不消對聖人之學比較，要之必不同，便可置之。
今窮其說，未必能窮得他，比至窮得，自家已化而為釋氏矣。今且
以迹上觀之。佛逃父出家，便絕人倫，只為自家獨處於山林，人鄉
里豈容有此物？大率以所賤所輕施於人，此不惟非聖人之心，亦不
可為君子之心。釋氏自己不為君臣父子夫婦之道，而謂他人不能如
是，容人為之而己不為，別做一等人，若以此率人，是絕類也。至
如言理性，亦只是為死生，其情本怖死愛生，是利也。〔註138〕

理學家們都以佛學為虛空幻滅之說，尤為不齒其拋棄人倫。不能從事君臣、
父子、夫婦之事，便是不敬於君臣、父子、夫婦之理，其理不明，就是不
誠。於是，佛學便被視為自絕於人倫，只求箇體超越輪迴的生死之海而登

〔註132〕《二程集》，第149頁。
〔註133〕同上，第147頁。
〔註134〕同上，第127頁。
〔註135〕同上，第157頁。
〔註136〕同上，第87頁。
〔註137〕同上，第66頁。
〔註138〕同上，第149頁。

極樂，二程以此而認爲佛學不能貫通天、理、性、命。佛學的禪定、講經、修行，從外表上看是敬，實質內容卻因爲脫離了人倫而沒有敬的對象，也就是不誠。二程認爲誠是眞實無妄之謂，其次的意思才是不欺，佛學不能誠，其學便被視爲僞學，「釋氏之說，其歸欺詐」〔註 139〕。大程便是自認爲識破其欺詐，自稱：「某家治喪，不用浮圖。在洛，亦有一二人家化之，自不用釋氏。道場之用螺鈸，蓋胡人之樂也，今用之死者之側，是以其樂臨死者也。天竺之人重僧，見僧必飯之，因使作樂於前。今乃以爲之於死者之前，至如慶禱，亦雜用之，是甚義理？如此事，被他欺謾千百年，無一人理會者。」〔註 140〕

不可否認，二程與佛學有著千絲萬縷的聯繫，大程「不廢觀佛老書，與學者言，有時偶舉示佛語」〔註 141〕，小程也承認佛學自有高明之處〔註 142〕。從根本上說，二程卻是排斥佛學的，他們認爲佛學不講君臣、父子、夫婦便是絕人倫，自絕於人類。小程痛斥佛學爲「禍莫大於無類。釋氏使人無類，可乎？」〔註 143〕人倫規範的總體就是禮，二程認爲：「禮者，理也。」〔註 144〕佛學絕棄禮而絕棄理，二程卻以禮而天理頓現，不敬於禮而不誠，天理就不能顯現。二程強點由敬而誠，就是要在人心上完成對佛學的反擊。所以，小程說：

> 學者先務，固在心志。有謂欲屏去聞見知思，則是，「絕聖棄智」。有欲屏去思慮，患其紛亂，則是須坐禪入定。如明鑑在此，萬物畢照，是鑑之常，難爲使之不照。人心不能不交感萬物，亦難爲使之不思慮。若欲免此，唯是心有主。如何爲主？敬而已矣。有主則虛，虛謂邪不能入。無主則實，實謂物來奪之。……所謂敬者，主一之謂敬。所謂一者，無適之謂一。且欲涵泳主一之義，一則無二三矣。言敬，無如聖人之言。《易》所謂「敬以直內，義以方外」，須是直內，乃是主一之義。至於不敢欺、不敢慢、尚不愧於屋漏，皆是敬之事也。但存此涵養，久之自然天理明。〔註 145〕

〔註 139〕《二程集》，第 408 頁。

〔註 140〕同上，第 114 頁。

〔註 141〕《宋元學案》卷十六，《伊川學案下》。《黃宗羲全集》（第三冊），浙江人民出版社，2005 年，第 784 頁。

〔註 142〕小程承認「佛說直有高妙處」。見《二程集》，第 425 頁。

〔註 143〕同上，第 272 頁。

〔註 144〕同上，第 125 頁。

〔註 145〕同上，第 168～169 頁。

敬之主一就是使心自作主宰，敬之後能閑邪存誠，誠則眞實無妄，將心之誠運用於事，則事無不誠，便是天理頓現無礙。推至天地宇宙，無不是理所當然，換言之，無不是誠。所以，人由敬開始，而後誠，誠而後合內外、一天人，心性之誠，以敬爲起始〔註146〕。「聖人修己以敬，以安百姓，篤恭而天下平。惟上下一於恭敬，則天地自位，萬物自育，氣無不和，四靈何有不至？此體信達順之道，聰明睿智皆有是出。以此事天饗帝，故《中庸》言鬼神之德盛，而終之以微之顯，誠之不可掩如此。」〔註147〕言誠時，就不得不言敬了。

二程通過對人之性與心的條分縷析，將本來與形而上的天理相關的性，逐步落實於活動的形而下之心。無論形上抑或形下，其實都是誠，誠貫通了體用本末，心之誠本來就是由形而上之體而來，可以下學而上達至性、理、道。這種路徑，由敬的工夫作爲開始，敬而後能誠，誠便是誠心、誠性，天地之間無一物非誠，人心之敬也就能敬於萬物，人心之誠因此通達於天地。這時的人心就不僅是血肉之心，因其至大而爲聖人之心，類似於張載的「大心」說。聖人與天地萬物一體，便是「維天之命，於穆不已」。故《中庸解》云：「天之爲天，不已其命而已。聖人之爲聖人，不已其德而已。其爲天人德命則異，其所以不已則一。」〔註148〕誠本身是一，二程以敬的方式來實現誠之一。於是，就人心以敬的工夫實現誠而言，便可以將「天人合一」的命題，改寫爲「誠人合一」了。

第三節　境界論

仁是儒學的至德，大程認爲人的最高境界是仁，仁便能「與物同體」。仁必須通過具體的活動才能實現，故大程提出學者先要「識仁」。在二程看來，認識的方法是《大學》中說的格物致知。但是，格物致知是以培育人的德性爲目的，「識仁」也是培育道德，仁的境界就離不開道德的培育。

〔註146〕有人認爲小程專爲主敬，與大程有間隔，黃百家已辨明之爲「此但知先生『涵養須用敬，進學在致知』，而忘卻先生『未有致知而不在敬者』之語，恐未是深知先生者。」見《宋元學案》卷十六，《伊川學案下》。《黃宗羲全集》（第三冊），浙江人民出版社，2005年，第785頁。

〔註147〕《二程集》，第81頁。

〔註148〕同上，第1161~1162頁。

1. 與物同體之仁

　　二程對於仁是極為重視的，關於仁是什麼的討論，集中體現在《識仁篇》之中：

> 　　學者須先識仁。仁者，渾然與物同體。義、禮、知、信皆仁也。
> 識得此理，以誠敬存之而已，不須防檢，不須窮索。若心懈則有防，
> 心苟不懈，何防之有？理有未得，故須窮索。存久自明，安待窮索？
> 此道與物無對，大不足以名之，天地之用皆我之用。孟子言「萬物
> 皆備於我」，須反身而誠，乃為大樂。若反身未誠，則猶是二物有對，
> 以己合彼，終未有之。又安得樂？《訂頑》意思，乃備言此體。以
> 此意存之，更有何事？「必有事焉而勿正，心勿忘，勿助長」，未嘗
> 致纖毫之力，此其存之之道。若存得，便合有得。蓋良知良能元不
> 喪失，以昔日習心未除，卻須存習此心，久則可奪舊習。此理至約，
> 惟患不能守。既能體之而樂，亦不患不能守也。〔註149〕

大程以識仁為學者第一要務，識仁的最高境界則為「渾然與物同體」，即仁者與天地萬物為一體。徒仁不能自行，需要落實於人倫日用，由此仁者貫通本末精粗，才能與萬物為一體。在學仁、求仁之人而言，人倫日用中，仁無處不在，人不能不隨時隨處面臨識仁的問題，並且能將萬物之中的仁以體物的方式加以貫通，從而知仁與我無間隔，人能仁，然後仁者能與萬物為一。仁者所以能與萬物一體，是因為「照理學家所說，自然界『生生之理』，實際上是構成生命本質的潛能，在其無限發展中潛能轉變為動能（『神』），並在人的生命中得到實現，即人之所以為人之仁。人既是自然界的產物，又是『萬物之靈』，天地之『心』，在自然界居於中心地位，起主宰作用。但人和萬物都來源於宇宙生生之理，因此又是『一體』。『仁』就是體現這種一體境界的最高範疇。人之所以為人，被認為是完全體現了天地生生之理。『仁者人也』這一標誌著人類自覺的古老命題，在理學中具有形而上學的意義，天人合一論便在『仁』這箇範疇中得到了最充分的體現」。〔註150〕因此，在具體的功夫上，處處與自身有關，大程引入了孟子的「萬物皆備於我矣。反身而誠，樂莫大焉。強恕而行，求仁莫近焉」的方法，《孟子注疏》對此方法的解釋是：

〔註149〕《二程集》，第16～17頁。
〔註150〕蒙培元：《理學範疇系統》，人民出版社，1998年，第489頁。

此章指言每必以誠，恕己而行，樂在其中，仁之至也。孟子言人之生也，萬物皆備足於我矣，但能反己思之以誠，不爲物之喪己，是有得於內矣。有得於內，則樂亦莫大焉。以其在外物爲樂，則所樂在物，不在於我，故爲樂也小。以仁爲樂，則所樂在己，不在物，其爲樂也大。又言勉強以忠恕之道而行之，以求仁之術爲最近，故傳有云「仁者必恕而後行」，是之謂也，斯亦「力行近乎仁」之意歟。〔註151〕

孟子肯定「萬物皆備於我」，是在原理上肯定我與萬物的本性一致，我與萬物無間隔。我與萬物在實際中卻是相分隔的，則我與萬物不能爲一，將「反身而誠」作爲識仁的手段，即是打破實際中存在的種種分隔的界限。「反身而誠」所「反」的是「我」之身，就是要在人自身當中尋得與萬物一致之處，進而尋得其原理。以我爲內，萬物爲外，從根本的原理上看，我乃是與萬物一致的，我之道便是萬物之道，我與萬物合一便是合內外之道。二程認爲：「蓋上下、本末、內外，都是一理也，方是道。」〔註152〕誠本身就是是合內外、上下爲一的，通過反身而誠所獲得的道，就是以自誠的方式來誠於萬物，誠於此而合於彼、誠於中而形於外，我與萬物因誠而同體爲一。《識仁篇》本來說的是以仁而使人與萬物爲一，就必然改寫爲以誠而使人與萬物爲一，誠即是仁，這在《中庸》當中已經體現〔註153〕。因此，反身而誠就是反身而仁〔註154〕，仁者渾然與物同體的境界，也就是誠者渾然與物同體而已。

孝是儒家德目之一，二程說：「人倫者，天理也。」〔註155〕「『孝弟也者，其爲仁之本與！』非謂孝弟即是仁之本，蓋謂爲仁之本當以孝弟，猶忠恕之爲道也。」〔註156〕可見孝可以擴充至仁，但從其實現的方法上看，孝仍是一種德目踐行的工夫。對仁與誠的探討，雖然以仁與萬物爲一爲起始和歸宿，在實踐上卻不能不落到工夫上。這從小程與門人的討論中可以看出來：

〔註151〕《孟子注疏》卷十三上。

〔註152〕《二程集》，第3頁。

〔註153〕李景林認爲子思在作《中庸》時，在三箇方面用誠的概念打通了天人關係，從而深化了孔子的仁學思想。見李景林：《教養的本原》，北京師範大學出版社，2009年，第160～167頁。

〔註154〕仁與誠，既相聯繫，又有區別。見蒙培元：《理學範疇系統》，人民出版社，1998年，第488頁；彭國翔：《儒家傳統：宗教與人文主義之間》，北京大學出版社，2007年，第23～24頁。

〔註155〕《二程集》，第394頁。

〔註156〕同上，第395頁。

問：「《行狀》云：『盡性至命，必本於孝弟。』不識孝弟何以能
盡性至命也？」曰：「後人便將性命別作一般事說了，性命孝弟只是
一統底事，就孝弟中便可盡性至命。至如灑掃應對與盡性至命，亦
是一統底事，無有本末，無有精粗，卻被後來人言性命者別作一般
高遠說。故舉孝弟，是於人切近者言之。然今時非無孝弟之人，而
不能盡性至命者，由之而不知也。」〔註157〕

孝弟與性命都是「一統底事」。之所以能「一統底」，惟有天道而已，天道乃
是誠，孝弟與性命是「一統底」於誠。就孝弟之事是微小而具體的，可以稱
之爲「顯」；就天地萬物而言，由於窮理、盡性、至命是窮究世界本源的，性
命之事是宏大而抽象的，可以稱之爲「隱」。顯與隱各有不同，正如《中庸》
所說：

君子之道費而隱，夫婦之愚，可以與知焉，及其至也，雖聖人
亦有所不知焉；夫婦之不肖，可以能行焉，及其至也，雖聖人亦有
所不能焉。天地之大也，人猶有所憾，故君子語大，天下莫能載焉；
語小，天下莫能破焉。詩云：「鳶飛戾天，魚躍於淵。」言其上下察
也。君子之道，造端乎夫婦；及其至也，察乎天地。

日用人倫之事與性命之事本無區分，性命是體，人倫是用，卻由於體用不分
而相一致，這就是誠的貫通。儘管諸如孝弟之類的人倫日用之事是微小的，
卻由於誠的貫通而不能隨意放過，須從中下工夫，將顯之用與隱之體合而爲
一，就是小程在《易傳序》中說的「至微者理也，至著者象也。體用一源，
顯微無間」。〔註158〕

《中庸》說的五達道與三達德，就它們都體現著天道的誠而言，皆通而
爲一。它們是落實在人身上的，從《中庸》所持的天道之誠與人道之誠相合
一的立場上看，能否貫通天人的關鍵就在「行之者一」上。孔子非常重視行
的作用，認爲君子應當是「敏於行而訥於言」的，在《中庸》中發展爲「庸
德之行，庸言之謹，有所不足，不敢不勉。有餘不敢盡，言顧行，行顧言，

〔註157〕《二程集》，第224～225頁。
〔註158〕同上，第689頁。小程此語或被認爲立意太高，尹焞便覺著不安。「和靖嘗以
《易傳序》請問曰：『至微者理也，至著者象也，體用一源，顯微無間』，莫
太泄露天機否？伊川曰：『如此分明說破，猶人自不悟解。』」同上，第430
頁。

君子胡不造造爾」式的篤行。用二程的話來說，就是「要修持這箇天理，則在德」〔註159〕。篤行與博學、審問、愼思、明辨，它們共同的目的在於行道，出發點是人自身所具之德，行道就是對「擇善而固執之者也」的發明與擴充〔註160〕。在《中庸》裏，三達德被定義爲：「好學近乎知，力行近乎仁，知恥近乎勇。知斯三者，則知所以修身；知所以修身，則知所以治人；知所以治人，則知所以治天下國家矣。」鄭玄注之爲：「言有知、有仁、有勇乃知修身，則修身以此三者爲基。」〔註161〕知、仁、勇之三達德的一以貫之，在《中庸》爲誠之天道的貫通，所以三達德之於誠而言，正如陳贇所說：

> 誠並非什麼形而上學的本體或終極實在，它是實實在在的「誠之」
> ——誠智、誠仁、誠勇——中打開的，除此之外，更無有所謂誠。……
> 這就是説，通過誠，智、仁、勇諸德得以作爲自身來到自身，而諸德
> 之外，無有乎誠，但也因如此，誠實貫通於諸德之中，並爲諸德之成
> 爲自身提供了可能性；不僅如此，誠還使得知、仁、勇之德上升爲彼
> 此相互通達的達德，仁自行顯示在知與勇中，正如知通達於仁與勇。
> 在這箇意義上，「誠」是「一切德之德」。由於道是在德中來到人的存
> 在中，所以誠之爲道又是「一切道之道」。〔註162〕

正是因爲有這麼一箇作爲天道的誠，人不是孤立無據守之處的。人之所以爲人，由於天道之誠貫穿於一切人事和天地萬物之間，人從自身的德性當中，體會、發明出了本來已具的誠，便是由自己之德而入於道。天地之道是生生不息的，對人來說，「德性謂天賦天資，才之美者也」〔註163〕。自

〔註159〕《二程集》，第30頁。

〔註160〕孔穎達認爲「『博學』至『必強』，此一經申明上經『誠之者，擇善而固執之』事」。見《禮記正義》卷六十。

〔註161〕同上。

〔註162〕陳贇：《中庸的思想》，生活・讀書・新知三聯書店，2007 年，第 216～217頁。這裏所說的誠之爲道，乃是「一切道之道」，從理一分殊的角度來看，誠之天道即是天理，此爲天地之間作爲根本存在和統一體的一，而萬事萬物皆是誠的產物與顯現，故萬物之誠雖爲殊相，卻是一誠貫通萬誠的。換言之，即是「道通爲一」。陳贇的這種提法，應是借用了亞里士多德的概念，亞氏將世界存在的本原稱爲「所以是的是」、「作爲存在的存在」，那麼放到這裏對誠的討論上，當然就可以寫爲「一切道之道」、「一切誠之誠」。見〔古希臘〕亞里士多德：《形而上學》，苗力田譯，中國人民大學出版社，2003 年，第 7 頁，及該頁譯者注①。

〔註163〕《二程集》，第 20 頁。

己之德要合於天道，也應是生生不息的。所以，二程認為自身之德與天地之道的關係是：

> 「生生之謂易」，是天之所以為道也。天只是以生為道，繼此生理者，即是善業。善便有一箇元底意思。「元者善之長」，萬物皆有春意，便是「繼之者善也」。「成之者性也」，成卻待佗萬物自成其性須得。〔註164〕

二程從《易》的角度肯定了自身之德是能夠上陞至天地之道的。從《中庸》來看，一方面是「誠者，天之道；誠之者，人之道也」，以及「至誠無息」，另一方面是「唯天下之至誠，為能盡其性，能盡其性，則能盡人之性，能盡人之性，則能盡物之性，能盡物之性，則可以贊天地之化育，可以贊天地之化育，則可以與天地參矣」。人的自誠、誠之既然是源於天道，與天道的不息之誠相一致，也即是生生不息之《易》道。小程在《程氏易傳》中，把「元者善之長也，亨者嘉之會也，利者義之和也，貞者事之幹也」，解釋為：「元亨利貞，乾之四德，在人則元者眾善之首也，亨者嘉美之會也，利者和合於義也，貞者幹事之用也。」〔註165〕元貞利亨四者，最終要落實到實事上。用《易》裏的話說，便是「君子學以聚之，問以辨之，寬以居之，仁以行之」。小程認為：「學、聚、問、辨，進德也。寬居、行仁，修業也。」〔註166〕可見落實於實事，指的就是進德修業而已。人能行道，在於人能「擇善而固執之」。人之擇善而固執，此善是人自誠所實現，其最終的根據是至誠無妄的天道，人之由自誠己德入於至誠之天道，就是繼誠而進德修業，最終成就人與天地萬物共同具有之性，也就是性之誠。就三達德而言，就是要誠知、誠仁、誠勇。然而，在知與仁一向受到重視的同時，對於勇的關注卻略顯不足。

《禮記・儒行》中，記儒者之仁為「溫良者，仁之本也。敬慎者，仁之地也。寬裕者，仁之作也。孫接者，仁之能也。禮節者，仁之貌也。言談者，仁之文也。歌樂者，仁之和也。分散者，仁之施也。儒皆兼此而有之，猶且不敢言仁也。其尊讓有如此者。」〔註167〕雖然，孔子已經知仁育萬物無處不在，猶且不敢遽言仁者與萬物為一，至於二程，直接以仁者與萬物為一，顯

〔註164〕《二程集》，第 29 頁。
〔註165〕同上，第 699 頁。
〔註166〕同上，第 705 頁。
〔註167〕《禮記・儒行》。

示出二程之「勇」，是以二程之勇不是匹夫之勇，是與知、仁相結合，勇於求知、求仁。以二程為代表的理學家們，對勇進行了改造：

> 「勇」不再著意強調臨危不懼、處驚不亂的能力，而是個人生命成長過程之中的某種自我突破的能力，是個體生命拋棄舊的行為模式與積習而向新的生命超升過程中所展示出的毅力、決心與志氣，所謂「體道之勇莫若顏子」。〔註168〕

人之於世，自然不能如無知之草木與無人倫之禽獸相同，必然要進德修業，如顏淵那樣不息於聖人之道。此道為誠，是以顏淵之勇當然是誠勇。進德修業既然是實事，又是以追求天地萬物之誠，

> 「仁者不憂，知者不惑，勇者不懼」，德之序也。「知者不惑，仁者不憂，勇者不懼」，學之序也。知以知之，仁以守之，勇以行之。〔註169〕

這就要求學者不只是記誦聖賢之言，更要努力實踐之。

在二程看來，儒學之所以比佛學高明，正是在於儒學因為進德修業而誠有立足之處，故小程說：

> 釋氏之學，更不消對聖人之學比較，要之必不同，便可置之。今窮其說，未必能窮得他，比至窮得，自家已化為釋氏矣。今且以跡上觀之。佛逃父出家，便絕人倫，只為自家獨處於山林，人鄉里豈容有此物？大率以所賤所輕施於人，此不惟非聖人之心，亦不可為君子之心。釋氏自己不惟君臣父子夫婦之道，而謂他人不能如是，容人為之而已不為，別做一等人，若以此率人，是絕類也。至如言理性，亦只是為死生，其情本怖死愛生，是利也。〔註170〕

聖人之學立足於人倫，故聖人之心繫於君臣、父子、夫婦，所要解決的問題是人的問題，這就是儒學之所以是人學的關鍵。《大學》開篇即言「大學之道，在明明德，在親民，在止於至善」，這三條綱領是圍繞著人的，實現它們所需要的八條目則是針對全體人中的每一個箇體的人，於是三綱領與八條目得以貫通，「自天子以至於庶人，壹是皆以修身為本。其本亂而末治者，否矣。其所厚者薄，而其所薄者厚，未之有也。此謂知本，此謂知之至也。」人的問

〔註168〕陳立勝：《論語中的「勇」：歷史建構與現代啟示》，《中山大學學報》（社會科學版），2008年第4期。
〔註169〕《二程集》，第125頁。
〔註170〕同上，第149頁。

題最終落在了「知本」上。這裏所說的知本，就既是知理，也是知誠，因而現在的問題便是誠何以知。

2. 格物而誠

二程極爲重視格物致知，提出：「『致知在格物』。格，至也，窮理而至於物，則物理盡。」〔註171〕窮盡物理並非終點，而是窮理、盡性、至於命。二程認爲這三者是一回事：「窮理，盡性，至命，一事也。纔窮理便盡性，盡性便至命。因指柱曰：『此木可以爲柱，理也；其曲直者，性也；其所以曲直者，命也。理，性，命，一而已。』」〔註172〕既然理、性、命乃是一事，理即是誠，則性、命即誠，格物致知之窮理盡性至於命，當然就是格致而知誠。

格物致知的提出在於《大學》。鄭玄認爲：「《大學》者，以其記博學可以爲政也。」孔穎達疏之爲：「此《大學》之篇，論學成之事，能治其國，章明其德於天下，卻本明德，所由先從誠意爲始。」〔註173〕回到《大學》開篇的「大學之道，在明明德，在親民，在止於至善」，親民與止於至善，其實就是仁者與天地萬物爲一體的表現，因爲仁的包覆無遺，是以天下之民皆因仁而親愛之，也因仁而能至善。二程認爲：「《大學》『在明明德』，先明此道；『在新民』者，使人以此道自新；『在止於至善』者，見知所止。」〔註174〕所謂大學之道，便是通過格物致知而能明、親、止，則理、性、命即在其中。格物致知必然與正心誠意保持一致性，而格物致知之本又在於誠，在知上來說，誠就具有了兩箇層面上的意義，一是誠作爲起始和目的，一是誠作爲過程和方法〔註175〕。表面看似有分別，不過從《中庸》及二程反覆強調的誠乃是合體用、本末、內外爲一來看，誠在知上的兩層意義必然也是合一的。鄭玄釋「欲誠其意者，先致其知」爲「謂知善惡吉凶之所終始也」，釋「致知在格物」

〔註171〕《二程集》，第 21 頁。
〔註172〕同上，第 410 頁。
〔註173〕《禮記正義》卷六十六。
〔註174〕《二程集》，第 22 頁。
〔註175〕有學者認爲這是《大學》與《中庸》之中，沒有清楚劃分境界論與起點論所導致的。見鄒曉東：《〈大學〉〈中庸〉的生存意識：境界論與起點論之爭》，山東大學博士論文，2012 年。但是，包括二程在內理學家們共同認爲「體用一源，顯微無間」，境界與起點並無二致，境界論與起點論的紛爭看來並不成立。

爲「其知於善深則來善物，其知於惡深則來惡物，言事緣人所好來也」〔註176〕。
兩相結合，在主觀心理上說，是要誠己之心；在客觀事實上說，天理即誠，
包括人在內的天地萬物皆誠，故知理、性、命即是知誠，因而無論心理還是
物理，既然以誠而一以貫之，自誠之人必然能有至誠之知。大程說：「學在誠
知誠養。」〔註177〕誠知就是從客觀上講，誠養就是從主觀上講。但是，知是
爲了行，而養是行之一種，故誠知即是爲了誠養，反之亦然。故二程教育門
人：

> 學者須學文，知道者進德而已。有德則「不習無不利」，「未有
> 學養子而後嫁」，蓋先得是道矣。學文之功，學得一事是一事，二事
> 是二事，觸類至於百千，至於無窮，亦只是學，不是德。有德者不
> 如是。故此言可爲知道者言，不可爲學者言。如心得之，則「施於
> 四體，四體不言而喻」。譬如學書，若未得者，須心手相須而學；茍
> 得矣，下筆便能書，不必積學。〔註178〕

學由一事一物開始，終至於萬事萬物，事物雖無窮，卻可以觸類而通，「所務
於窮理者，非道須窮盡了天下萬物之理，又不道是窮得一理便到，只是要積
纍多後，自然見去」〔註179〕。便由聞見之知而入於德性之知，普通的求學者
成爲知道者。因之，朱熹正是領會到了二程的此種思想，方能作《格物致知
補傳》。《格物致知補傳》首先肯定了理作爲對象能爲人所知，其次是知則要
即物，再次是知可以貫通而「眾物之表裏精粗無不到，而吾心之全體大用無
不明」〔註180〕，最終的結果就是無所不知。之所以能如此，在於天地萬物之
中，乃是理一而分殊的，能夠由一事一物之知至於天地萬物之知，其實就是
理的貫通，接前所言，便是誠的貫通使然〔註181〕。因此，以心中之誠去認知
天地萬物之誠，天地萬物必然可以爲人所知。

〔註176〕《禮記正義》卷六十六。
〔註177〕《二程集》，第 119 頁。
〔註178〕同上，第 20～21 頁。
〔註179〕同上，第 43 頁。
〔註180〕《四書集注》，第 7 頁。
〔註181〕有學者認爲，在《格物致知補傳》中，朱熹不只是將二程的理一分殊之說發
揮無遺，更是對儒學的知識論傳統進行了延展和活化，也是宋明理學作爲新
儒學的「新」之所在。見郭淑新、余亞斐：《儒家認識論傳統的延展與活化—
—朱熹格物補傳意義的再詮釋》，《北京師範大學學報》（社會科學版），2007
年第 3 期。

　　但是，格物窮理之說並非二程專利，與二程同時、在學術上完全對立的
王安石也有相關學說，且王安石之新學借其執政之勢而成為官學，二程視之
為心腹大患。他們將王安石之新學與佛老之學並列為異端：

　　　　今異端之害，道家之說則更沒可闢，唯釋氏之說衍蔓迷溺至深。
　　　　今日是釋氏盛而道家蕭索。方其盛時，天下之士往往自從其學，自
　　　　難與之力爭。惟當自明吾理，吾理自立，則彼不必與爭。然在今日，
　　　　釋氏卻未消理會，大患者卻是介甫之學。……如今日，卻要先整頓
　　　　介甫之學，壞了後生學者。〔註182〕

在二程看來，新學的破壞力甚至大於佛學，原因在於：

　　　　言乎一事，必分為二，介甫之學也。道一也，未有盡人而不盡
　　　　天者也。以天人為二，非道也。〔註183〕

　　　　質必有文，自然之理也。理必有對，生生之本也。有上則有下，
　　　　有此則有彼，有質則有文。一不獨立，二必為文。非知道者，孰能
　　　　識之？〔註184〕

　　　　介甫之言道，以文為耳矣。言道如此，己則不能然，是己與道
　　　　二也。夫有道者不矜於文學之門，啟口容聲，皆至德也。〔註185〕

二程根本不把王安石視為同道中人，以其道為非，新學不能使天人、文質合
一，則王安石雖然以文章名於世，卻無得於道。儘管王安石大談道德性命，
新學卻近似於章句文辭之學〔註186〕。二程正是擔心學者不明與此，落入窠臼
而不能自返，故「要先整頓介甫之學」。

　　王安石學說中，最不能為二程接受的，在於王安石對於佛老的兼容並蓄
態度，王安石在《漣水軍淳化院經藏記》中提出：

〔註182〕《二程集》，第38頁。
〔註183〕同上，第1170頁。
〔註184〕同上，第1171頁。
〔註185〕同上，第1176頁。
〔註186〕與二程對王安石的批評相同的是，王安石曾批評歐陽修為「文章誠為卓越，
　　　　然不知經，不識義理，非《周禮》，毀《繫辭》，中間學士為其所誤，幾至大
　　　　壞。」見《續資治通鑒長編》卷二一一，熙寧三年五月庚戌條。其實，無論
　　　　是二程批評王安石，還是王安石批評歐陽修，其中夫子自道之意乃是他們的
　　　　共同之處。對於該問題，參見余英時：《朱熹的歷史世界》，生活·讀書·新
　　　　知三聯書店，2004年，第39～64頁。

> 蓋有見於無思無爲，退藏於密，寂然不動者，中國之老莊，西
> 域之佛也。〔註187〕

無思無爲與寂然不動，同出公認的儒學經典《易‧繫辭》，王安石卻將佛老與
之等同視之〔註188〕，這就觸及了始於韓愈的理學之排佛底線。由於二程的天
理論實爲誠論，以之關照佛老，佛老皆爲不誠之學。因而，儘管小程認爲王
安石高於俗儒，但是王安石已經被歸入不誠之一邊，二程不得不力攻新學之
弊，以顯示其學爲正統。二程之學系於格物致知，知而能學聖人之道，對王
安石新學的攻訐，必然落於知上：

> 問：「格物是外物，是性分中物？」曰：「不拘。凡眼前無非是
> 物，物物皆有理。如火之所以熱，水之所以寒，至於君臣父子間皆
> 是理。」又問：「只窮一物，見此一物，還便見得諸理否？」曰：「須
> 是偏求。雖顏子亦只能聞一知十，若到後來達理了，雖億萬亦可通。」
> 又問：「如荊公窮物，一部《字解》，多是五行生成。如今窮理，亦
> 只如此著工夫，如何？」曰：「荊公舊年說話煞得，後來卻自以爲不
> 是，晚年盡支離了。」〔註189〕

《字解》即是《字說》，於宋神宗熙寧年間開始廣爲流傳，晚年又加以修訂，
「晚居金陵，又作《字說》，多穿鑿附會，其流入於佛老」〔註190〕。小程
肯定王安石「舊年說話煞得」，卻認爲王安石晚年之不是、支離，因爲王安
石「書中解釋字義尤重會意，而且經常援引佛學義理來訓釋字義，融合儒
釋之意十分明顯」。〔註191〕故二程不許王安石之學。王安石以「窮物」之
工夫作《字說》，在二程看來卻是背離了聖人之門，「窮物」卻未能致其知，
是其出發點已經不誠的緣故。誠之於學、知，在於誠既是起始和目的，也
是過程與手段。

〔註187〕〔宋〕王安石：《王文公集》，唐武標校，上海人民出版社，1974年，第422
頁。
〔註188〕劉成國認爲在宋代思想史上，王安石的這種做法代表了調和論，與蘇軾兄弟
爲同調。另有石介、孫復、歐陽修爲代表的排斥論，程朱等理學家爲代表的
融彙而後再排斥論。見劉成國：《荊公新學研究》，上海世紀出版股份有限公
司、上海古籍出版社，2006年，第107頁。
〔註189〕《二程集》，第247頁。
〔註190〕《宋史》卷三百二十七，《王安石傳》。
〔註191〕劉成國：《荊公新學研究》，上海世紀出版股份有限公司、上海古籍出版社，
2006年，第89頁。

在二程看來，為學與求知，目的在於聖人之道，即貫通了天地萬物的誠。求聖人之道、聖人之誠，始於讀聖人之書：

> 問：「聖人之經旨，如何能窮得？」曰：「以理義去推索可也。學者先須讀《論》、《孟》。窮得《論》、《孟》，自有箇要約處，以此觀他經，甚省力。《論》、《孟》如丈尺權衡相似，以此去量度事物，自然見得長短輕重。某嘗語學者，必先看《論語》、《孟子》。今人雖善問，未必如當時人。借使問如當時人，聖人所答，不過如此。今人看《論》、《孟》之書，亦如見孔、孟何異？」〔註192〕

肯定孔孟之道統相接續的同時，也肯定了道在其中。道即是理，理即是誠，讀《論語》和《孟子》即是學聖人之誠，也要學者自誠，這就是前述主觀之誠與客觀之誠的統一。二程極為重視為學自得，認為：「世之人務窮天地萬物之理，不知反之一身，五臟六腑毛髮筋骨之所存，鮮或知之。善學者，取諸身而已。自一身以觀天地。」〔註193〕讀聖人之書、學聖人之道，終究要在自己身上體現出來，就是《大學》說的正心誠意，以主觀之誠而求客觀存在的天地萬物之誠，實則主觀之誠也是客觀存在的，能「自一身以觀天地」。否則，求知而不知化約、返本，逐物而無所主，以至於心無繫著而使人疲敝，這即是為學與求知的困難之處：

> 問：「人之學，有覺其難而有退志，則如之何？」曰：「有兩般：有思慮苦而志氣倦怠者，有憚其難而止者。向嘗為之說：今人之學，如登山麓，方其易處，莫不闊步，及到難處便止，人情是如此。山高難登，是有定形，實難登也；聖人之道，不可形象，非實難然也，人弗為耳。顏子言『仰之彌高，鑽之彌堅』，此非是言聖人高遠實不可及，堅固實不可入也，此只是譬喻，卻無事，大意卻是在『瞻之在前，忽焉在後』上。」又問：「人少有得而遂安者，如何？」曰：「此實無所得也。譬如以管窺天，乍見星斗粲爛，便謂有所見，喜不自勝，此終無所得。若有大志者，不以管見為得也。」〔註194〕

為學之人，雖有千般困苦，但就自身而言，顏淵的「仰之彌高，鑽之彌堅」應為心之所向。心以敬來涵養，敬而後能誠，

〔註192〕《二程集》，第 205 頁。
〔註193〕同上，第 411 頁。
〔註194〕同上，第 193 頁。

> 誠爲統體，敬爲用。敬則内自直。誠合内外之道，則萬物流行，
> 故義以方外。」〔註195〕

學者之心必然要敬於誠、志於誠，於是能自誠而反約於己。雖然在求學的過程中，困難不可避免，此乃不易之誠，但學者自己不能放棄，不可「少有得而遂安」，因爲「『安安』，安於理之所安者」〔註196〕。從爲學求道之中，自然可以發現、貫徹天理，從而處處皆誠。因此，就學者而言，由正心誠意而格物致知，己心自誠，而萬物之理本是至誠，所以心正而知正、心誠而知誠，即是小程說的「正其理則萬事一，一以貫之也」〔註197〕。

第四節　政教論

二程以仁爲人之最高境界，在人的政治活動當中，也應將仁體現出來，夫二程的政教論最關切的問題是如何實現仁。北宋雖然有「與士大夫治天下」的政治氛圍，但政治活動的中心仍是皇帝。二程希望得君行道，極力宣揚三代之治，試圖以誠而格君心之非，以改造皇帝的方式實現他們的政治理想。

1. 復堯舜之治

恢復堯舜禹的三代之治，是北宋思想家們共同的政治理想。自詡爲承接了千年之道統的二程，同樣如此〔註198〕。二程言政事必稱堯舜，二程在對皇帝的上書中，必言及堯舜之仁：

> 得天理之正，極人倫之至者，堯、舜之道也；用其私心，依仁義之偏者，霸者之事也。王道如砥，本乎人情，出乎禮義，若履大路而行，無復回曲。霸者崎嶇反側於曲徑之中，而卒不可與入堯、舜之道。故誠心而王則王矣，假之而霸則霸矣。二者其道不同，在審其初而已。〔註199〕

〔註195〕《二程集》，第364頁。
〔註196〕同上。
〔註197〕同上，第365頁。
〔註198〕范立舟：《論兩宋理學家的政治理想》，《政治學研究》，2005年第1期。
〔註199〕《二程集》，第450～451頁。

　　　竊惟王道之本，仁也。臣竊觀陛下之仁，堯、舜之仁也。然而

天下未治者，誠由有仁心而無仁政爾。〔註200〕

二程首先以天理等於人倫，其次以王霸之分爲公私之分，三是王霸之分也如

大道與歧路之分，四是徒具堯舜之心也未必能行仁政。以爲堯舜以仁義而王，

而霸者假力而入於歧途，堯舜即是以天理而躬行禮義於天下，故能直行王道。

問題在於，爲何東周之後，王道不行，霸道卻成了主旋律。大程的解釋是：「誠

心而王則王矣，假之而霸則霸矣。二者其道不同，在審其初而已。」誠心於

王霸爲不同之道的開端，王霸與否就繫於君天下者之心，大程在《論王霸箚

子》中提出：

　　　陛下躬堯、舜之資，處堯、舜之位，必以堯、舜之心自任，然

後爲能充其道。漢唐之君，有可稱者，論其人則非先王之學，考其

時則皆雜駁之政，乃以一曲之見，幸致小康，其創法垂統，非可繼

於後世者，皆不足爲也。然欲仁政而不素講其具，使其大道明而後

行，則或出或入，終莫有所至也。〔註201〕

大程讚美宋神宗有堯舜之資，又處堯舜之位，可爲是有德有位者〔註202〕。按

韓愈所列的道統，聖人之列止於孟子，而聖人雖有德，卻未必有位，孔子、

子思、孟子皆未能有其位，孔子甚至有「素王」之稱〔註203〕。但孔子、子思、

〔註200〕《二程集》，第 513 頁。

〔註201〕同上，第 451 頁。

〔註202〕宋代本來就有稱頌皇帝的傳統，如宋仁宗之廟號就是「爲人君，止於仁。」
　　　　　見《宋史》卷十二，《仁宗四》。

〔註203〕董仲舒對漢武帝云「孔子作《春秋》，先正王而繫萬事，素王之文焉」。（《漢
　　　　　書‧董仲舒傳》）以爲孔子作《春秋》而闡發王道，故萬世皆以《春秋》爲法
　　　　　則。而孔子並非史官，更非天子，故其雖作《春秋》，實爲不得其位而爲之，
　　　　　以致有僭越之嫌疑，所以孟子才說：「《春秋》，天子之事也。是故孔子曰：『知
　　　　　我者其惟《春秋》乎！罪我者其惟《春秋》乎！』」（《孟子‧滕文公下》）說
　　　　　明孔子有自知之明。而《左傳‧襄公二十四年》記叔孫豹言「大上有立德，
　　　　　其次有立功，其次有立言，雖久不廢，此之謂不不朽」，杜預以爲「立，謂不
　　　　　廢絕」，故孔穎達因之而分別疏之爲「立德，謂創制垂法，博施濟眾」、「立功，
　　　　　謂拯厄除難，功濟於時」、「立言，謂言得其要，理足可傳」。（《春秋左傳正義》
　　　　　卷第三十五）三者皆爲不可廢絕，然而有高下之分，是以孔子作《春秋》雖
　　　　　然因立言而不朽，然而次於立德與立功，則孔子因此而不如那些有德且有位
　　　　　者，故只能爲素王，而不是成爲眞正的王天下者。所以，在二程這裏，孔子
　　　　　的道統地位的突出在於他的立言而爲萬世法，以此來作爲規勸後世君王的標
　　　　　準。有鑒於此，「北宋時期儒家學派所最終確定的孔子之位，和西漢今文經學

孟子皆未能有其位而行其德，儒家之道雖然時有提倡，卻不能推行於天下。
大程寄希望於宋神宗，此種希望便是《大學》說的「為人君，止於仁」。結合
二程把仁看做公道來看：

> 仁之道，要之只消道一公字。公只是仁之理，不可將公便喚作
> 仁。公而以人體之，故為仁。只為公，則物我兼照，故仁，所以能
> 恕，所以能愛，恕則仁之施，愛則仁之用也。〔註204〕

大程無疑是希望宋神宗以其位、其德而能推行至公至大的仁之道於天下。其
中無私心，所以能公，公則澤被天下蒼生而無遺漏。在人倫而言，即是君臣、
父子、夫婦等關係實現無遺。仁就等同於道，行王道即是行仁道，仁不是孤
懸的道德口號，而是具有強烈的政治實踐色彩的，這就要求在以仁心行仁政
時，要講求「素具」，要求有匹配的政治制度、政治措施。小程對於韓愈說的
「博愛之謂仁，行而宜之之謂義，由是而之焉之謂道，足乎己無待於外之謂
德。仁與義為定名，道與德為虛位」做了批評，認為：「韓退之言『博愛之謂
仁，行而宜之之謂義，由是而之焉之謂道，足乎己無待於外之謂德』，此言卻
好。只云『仁與義為定名，道與德為虛位』，便亂說。」〔註205〕在二程看來，
仁義與道德一樣，都是實存的，並非空虛之言。從真實無妄之謂誠來說，仁
義道德自然也是誠的。因此，《答王霸箚子》裏的「誠心而王則王」，也就是
以誠心而行誠之仁政，「誠心而王」無疑是可以實現的。因為誠為天道，而自
誠為人道，人之自誠又在於人心，人之所以實現誠之天道，必然首先始於自
己之心，使心能誠，故能打通物我、內外、天人之別，進而實現天地萬物一
體之仁。於是，實行仁政就要從君王之「誠心」開始，即是使君王自誠。

2. 格君心之非

人之自誠，始於讀書求學，明瞭天理之所以誠，以及此誠之賦予我而不
可捨棄者，能自誠而誠之，君王也不例外，故君王也需讀書求學而知何以自
誠。大程說：「君道之大，在乎稽古正學，明善惡之歸，辨忠邪之分，曉然趨

所確立的孔子素王之位相比，在學統、道統上地位相當，在德行、人格上更
為深化，但在政統上卻有所下降」。見李祥俊：《北宋諸儒論孔子》，《孔子研
究》，2006 年第 4 期。
〔註204〕《二程集》，第 153 頁。
〔註205〕同上，第 262 頁。

道之正；故在乎君志先定，君志定而天下治成矣。所謂定志者，一心誠意，擇善而固執之也。」〔註206〕小程在《爲家君應詔上英宗皇帝書》中提出了「君志立而天下治」〔註207〕的思想，並被小程運用到了經筵之中：

先生舊在講筵……每講一處，有以開導人主之心處便說。
〔註208〕

小程經司馬光、呂公著推舉，在宋哲宗繼位之後，「尋召爲秘書省校書郎，既入見，擢崇政殿說書」〔註209〕，隨之立即上《論經筵第一劄子》，提出：「臣伏觀自古人君守成而致盛治者，莫如周成王。成王之所以成德，由周公之輔養。昔者周公輔成王，幼而習之，所見必正事，所聞必正言，左右前後皆正人，故習與智長，化與心成。」〔註210〕宋哲宗繼位時，年僅八歲，小程明顯是以年幼的宋哲宗爲周成王，同時以周公自居，教導宋哲宗正心於天下事。小程首先教之以不生驕心，使之知曉天子之責在於保民、報民。小程的這種思想，應是源於《尙書》。《尙書·泰誓》提出「惟天地，萬物父母；惟人，萬物最靈」。人是天地中最靈秀者，孔安國注之爲「生之謂父母。靈，神也。天地所生，惟人爲貴」〔註211〕，人便能夠通於天地。《仲虺之誥》中又說：「惟天生民有欲，無主乃亂。」是以人類之中，必須有君主的存在。於是，就人最靈秀而言，惟有人之中最靈秀者可以爲人主，故「亶聰明，作元后，元后作民父母」。因此，人主代天地而爲人之父母，這就用血緣與倫理爲紐帶而將君與民聯繫起來，小程才認爲君者不得不思民，爲民者不得不思君。君與民之間的關係維持，就在於禮義，便如《仲虺之誥》所說：「王懋昭大德，建中於民，以義制事，以禮制心，垂裕後昆。」禮義依賴於君主而能維繫，小程對於宋哲宗的教導，也是以禮義爲本，重視將禮義中的義理髮明出來，以使年幼的宋哲宗領悟其中深意。於是，「頤每進講，色甚莊，繼以諷諫。聞帝在宮中盥而避蟻，問：『有是乎？』曰：『然，誠恐傷之爾。』頤曰：『推此心以及四海，帝王之要道也』」。〔註212〕如此，小程才會「每講一處，有以開導人主之心處便說」。

〔註206〕《二程集》，第447頁。
〔註207〕同上，第521頁。
〔註208〕同上，第264～265頁。
〔註209〕《宋史》卷四二七，《道學一》。
〔註210〕《二程集》，第537頁。
〔註211〕《尚書正義》卷十。
〔註212〕《宋史》卷四二七，《道學一》。

　　使皇帝能自誠之後，能以己之誠而推之天下，從而能施行仁政，這便是二程心目中的堯舜聖人之治。二程將聖人描述爲：

> 聖人即天地也。天地中何物不有？天地豈嘗有心揀別善惡，一切涵容覆載，但處之有道爾。若善者親之，不善者遠之，則物不與者多矣，安得爲天地？故聖人之治，止欲「老者安之，朋友信之，少者懷之」。〔註213〕

既然聖人即是天地，而仁者與天地萬物爲一體，毋庸置疑，聖人同時即是仁人，聖人之仁即是聖人之道而是至公與至大，故涵蓋萬物。不過，「天下善惡皆天理」〔註214〕，意味著善惡皆是眞實存在而不可否認的，善惡皆有其誠。就擇善固執而言，是要擇善之誠以去除惡之誠，皆可以歸因於誠，即是自誠而至誠。由此觀之，二程勸誡皇帝自誠以盡仁心、行仁政，就是使皇帝明瞭至誠之天道與自誠之人道間的必然關係，自然就能擇善去惡。

　　二程對於皇帝之心的引導，不僅針對皇帝，其實是面向所有天下人的〔註215〕。大程爲晉城令時，「民以事至縣者，必告以孝弟忠信，入所以事其父兄，出所以事其長上。度鄉村遠近爲伍保，使之力役相助，患難相恤，而奸僞無所容。」〔註216〕劉立之稱讚大程爲「先生達於從政，以仁愛爲本，故所至，民戴之如父母。」〔註217〕二程以孝悌忠信告誡民眾，究其根本，在於：「人倫者，天理也。」〔註218〕君臣、父子、夫婦之間的各種關係雖然各有區別，卻是因爲理而必然的，而理即誠，理一分殊即是誠一分殊，最後通通歸於誠之天道，所以人倫才是天理。他們又認爲：「『孝弟也者，其爲仁之本與！』非謂孝弟即是仁之本，蓋謂爲仁之本當以孝弟，猶忠恕之爲道也。」〔註219〕因此，事君忠、事父孝、事兄悌等等人倫之事，都是上達於誠之天道的基點和下手工夫所在，無論是對於皇帝還是普通民眾，都要學習孝悌仁愛之事，更要從中明瞭其所以然之理，家、國、天下在本質上是一致的，能實現一體之

〔註213〕《二程集》，第17頁。
〔註214〕同上，第14頁。
〔註215〕土田健次郎指出，小程的教化對象乃是針對所有人的，教化的模式也是同一的，這正是「誠者，實理也」貫穿一切的特性使然。見〔日〕土田健次郎：《道學之形成》，上海古籍出版社，2010年，第426頁。
〔註216〕《宋史》卷四二七，《道學一》。
〔註217〕《二程集》，第330頁。
〔註218〕同上，第394頁。
〔註219〕同上，第395頁。

仁，便能實現一體之誠。皇帝既然爲天下之主，是代替天地而爲民之父母者，皇帝爲萬眾矚目，皇帝垂範天下的作用自是不言而喻。不僅二程論及政事時多與皇帝相關，這也是宋代之風氣所在，從而形成了關於「祖宗家法」、「國是」的討論〔註220〕。

「濮議」是熙寧變法之前，北宋時期規模最大、影響最深的一次爭論。由於宋仁宗無嗣，故於宗室子弟中挑選繼承人，最後選中濮安懿王允讓之子趙曙，繼位爲皇帝，即是宋英宗。於是，宋英宗生父濮王的身份就成了一箇大問題。朝廷之上頓時分爲兩派，一派以韓琦、歐陽修爲首，認爲應當稱濮王爲「皇考」，另一派以王珪、司馬光爲首〔註221〕，認爲只可稱濮王爲「皇伯」，一時間群情激昂、議論紛紜，前後爭論長達十八箇月。〔註222〕

兩派各執一端，互不能勝，既使得朝政不寧，也使得宋英宗與曹太后之間關係緊張，危及到了政治的穩定性。在這種情況下，小程執筆的《代彭思永上英宗皇帝論濮王典禮疏》，採取了情理兼顧的調和折衷的辦法，避免了非此即彼的對立思維，故「疏入，英宗感其切至，垂欲施行」。〔註223〕小程將宋仁宗與濮王於宋英宗的關係進行分析爲：

〔註220〕 余英時認爲宋代士大夫階層與皇帝「共治天下」，導致「宋代政治史上出現了一箇空前絕後的新因素，不但對朝政的推移具有支配力量，而且對士大夫世界的變動更發生了決定性的影響。這箇新因素便是所謂『國是』」。見余英時：《朱熹的歷史世界》，讀書・生活・新知三聯書店，2004年，第251頁。余英時根據《續通鑒長編》卷二一〇所記宋神宗與司馬光關於「國之所是」的材料，斷定「國是」的法度化始於熙寧變法。而實際上，「國是」是士大夫與皇帝對於對國家根本問題的討論，熙寧變法以前就已有多次重大爭論，只是未加「國是」之名。故余英時特意突出「法度化產生」，以說明自熙寧變法而至南宋末年，「國是」在宋代政治中的獨特作用。因此，對於「國是」問題的考察，更應向熙寧變法之前回溯，由「國是」之爭回溯到「祖宗家法」。可參考鄧小南：《祖宗之法——北宋前期政治述略》，生活・讀書・新知三聯書店，2006年，第42～77頁。

〔註221〕 司馬光上書曹太后：「臣竊以治國家之道貴賤雖殊，人情一也。嘗觀天下士民之家，其長幼髃居，長者或恩意不備，衣食不豐；幼者或容貌不恭，言語不遜。若幼者孝恭而不怨，長者慈惠而不責，則上下雍睦，家道以興；若幼者以爲怨，長者以爲責，則上下乖離，家道以衰。其始相失也甚微，而終爲禍也甚大。又加以讒人間之，於是乎有父子相疑，兄弟相疾，亂虐並興，無所不至者矣。」（《續通鑒長編》卷二〇一）

〔註222〕 「濮議」引起了一系列的政治鬥爭，參見李同樂：《北宋士大夫的政治理想與實踐——以北宋中前期爲中心的研究》，華東師範大學博士論文，2010年，第198～203頁。

〔註223〕 《宋史》卷三二〇，《彭思永傳》。

　　　竊以爲濮王之生陛下，而仁宗皇帝以陛下爲嗣，承祖宗大統，
　則仁廟，陛下之皇考；陛下，仁廟之嫡子，濮王，陛下所生之父，
　於屬爲伯；陛下，濮王出繼之子，於屬爲姪。此天地大義，生人大
　倫，如乾坤定位，不可得而變易者也。固非人意所能推移，苟亂大
　倫，人理滅矣。陛下仁廟之子，則曰父，曰考，曰親，乃仁廟也。
　若更稱濮王爲親，是有二親。則是非之理昭然自明，不待辯論而後
　見也。〔註224〕

宋英宗與宋仁宗、濮王的關係有兩重性，一是繼承關係，一是血緣關係，二
者皆爲不可更改的事實。宋英宗已經過繼給宋仁宗，血緣關係就轉移爲繼承
關係，所以，就倫理綱常而言，只能尊宋仁宗爲「皇考」，稱濮王爲「伯父」。
小程認爲父、考、親皆是對於父親的稱呼，故稱濮王爲「親」是亂倫常而不
合適的。但是，宋英宗尊濮王之意甚爲急切，故小程又說：

　　　臣以爲所生之義，至尊爲大。雖當專意於正統，豈得禁絕於私
　恩？故所繼主於大義，所生存乎至情。至誠一心，盡父子之道，大
　義也；不忘本宗，盡其恩義，至情也。先王制禮，本緣人情。既明
　大義以正統緒，復存至情以盡人心。是故在喪服，恩義別其所生，
　蓋明至重與伯叔不同也。此乃人情之順，義理之正，行於父母之前，
　亦無嫌間。至於名稱。統緒所繫，若其無別，斯亂大倫。〔註225〕

由血緣關係轉移至繼承關係，從宗法的角度講，當然是以宋仁宗爲父，這
是公義所在。人生而有父母，血緣紐帶不能被消除、被轉移，這是私恩。
公義與私恩都是誠而不可易的，是以宋英宗處於兩難的境地。小程肯定宋
仁宗與濮王的公義與私恩能夠並存，把宋仁宗與濮王分別對待，對宋仁宗
仍舊稱爲「皇考」，又另冊封濮王爲「濮國太王」，「這一提議的建設性意義
就在於爲濮王另立『宗統』，從而與皇權專制統治的『帝統』不相干涉，以
達到『允合』『天理人心』的目的。將濮王稱爲『濮國太王』，允許濮王之
子主祭祀之禮，就意味著濮王的宗族身份有所變化，由原來的『小宗』轉
升爲濮國的始祖『大宗』。這樣一來，在一定意義上既可以滿足英宗尊親的
意願，又不違背禮制規定。」〔註226〕小程認爲「孝者以誠爲本」，分宗而

〔註224〕《二程集》，第515～516頁。

〔註225〕同上，第516頁。

〔註226〕王云云：《北宋禮學的轉向——以濮議爲中心》，《安徽大學學報》（哲學社會
　　　　科學版），2010年第2期。

祀的辦法，在公義上明確了皇家統緒繼承的合法性，又在私恩上隆禮而以示區別，對仁宗與濮王之孝也就盡其誠了。從父子之間的倫常來說，也即是宋英宗的自誠，以此垂範天下，「天下化德，人倫自正」。聯繫到二程說的格物致知，

> 致知，但知止於至善，爲人子止於孝、爲人父止於慈之類，不須外面，只務觀物理，汎然正如遊騎無所歸也。〔註227〕

> 問：「窮神知化，由通於禮樂，何也？」曰：「此句須自家體認。人往往見禮壞樂崩，便謂禮樂亡，然不知禮樂未嘗亡也。……禮樂無處無之，學者要須識得。」〔註228〕

在濮議中小程的建議，將宋仁宗與濮王分別尊奉，父慈子孝之誠便顯露無遺，貫穿於宋英宗的思慮動作，如此就能知止於善而能擇善固執，能正人，而後可以推至家、國、天下。即小程所謂「家人之道。必有所尊嚴而君長者，謂父母也。雖一家之小，無尊嚴則孝敬衰，無君長則法度廢。有嚴君而後家道正，家者國之則也」〔註229〕。就宋英宗而言，既是天下的之君、父，又是爲人之子，則君臣、父子之義本就已經具於其人，則治國必先正倫理。故皇帝都必須自誠，使自己符合君父的綱常倫理，皇帝作爲垂範天下者，天下之人皆仰視之、並以之爲活動著的規範，因而皇帝不得不自誠，否則天下皆以皇帝爲不誠，並以不誠待之，上下相欺則綱常不存。

這箇問題涉及到君臣之間何以誠的關係問題。皇帝之誠自然是毫無疑問的，否則皇帝不可以爲天下之表率〔註230〕。而爲人臣者，就必須竭其誠而事君，故小程解「《象》曰：遇主於巷，未失道也」時，提出：

> 當睽之時，君心未合，賢臣在下，竭力盡誠，期使之信合而已；至誠以感動之，盡力以扶持之，明義理以致其知，杜蔽惑以誠其意，如是宛轉以求其合也。遇非妄道迎逢也，巷非邪僻曲徑也，故夫子特云：遇主於巷，未失道也。未非必也，非必謂失道也。〔註231〕

〔註227〕《二程集》，第100頁。

〔註228〕同上，第225頁。

〔註229〕同上，第885頁。

〔註230〕這種表率作用，小程認爲是「在上者志存於德，則民安其土；在上者志在嚴刑，則民思仁厚者而歸之」。於是民眾以皇帝爲表率，能行仁政者自能使民歸附，反之則爲桀紂。《二程集》，第1138頁。

〔註231〕同上，第891頁。

《睽》為離上兌下，本身是上下背離的，故用之於譬喻君臣關係，則君臣不合。但是，小程又認為「推物理之同，以明睽之時用，乃聖人合睽之道也。……聖人則明物理之本推物理之同，所以能同天下而和合萬類也。」〔註232〕惟有聖人能和合君臣，則聖人之道就是君臣和合之道。小程在《顏子所好何學論》中說：「中正而誠，則聖矣。」〔註233〕小程又認為仁與聖沒有分別〔註234〕，則二程勸勉皇帝成就聖人之業，就是要求皇帝行中正而誠的聖人之道，故皇帝首先要立求道之心，便是誠心於聖人之道。二程之所以在這問題上反覆論說，目的就在於「格君心之非」。二程提出：

> 治道亦有從本而言，亦有從事而言。從本而言，惟從格君心之非、正心以正朝廷，正朝廷以正百官。〔註235〕

這其實是《大學》修身、齊家、治國、平天下的另外一種表述。由於皇帝至高無上的權威性，「治家之道，以正身為本」〔註236〕，天下治理之本在皇帝一人而已，故由皇帝一人而家、國、天下，以《大學》的立場來看，即為：

> 《大學》曰：「物有本末，事有終始，知所先後，則近道矣。」人之學莫大於知本末終始。致知在格物，則所謂本也，始也；治天下國家，則所謂末也，終也。治天下國家，必本諸身，其身不正而

〔註232〕《二程集》，第889頁。
〔註233〕同上，第577頁。
〔註234〕又問：「仁與聖何以異？」曰：「人只見孔子言：『何事於仁？必也聖乎！』便謂仁小而聖大。殊不知此言是孔子見子貢問博施濟眾，問得來事大，故曰：『何止於仁？必也聖乎！』蓋仁可以通上下言之，聖則其極也。聖人，人倫之至。倫，理也。既通人理之極，更不可以有加。若今人或一事是仁，亦可謂之仁，至於盡仁道，亦謂之仁，此通上下言之也。如曰：『若聖與仁，則吾豈敢？』此又卻仁與聖俱大也。大抵盡仁道者，即是聖人，非聖人則不能盡得仁道。」問曰：「人有言：『盡人道謂之仁，盡天道謂之聖。』此語何如？」曰：「此語故無病，然措意未是，安有知人道而不知天道者乎？道一也，豈人道自是人道，天道自是天道？《中庸》言：『盡己之性，則能盡人之性；能盡人之性，則能盡物之性；能盡物之性，則可以贊天地之化育。』此言可見矣。楊子曰：『通天地人曰儒，通天地而不通人曰伎。』此亦不知道之言。豈有通天地而不通人者哉？如止云通天之文與地之理，雖不能此，何害於儒？天地人只一道也。纔通其一，則餘皆通。如後人解《易》，言乾天道也，坤地道也，便是亂說。論其體，則天尊地卑；如論其道，豈有異哉？」同上，第182頁。
〔註235〕《二程集》，第165頁。
〔註236〕同上，第888頁。

> 能治天下國家者無之。格猶窮也，物猶理也，猶曰窮其理而已也。
> 窮其理，然後足以致之，不窮則不能致也。格物者適道之始，欲思
> 格物，則固已近道矣。是何也？以收其心而不放也。〔註237〕

因此，皇帝必須要正心誠意、自誠而至誠。皇帝也要隨時警醒自勵，故大程說：「臣竊謂今天下猶無事，人命未甚危，陛下宜早警惕於衷，思行王道。不然，臣恐歲月易失，因循不思，事勢觀之，理無常爾。」〔註238〕防止因循陋習而苟且。那麼皇帝自誠，就不只是皇帝一人之事，而是關係到天下安危，所以天下人都要關心之。同時，前面已經說到君臣以誠相合，則皇帝自誠之後，便能推己之誠至於他人，於是能識別臣下之誠與不誠，取誠者、退不誠者，君臣之間誠而無礙，君臣也就因誠而為一。

二程以誠事君的觀點，可以與韓非子的觀點相比較。韓非子將君臣關係定性為：

> 人主之患在於信人。信人，則制於人。人臣之於其君，非有骨
> 肉之親也，縛於勢而不得不事也。故為人臣者，窺覘其君心也無須
> 臾之休，而人主怠傲處其上，此世之所以有劫君弒主也。為人主而
> 大信其子，則姦臣得乘於子以成其私，故李兌傅趙王而餓主父。為
> 人主而大信其妻，則姦臣得乘於妻以成其私，故優施傅麗姬殺申生
> 而立奚齊。夫以妻之近與子之親而猶不可信，則其餘無可信者矣。
> 〔註239〕

韓非子將人主之「信」視為心腹大患，是基於其人性惡的立場。人主為操持權柄者，信任他人意味著將權力借予他人，獲取權力之人為了保證自身利益又必須獲取更多更大的權力，長此以往，就導致了人主權力的喪失。既然權柄不能予人，也就不能信任他人，更何況他人本來就不可以被信任。故君臣、父子、夫婦之間，沒有信任可言，也就無誠可言。為了維持權力與政治穩定，韓非子的建議是人主獨操權柄，同時施行刑賞，那麼君臣之間就不存在二程眼中的君臣和合關係。且《史記》將韓非子描述為「疾治國而不修明其法制，執勢以御其臣下」〔註240〕。為人主者，完全是以權勢制服臣下，臣下畏懼權勢而不得不服從於人主，根本沒有「信」存在的基礎和可能。

〔註237〕《二程集》，第316頁。
〔註238〕同上，第512頁。
〔註239〕《韓非子‧備內》。
〔註240〕《史記》卷六十三，《老子韓非列傳》。

在二程看來，「信」是不需要討論的，「性中只有四端，卻無信。爲有不信，故有信字。且如今東者自東，西者自西，何用信字？只爲有不信，故有信字」〔註241〕。二程認爲仁義禮智足以說明人性本善，故無需用「信」來肯定仁義禮智的實存，因爲它們都是至誠而眞實無妄的，「信」之實已在其中，「信」之言與不言，不會改變其誠的性質。韓非子以爲人性不足以言善，人與人之間的關係是爾虞吾詐，則強調「信」之時，意味著人性已經不誠，愈是言「信」，反而愈不足信。對人性的不同理解，產生了王道與霸道的分野：「王者奉若天道，故稱天王，其命曰天命，其討曰天討。盡此道者，王道也。後世以智力把持天下者，霸道也。」〔註242〕韓非子所謂人主，正是以智力操持權術，本身爲不誠而無信，當然不是聖王之道所在，臣下對於君主也就不會有絲毫的誠信，君臣之間根本不可能相合。從二程的王道理想上看，根據前面所述的理、道、性、心與誠的關係，則治理天下的聖人之道，其實也即是至誠的天道，落實到皇帝，問題便是皇帝如何使此至誠之天道實現。至誠之天道在人的實現，必須通過人心，這就是爲何二程反覆強調皇帝要誠心的原因。皇帝之身爲治道之本，而心爲身之主宰，「格君心之非」就是要使皇帝之心能誠，其政治意義在於：

> 人君因億兆以爲尊，其撫之治之之道，當盡其至誠惻怛之心，視之如傷，動敢不愼？兢兢然惟懼一政之不順於天，一事之不合於理。如此，王者之公心也。〔註243〕

堯舜爲代表的王者，以「公心」而使政事合於天理，且視民如傷之「仁者，愛人」之意表露無遺，行王道即是行仁政。按照這樣的標準，中正至誠之道爲皇帝所踐行，王、公、仁、誠實爲一事，天下人服從於此中正至誠之道，自然是王道大化。

3. 以誠治天下

二程反覆強調人君之心應當盡其誠而符合至誠之天道，人心能思能學，學誠而盡誠。所以，「『思曰睿，銳作聖。』纔思便睿，以至作聖」〔註244〕。

〔註241〕《二程集》，第 184 頁。
〔註242〕同上，第 1087～1088 頁。
〔註243〕同上，第 530 頁。
〔註244〕同上，第 186 頁。

而治國之本在皇帝，意味著皇帝能否誠心於王道，是治亂興衰的關鍵。問題在於，「君心」到底如何，「君心之非」是否真的能「格」。

二程認為「君心」應當是大公無私的，這從選拔人才、任用官員上體現出來，

> 夫王者之取人，以天下之公而不以己，求見其正而不求從其欲，逆心者求諸道，異志者察其非，尚孜孜焉懼或失也。此王者任人之公也。若乃喜同而惡異，信偏而害明，謂彼所言者吾之所大欲也，悅而望之，信而惑之，至於甚惡而不察，恣欺而不悟。推是而任，鹿可以為馬矣。願陛下考己之任人，有近於是者乎？苟有之，則天之所戒也，當改而自新者也。〔註245〕

不以私意為準，所以能任人以公，公則能合於天下人之心，能行至公至大的天道。由此看來，君臣上下一體，關鍵在於為人君者，仍是孔子說的「修己以安百姓」。然而，「修己以安百姓，堯舜其猶病諸？」〔註246〕正是因為這種「病」，導致皇帝不能盡其公心，而皇帝之公心就是誠心。從中國思想史的整體來看，「設君之道旨在公，大道行而天下公，這不是一家一派的思想而是一種傳延久遠的普遍性的政治意識。」〔註247〕所以，二程認為：「人君當與天下大同，而獨私一人，非君道也。」〔註248〕既然君道是大公無私的，大臣與士人們又是在竭誠事君，艱難險阻無不可克。小程釋「同人於野，亨，利涉大川，乾行也」為「至誠無私，可以蹈險難者，乾之行也。無私，天德也」〔註249〕。至誠便無私，無私故能乾行並符合大道的要求，而乾之義為：

> 乾，天也。天者天之形體，乾者天之性情。乾，健也，健而無息之謂乾。夫天，專言之則道也，天且弗違是也；分而言之，則以形體謂之天，以主宰謂之帝，以功用謂之鬼神，以妙用謂之神，以性情謂之乾。乾者萬物之始，故為天，為陽，為父，為君。〔註250〕

乾在現實政治中即是皇帝，皇帝為主宰，必須以天道為行為的依據；對於天

〔註245〕《二程集》，第530～531頁。
〔註246〕《論語・憲問》。
〔註247〕張分田：《公天下、家天下與私天下》，見劉澤華主編：《公私觀念與中國社會》，中國人民大學出版社，2003年，第285頁。
〔註248〕《二程集》，第767頁。
〔註249〕同上，第764頁。
〔註250〕同上，第695頁。

下之人而言，皇帝即是天，代表著天道，君臣、父子、夫婦的倫理綱常就在其中。因此，治天下之本，與其說是治民，不如說是治君。治君就需要時刻規誠皇帝，使皇帝不違天道。二程上書於宋仁宗、宋英宗、宋神宗，及小程於宋哲宗之經筵講學，無不是試圖以自己的至誠之心去感動皇帝，使皇帝能自明其誠而能誠，由此而誠上誠下，其原理在於：

> 人之與聖人，類也。五以龍德升尊位，人之類莫不歸仰，況同德乎？上應於下，下從於上，同聲相應，同氣相求也。〔註251〕

正是應為君臣之間存在著「類」的同一性，且至誠之天道是貫通萬物、人我的，這就說明，君臣之間的內在關係不可消除，臣下以誠來勸勉皇帝時，皇帝能夠以自己之誠而感應到臣下之誠。二程以誠來「格君心之非」，理論上是完全有可能的。「格君心之非」是為了「得君行道」〔註252〕，一切都要依託於皇帝，這在君權至上的古代中國，無疑是政治上最根本的條件和要求。因此，在《上太皇太后書》中，針對年幼的宋哲宗的教育問題，小程說到：

> 或又以為主上天子資美，自無違道，不須過濾。此尤非至論。夫聖莫聖於舜，而禹、皋陶未嘗忘規戒，……所以聖賢，雖明盛之際，不廢規戒，為慮豈不深遠也哉？況沖幼之君，閑邪拂違之道，可少懈乎？〔註253〕

可見二程對於皇帝，也要求「閑邪存其誠」。宋哲宗年幼，需要存養，如此則擔負教導之責的經筵講師就必須「修辭立其誠」，以促使皇帝進德修業：

> 學、聚、問、辨，進德也。寬居、行仁，修業也。君德已著，利見大人，而進以行之耳。進居其位者，舜、禹也。進行其道者，伊、傅也。〔註254〕

皇帝並非生而知之的聖人，故需要進德修業。宋哲宗與小程這樣的經筵教師之間，本身有內在的同一性，小程對宋哲宗的教導，就可以引導此「沖幼之君」去「閑邪存其誠」、「修辭立其誠」，從而達到「格君心之非」、正君心而正天下的目的〔註255〕。

〔註251〕《二程集》，第701頁。

〔註252〕這箇問題涉及理學家們由「內聖開外王」的理想，參見余英時：《朱熹的歷史世界》，讀書·生活·新知三聯書店2004年，第424頁。

〔註253〕《二程集》，第543～544頁。

〔註254〕同上，第705頁。

〔註255〕這種政治理想從未得以實現，卻又一直是儒學傳統的政治觀念，不能不說是儒學本身的的不足，二程也同樣受此限制。參見路德斌：《面對君權：儒家的

　　從修養上看，皇帝能「閑邪存其誠」，能無私心雜念，同時以敬的方式涵養之，皇帝能誠而不已。皇帝又是治理天下之根本，若皇帝不誠，君臣之義便不存，更何況父子、夫婦。誠是天理、本體，敬是實現誠的工夫，皇帝時刻以敬的方式自誠，便是在論述心與誠時所說的敬而後誠，在政治上誠而和合君臣百姓。因此，「閑邪存其誠」而「格君心之非」，就是為了行仁政於天下，結合大程的《識仁篇》，二程就是要使皇帝以誠而仁的方式，體會到仁者以天地萬物一體的渾圓境界，即是小程對宋哲宗說的「推此心以及四海，帝王之要道也」。〔註256〕劉宗周對於《識仁篇》的評價恰好就符合於教導皇帝的王天下之道：

　　　　程子首識仁，不是教人懸空參悟，正就學者隨事精察力行之中，
　　　先與識箇大頭腦所在，便好容易下工夫也。識得後，只須用葆任法，
　　　曰「誠敬存之」而已。而勿忘、勿助之間，其真用力候也。〔註257〕

君臣百姓都能認識並把握著「大頭腦所在」的誠，並不斷地涵養保持。就皇帝言，是自上而下；就百姓言，是自下而上，兩相和合。這種至誠的天道與自誠的人道的相統一，也就是《尚書·洪範》中描述的「無偏無陂，遵王之義；無有作好，遵王之道；無有作惡，遵王之路。無偏無黨，王道蕩蕩；無黨無偏，王道平平；無反無側，王道正直」的理想王道，行王道即是行誠道。

小　結

　　二程兄弟以天理為本體，天理乃是至誠無妄的，天理是誠的別名。這種天理即誠的觀點，也被二程以《易》的方式闡述。二程認為佛道的虛幻正在於不明了世界的真實性，墜入虛空之中，故他們重視《大學》中的誠意工夫，認為這正能救佛老之弊。二程把《中庸》的誠，「扣緊《大學》的誠意，而發展到致知方面去」〔註258〕。所以，小程「於書無所不讀。其學本於誠，以《大學》、《語》、《孟》、《中庸》為標指，而達於《六經》。」〔註259〕這種方法運用

　　　　思考、理想及其困境——試論儒家政治觀點之根本誤區和盲點》，《孔子研究》，1996年第4期。
〔註256〕《宋史》卷四二七，《道學一》。
〔註257〕《宋元學案》卷十三，《明道學案上》。《黃宗羲全集》（第三冊），浙江古籍出版社，2005年，第657頁。
〔註258〕吳怡：《中庸誠的哲學》，東大圖書有限公司，民國七十三年，第133頁。
〔註259〕《宋史》卷四二七，《道學一》。

於對弟子門人的教育上,「教人自致知至於知止,誠意至於平天下」〔註260〕。
運用於政治上,大程每見宋神宗,「必爲神宗陳君道以至誠仁愛爲本」〔註261〕。

〔註260〕《宋史》卷四二七,《道學一》。
〔註261〕《二程集》,第 634 頁。

第五章　餘　論

第一節　四子誠論的特點

　　宋明理學是哲學化的儒學,「性與天道」是理學討論的核心問題〔註 1〕,產生的原因是多方面的。就理學思想本身而言,理學是儒學對佛、道的回應。佛學在形而上學方面體系宏大、闡發精細,是傳統注疏經學所不能比擬的。道教雖然是「雜糅」產生的〔註2〕,理論體系較佛學爲疏脫,其求道修仙的出世逍遙的宗旨,卻有著遠遠大於固守綱常名教的儒家的吸引力。因此,儒學面臨著佛道的雙重挑戰。在這種背景之下,《中庸》因爲同時關注天道與人道兩方面,自唐代的韓愈和李翱開始而受到重視,李翱甚至提出了以誠復性的學說。這種風氣延續至北宋初年,性與天道問題不再是「夫子罕言」,而是受到了持久地關注,北宋理學的誠論就是產生於這種思潮之中。

　　從《中庸》裏的誠出發,還不足以構建以誠爲中心的理論體系。《中庸》雖然提出了「誠者,天之道」的命題,卻更多地是在闡述「誠之者,人之道」方面的內容。理學家們從儒學的傳統之中尋找資源,「因此又找到了一本專門談儒家天道的書,作爲誠字的後盾,這部書就是《易傳》」〔註3〕。《易傳》本是對《易經》的注解,後來地位逐漸提升,隱隱有蓋過《易經》之勢。《易傳》

〔註 1〕侯外廬:《序》,侯外廬、邱漢生、張豈之主編:《宋明理學史》(上),1997
　　　年,第 1 頁。
〔註 2〕張豈之主編:《中國思想史》,西北大學出版社,2012 年,第 414 頁。
〔註 3〕吳怡:《中庸誠的哲學》,東大圖書有限公司,民國七十三年,第 30 頁。

中的「一陰一陽之謂道」，把陰陽視爲貫通天、地、人的總規律，理學家們利用了這一點。理學家們普遍重視《易》學和《禮》學，並且突出了原屬於《禮記》中的《大學》與《中庸》兩篇，《中庸》中的誠直接涉及到了「性與天道」的問題，因此備受理學家們關注，進而產生了一系列關於誠的討論，這種學術路線被《宋史》描述爲：「周敦頤出於舂陵，乃得聖賢不傳之學，作《太極圖說》、《通書》，推明陰陽五行之理，命於天而性於人者，了若指掌。張載作《西銘》，又極言理一分殊之旨，然後道之大原出於天者，灼然而無疑焉。仁宗明道初年，大程及弟頤實生，及長，受業周氏，已乃擴大其所聞，表彰《大學》、《中庸》二篇，與《語》、《孟》並行，於是上自帝王傳心之奧，下至初學入德之門，融會貫通，無復餘蘊。」〔註4〕

這樣的學術路線之下，周敦頤、張載和二程相繼以誠爲中心，進行了系統的理論闡發。總體上看，他們四人的誠論，可以總結爲如下三個特點。

第一，天人合一。在誠論建構之中，四子從《中庸》對天道的論證出發，首先肯定天地因爲誠而眞實無妄，人與萬物也是誠而眞實無妄的。天地萬物的眞實無妄，其運行模式是《易》的生生不息，人的生命、情感、道德俱源於其中。《易》所說的天尊地卑、陽主陰從，是人類社會禮樂制度的直接來源。於是，高遠而飄渺的天，被置於人的現實生活之中，以禮樂制度爲天的具象化。因此，他們又將《易》學與《禮》學相結合。人類社會是一個共同體，其中一切都是誠的，以節文規範的形式存在的外在的誠，與內在人的心性之誠是一致的，人由此創制禮樂制度並服從之，進而確定了誠在政治上的意義。

第二，內聖外王。誠是要落於人的活動中的，四子都極爲重視人以誠爲依據的道德修養。他們在肯定誠爲天道的前提下，以自誠、誠之、思誠爲現實的出發點，追求的是天人之間的上下合一，既與禮樂制度相符合，又因爲自強不息而與《易》的生生不息合一。四子的思維模式雖然還是天人合一，卻強調人的積極主動性，重視自我提升、自我超越。或者說，他們始終關注著現實的世界，所以，希望著聖人式的自我超越，能夠帶動所有人的自我超越，由此達到人我之間的內外合一，即內聖開外王的理想。四子懷著內聖外王的理想，有著自覺實現內聖外王的強烈使命感，張載的《始定時薦告廟文》將這種使命感表露無遺：「自周禮衰壞，秦暴學滅，天下不知鬼神之誠，繼孝

之厚，致喪祭失節，報享失虔，狃尙浮屠可恥之爲，雜信流俗無稽之論。載私淑祖考遺訓。聖賢簡書，歲恥月慚，朝償夕惕，比用瞻拜，愧汗不容自安。」既表達了「繼往聖之絕學」的心志，又是以崇尙禮樂而排抵佛學〔註5〕。四子繼承了儒學對於人的重視，始終在現實的世界中尋找自己的安身立命之處，並將之推己及人地實現於人類整體，是對孔子「己欲立而立人，己欲達而達人」〔註6〕的繼承與發展。

　　第三，超而不離。在四子看來，天人合一與內聖外王的實現需要篤實的努力，問題轉到了心性論上。儒家心性論具有主體性和自覺性的特點。人同此心、心同此理。人的道德屬性不是懸空孤立的，而是內在於人本身。以心爲主宰，思慮動作全部出自於心，道德屬性的實現、人的天性的實現就必然落到人的心上。以心使身、以心主意，心體現了人的主體性和能動性，無論心具體怎樣、性具體怎樣，心與性是不可分離的。再把心性統一體放入世界的活動裏看，每一個人就是一個活動著的心性統一體。但是，人的能力有高下，雖然在共同活動，大多數人卻不能自覺地使自己的心經過現實的活動而反向尋求自己的性，這就體會不到反身而誠之樂，更無法體會到自誠明的眞實無妄。正因爲向內一環不是人人所能達到，自然有人會懷疑此種體驗的眞實性，並把這種是出自於客觀的天性的、個體化爲主觀的人之心性的、儒家對人的心性所做的統一體的描述，看成是神秘而不可知的某物，有懷疑，有批判。其實，從先秦的孔、曾、孟、荀，到後世的周、張、二程，都已意識到這個問題，他們反覆強調自我的道德修養，是與世界的整體性保持一致的，個人由心而性、從主體到世界整體的擴充完全可以實現的。具體的方法就是工夫、修身。以《大學》之八條目而言，「身」是溝通內在和外在的統一體，心性的統一也在「身」中。通過正心誠意的工夫，於是自修己身，以自我之心識盡天下之性、自我之性，則天地萬物自然與我爲一，這是自我、個體由主體向本體的包容和自我超越〔註7〕。但是，自我超越卻不會超離於天地萬

<hr />

〔註5〕　《張載集》，第365頁。

〔註6〕　《論語·雍也》。

〔註7〕　這個問題或許可以用詹姆斯的理論來說明。詹姆斯說：「就我們是『人』，並且是一個與『環境』相對立而且相反而言，在我們身體裏邊的活動就出現爲我們的活動；而且在這種嚴格的個人意義之下，我找不到其它任何活動可以是我們的。有一種更爲廣泛的意義，在這種意義之下，整個的天地萬物以及他們的活動都是我們的，因爲它們都是我們的『對象』。」見〔美〕威廉·詹

物，更不會超過自我之軀體，這種自我超越就是一種認識的超越，又體現於人的活動中，因為誠而德合內外，故自我超越的結果「誠一」而「從心所欲不逾矩」。

天人合一是中國傳統的思維模式，四子繼承了這一點，這在他們的誠論中表現為對誠之天道的肯定與追求上，故二程語：「上天之載，無聲無臭之可聞。其體則謂之易，其理則謂之道，其命在人則謂之性，其用無窮則謂之神，一而已矣。」〔註8〕與天有關的一切都已內在於人，人的活動就是天的顯現。自孔子起，儒學便以仁為至德，仁的根源也在天，天人合一的實現在於仁的實現。「仁者，人也」，仁是人的根本屬性，仁是人進行道德修養的依據和目的，在現實世界中也必然運用於政治，儒學「人學」即是「仁學」〔註9〕。內聖外王的實現，就是仁政的實現，故周敦頤認為「聖，誠而已矣」〔註10〕、「聖人之道，仁義中正而已矣」〔註11〕，儒學之「仁學」一轉而為「誠學」。四子以佛老為異端，指責佛老遺落人事而陷於虛妄，他們對仁的追求必然不能離開他們生活的世界，所以，他們的誠論所追求的，不在於超越輪迴、煉化飛升式的個人解脫，而是要達到「是萬為一，一實萬分」、「民吾同胞，物吾與也」、「仁者，渾然與物同體」的一體境界。此種最真實的體驗和實現，就是四子共同關注的誠：本源真實無妄，萬物真實無妄，故誠能統天人、全人我、一萬物。處處必須立足於現實，這種自我的超越又始終未曾超越。這個「超而不離」的特點，以生活化的方式體現在了生機流轉、萬物一體的生命境界之中，周敦頤不除窗前草、張載善聽驢鳴、大程「活潑潑地」情懷和小程養魚之仁心，皆是如此。因此，四子誠論的三個特點，最重要的、也是最能體現理論創新的，就是超而不離。

姆斯：《徹底的經驗主義》，龐景仁譯，上海世紀出版集團，2006年，第130頁。詹姆斯的這種觀點，正是將個體的「我」融入全體的「我們」，「我們」所經歷的一切成為了「我」的「對象」，因此，本來作為「外在」的「對象」的天地萬物，竟然「內在」於「我」了，於是在經驗上，「我」與天地萬物為一體了。

〔註8〕 《二程集》，第1170頁。

〔註9〕 張豈之：《論儒學「仁學」思想體系》，《儒學‧理學‧實學‧新學》，陝西人民出版社，1994年，第5頁。

〔註10〕 《周敦頤集》，第15頁。

〔註11〕 同上，第19頁。

第二節　四子之後的誠論

　　周敦頤、張載和二程之後的理學家，繼續對誠進行討論。理學在南宋時分爲理學派與心學派，出發點和理解的不同，對於誠的討論也有區別，客觀上促進了北宋四子之後誠論的繼續發展。

1. 理學派的誠論

　　二程的四傳弟子朱熹，是南宋理學的集大成者，他繼承了二程的天理觀，在解釋「誠者，天之道也；誠之者，人之道也」時，提出：

　　　　誠者，眞實無妄之謂，天理之本然也。誠之者，未能眞實無妄，而欲其眞實無妄之謂，人事之當然也。聖人之德，渾然天理，眞實無妄，不待思勉而從容中道，則亦天之道也。未至於聖，則不能無人欲之私，而其爲德不能皆實。故未能不思而得，則必擇善，然後可以明善；未能不勉而中，則必固執，然後可以誠身，此則所謂人之道也。〔註12〕

朱熹明確了天道與人道之分，肯定至誠之天理乃是人事的「當然」依據。通過「明善誠身」，人之不誠可以被去除掉，關鍵在於「固執」善而「誠身」。這與朱熹對《大學》中「誠意」的解釋是一致的，他認爲：「誠，實也。意者，心之所發也。實其心之所發，欲其一於善而無自欺也。」〔註13〕以實理誠身，是要以心去盡心中之理。朱熹繼承了二程「性即理」的學說〔註14〕，主張心性爲一：

　　　　蓋性中所有道理，只是仁義禮智，便是實理。吾儒以性爲實，釋氏以性爲空。若是指性來做心說，則不可。……謂如「人心惟危，道心惟微」，都是心，不成只道心是心，人心不是心。〔註15〕

天理是性，天理是誠，所以，人性即是誠人性的實現必須通過心來完成，這與周、張、二程是一致的。以人心盡性的方式，是「明」。人心有「自明誠」的能力，卻又需要教化來幫助人去「明」，這就是《大學》與《中庸》共同強

〔註12〕《四書集注》，第31頁。
〔註13〕同上，第3～4頁。
〔註14〕小程語：「性即理也，所謂理，是性也。」《二程集》，第292頁。
〔註15〕《朱子語類》，第64頁。

調的教化（見本文第一章第二節），故朱熹對「自明誠，謂之教」的解釋是：
「由教而入者也，人道也。」〔註16〕

教化不只是個人行為，因其成就人的德性，人的德性是實現天人合一與內聖外王的現實條件，教化被提升至國家行為，故朱熹認為：

> 《大學》之書，古之大學所以教人之法也。蓋子天降生民，則既莫不與之以仁義禮智之性矣。然其氣質之稟或不能齊，是以不能皆有以知其性之所有而全之也。一有聰明睿智能盡其性者出於其間，則天必命之以為億兆之君師，使之治而教之，以復其性。此伏義、神農、黃帝、堯、舜，所以繼天立極，而司徒之職、典樂之官所由設也。〔註17〕

教化的目的在變化人之氣質，使人能復於至誠之性。教化的形式和規範是禮樂制度，內容是仁義禮智的道德性命。「大學之道，在明明德，在親民，在止於至善」〔註18〕，以至誠之天道為基礎的教化，目的不在於科學技術，而是「至善，則事理當然之極也。……蓋必其有以盡夫天理之極，而無一毫人欲之私也」〔註19〕。由此，「八條目」中的「誠意」，雖然以「格物致知」為基礎，從中卻不可能發展出知識論，仍然是道德修養論，「格物致知的目的，不在求關及草木器用的科學之真，而在明乎天理、人倫、聖言、世故的道德之善」〔註20〕。

朱熹以敬為實現誠的方法，將誠與敬並用，這不僅是繼承了二程，與張載也有關係：

> 敬斯有立，有立斯有為。

> 「敬，禮之輿也」，不敬則禮不行。〔註21〕

張載以敬為實現禮的依據，禮又是人的活動的總規範，故人必須敬。否則，不敬則不能禮於禮，結果是「學者舍禮義，則飽食終日，無所猷為」〔註22〕。二程關於敬的觀點，與張載相近，他們提出：

〔註16〕 《四書集注》，第 32 頁。
〔註17〕 同上，第 1 頁。
〔註18〕 《大學》。
〔註19〕 《四書集注》，第 3 頁。
〔註20〕 侯外廬、邱漢生、張豈之主編：《宋明理學史》（上），人民出版社，1997 年，第 400 頁。
〔註21〕 《張載集》，第 36 頁。
〔註22〕 同上，第 30 頁。

敬勝百邪。〔註23〕

誠則無不敬，未至於誠，則敬然後誠。〔註24〕

二程將誠與敬並用，是因爲他們將敬作爲自誠的工夫，先敬而後誠，不敬則不能誠（見第四章第二節）。朱熹繼承並發展了張載和二程的理論，由於他認爲心是身之主宰，必須在心上下敬的工夫：

學者須敬守此心，不可急迫，當栽培深厚。栽，只如種得一物在此。但涵養持守之功繼繼不已，是謂栽培深厚。如此而優遊涵泳於其間，則決洽而有以自得矣。〔註25〕

以敬來「栽培深厚」，是使心有所主。心有所自主便能「收攝身心」，不受外界的干擾而能定，這與二程對司馬光心思不定的批評是一致的〔註26〕。因此，朱熹把敬作爲「聖門第一義」，所以，他肯定「敬中有誠立明通道理」〔註27〕。

陳淳是朱熹的得意弟子，捍衛師門甚力。陳淳著有《北溪字義》，該書又名《四書性理字義》，「蓋《四書》言其範圍，『性理』標其性質，『字義』指其體例」〔註28〕。陳淳從《四書章句集注》中，選取二十五個範疇加以疏解和論證，誠是其中的重要一條。陳淳認爲：

誠字後世都説差了，到伊川方云「無妄之謂誠」，字義始明。至晦翁又增二字，曰：「眞實無妄之謂誠」，道理尤見分曉。

誠字本就天道論，「維天之命，於穆不已」，只是一箇誠。〔註29〕

通過上述解釋，可見陳淳是接續程朱的。但是，陳淳重視誠與其它近義字的區分，提出：

誠字與忠信字極相近，須有分別。誠是就自然之理上形容出一字，忠信是就人用工夫上説〔註30〕。

〔註23〕《二程集》，第119頁。
〔註24〕同上，第1170頁。
〔註25〕《朱子語類》，第205頁。
〔註26〕《二程集》，第25頁。
〔註27〕「『敬且定下，如東西南北各有去處，此爲根本，然後可明』……方曰：『敬中有誠立明通道理？』曰：『然』。」見《朱子語類》，第213頁。
〔註28〕侯外廬、邱漢生、張豈之主編：《宋明理學史》（上），人民出版社，1997年，第500頁。
〔註29〕〔宋〕陳淳：《北溪字義》，熊國禎、高流水點校，中華書局，2011年，第32～33頁。以下簡稱《北溪字義》。
〔註30〕同上，第32頁。

誠要通過信才能顯現出來，將誠作爲本體，信作爲工夫，「誠與信相對論，則誠是自然，信是用力；誠是理，信是心；誠是天道，信是人道。誠是以命言，信是以性言。誠是以道言，信是以德言」〔註31〕。至誠之天道雖然眞實無妄，卻需要以人之信德爲實現的方法。這種區分也被陳淳運用於敬上：

> 誠字與敬字不相關，恭字與敬字卻相關。〔註32〕

雖然陳淳以維護師說而聞名，這種解釋卻不同於朱熹之說。陳淳以爲誠是本體，不能夠認爲人心之中已經有誠，他認爲：「後世說至誠兩字，動不動加諸人，只成箇謙恭謹愿底意思。不知誠者眞實無妄之謂，至誠乃是眞實極至而無一毫之不盡，惟聖人乃可當之，如何可容易以加諸人？」〔註33〕在陳淳看來，只有「不勉而中」的與天道合一的聖人當得起至誠二字，凡人不能如此，因而要不息於工夫。「敬，工夫細密」〔註34〕，「性命道德之說又較玄妙，雖高明之士皆爲所誤」〔註35〕，不能奢談性理，而是要將這種細密工夫用於德性培育。這表現爲：

> 聖門用功節目，其大要亦不過曰致知與力行而已。……知不致，則眞是眞非無以辨，其行將何所適從？……行不力，則雖精義入神，亦徒爲空言，而盛德至善竟何有於我哉？〔註36〕

以至誠之天道爲目標，以誠之的人道爲篤行，肯定誠的同時，又不妄語誠，以格物致知的方式先盡心中之仁義道德，採取的是下學而上達的方法。所以，陳宓稱讚《北溪字義》道：「合周、程、張、朱之論而爲此書，凡二十有五門，決擇精確，貫串浹洽，吾黨下學工夫已到，得此書而玩味焉，則上達由斯而進矣。」〔註37〕由此，對誠的瞭解和認識就是通過讀書涵養的方式進行，是「道問學」式而不是「尊德性」式的。

2. 心學派的誠論

與朱熹同時的陸九淵，是心學派的創始人，他以「心即理」爲宗旨，認

〔註31〕《北溪字義》，第 34 頁。
〔註32〕同上，第 35 頁。
〔註33〕同上，第 33 頁。
〔註34〕同上，第 37 頁。
〔註35〕同上，第 68 頁。
〔註36〕同上，第 77 頁。
〔註37〕同上，第 88 頁。

爲：「人皆有是心，心皆具是理，心即理也。」〔註38〕陸九淵對「心」的討論，
與朱熹有一致之處，同樣反對割裂天人，提出：「心一也，人安有二心？自人
而言，則曰惟危；自道而言，則曰惟微。」〔註39〕但是，陸九淵反對朱熹主
張的即物窮理式的格物致知，主張「先立其大者」式的發明本心方法，並以
朱熹的方法爲「支離」，以自己的方法爲「易簡」：「易簡功夫終久大，支離事
業竟浮沉」〔註40〕。由此，陸九淵的誠論也具有「易簡」的特色。陸九淵提
出：

> 知所以成己而無非僻之侵，則誠之在己者不期而自存。知所以
> 成物而無驕盈之累，則德之及物者不期而自化。《乾》之九一，何其
> 誠之至而德之博也。庸言之必信，庸行之必謹，是知所以成己矣。
> 知所以成己，則誠豈有外乎此哉？又懼夫邪之爲吾害而閑之也嚴，
> 使無一毫非僻之習以侵之，則誠日益至，而在己者不期存而自存矣。
> 反而誠其身，推以善斯世，是知所以成物矣。〔註41〕

誠所以能不期而自存，在於理本來即在「我心」之中，故誠已在「我心」之
中，不是先有一個外在的誠，而後以「我心」求此誠，陸九淵進而提出：

> 然則曰誠，曰德，一本乎性，彼其所爲誠者，乃其所謂德者也，
> 非於誠之外後有所謂德也。明乎《中庸》之説，則《乾》九二之君
> 德，可得而議矣。……閑邪存其誠，誠之存乎諸己者也。德博而化，
> 德之及乎物者也。彼其所以閑而存者，乃其所以博而化者也，外乎
> 誠之存，而求其所爲德之博則惑矣。〔註42〕

陸九淵將《中庸》的誠之與《易傳》的閑邪存其誠相結合，故心中之誠即是
天道之誠，由「我心」之誠可以至於天地萬物之誠，於是，《中庸》之「自明
誠」就無需向外求索，直接「反」於「我心」之本即可。明顯不同於朱熹與
陳淳對於「誠之」工夫的重視。將此種方法用於政教，

> 由乎言行之細而至於善世，由乎己之存誠而至於民之化德，則
> 經綸天下之大經者，信乎其在於至誠，而知至誠者，信乎非聰明睿

〔註38〕〔宋〕陸九淵：《陸九淵集》，鍾哲點校，中華書局，2009年，第149頁。以
下簡稱《陸九淵集》。
〔註39〕同上，第396頁。
〔註40〕同上，第301頁。
〔註41〕同上，第335頁。
〔註42〕同上，第336頁。

知達天德者有不能也。……聖人於是發成己成物之道，存誠博德之
要，使後之人君能明聖人之言，以全九二之德，則天下有不足爲矣。
〔註43〕

按此觀點，爲人君者即可發明本心之誠，人君自誠而爲聖人。《乾》之九二有
「君德」，《周易正義》認爲：「初爻則全隱遁避世，二爻則漸見德行以化於俗
也。若舜漁於雷澤，陶於河濱，以器不窳，民漸化之是也。」〔註44〕在上的
人君能以德性向下而成就人物，從而化百姓之德，使德合上下，人君本來已
是「誠者」，也就不需要二程式的「以誠格君心之非」（見第四章第四節）。

在誠與敬的關係上，陸九淵反對朱熹的持敬說，認爲持敬對於立心之大
體並無用處，主張將誠與敬完全分開：

且如存誠持敬二語自不同，豈可合說？「存誠」字於古有考，「持
敬」字乃後來杜撰。《易》曰：「閑邪存其誠。」《孟子》曰：「存其
心。」某舊亦嘗以「存」名齋。〔註45〕

所謂「後來杜撰」，矛頭直指朱熹。陸九淵以爲存誠即是存心，故誠與心實爲
一體，無需先有敬的工夫，而後才有誠落實於心中。陸九淵對誠與敬關係的
觀點，與其心即理的學說是一致的。

明代的王陽明是心學的集大成者，認爲：「夫心之體，性也；性之原，天
也。能盡其心，是能盡其性矣。」〔註46〕將心、性、天視爲一體，而三者盡
在「我」，盡心知性知天、窮理盡性至於命的實現，也就是以「我」爲對象，
既知「我心」中已具之理，由此而行之，故能「拔本塞源」〔註47〕、知行合
一，「知之眞切篤實處，即是行；行之明覺精察處，即是知，知行工夫本不可
離」〔註48〕。王陽明認爲《大學》的「八條目」乃是一貫的，「誠意」作爲其
中一環不能單獨成立，提出：

窮理者，兼格致誠正而爲功也；故言窮理則格致誠正之功皆在其
中，言格物則必兼舉致知、誠意、正心，而後其功始備而密。〔註49〕

〔註43〕　《陸九淵集》，第 337 頁。
〔註44〕　《周易正義》卷一。
〔註45〕　《陸九淵集》，第 3～4 頁。
〔註46〕　〔明〕王陽明：《王陽明全集》，吳光、錢明、董平、姚延福編校，浙江古籍
　　　　　出版社，2006 年，第 43 頁。以下簡稱《王陽明全集》
〔註47〕　同上，第 52 頁。
〔註48〕　同上，第 42 頁。
〔註49〕　同上，第 48 頁。

王陽明論孝時，曾言不是先有孝的知、後有孝的行，在誠身、誠意上，也持同樣態度：「蓋鄙人之見，則謂意欲溫凊，意欲奉養者，所謂意也，而未可謂之誠意。必實行其溫凊奉養之意，務求自慊而無自欺，然後謂之誠意」〔註50〕。

王陽明以心即良知、心外無理，批評朱熹道：「朱子所謂『格物』云者，在即物而窮其理也。即物窮理，是就事事物物上求其所謂定理者也。是以吾心而求理於事事物物之中，析『心』與『理』為二矣。」〔註51〕格物致知與正心誠意，在王陽明看來，必須是心物合一、心理合一的。「誠意」之「意」，乃是「我心」所具，「身之主宰便是心；心之所發便是意；意之本體便是知；意之所在便是物」〔註52〕。「誠意」同時就是誠身、誠心、誠知、誠物，是「我心」之良知的無所不誠。「誠意」的方法是知善惡之誠，並以誠來為善去惡，

> 意其可得而誠乎！今於良知之善惡者，無不誠好而誠惡之，則不自欺其良知而意可誠也。〔註53〕

這種方法，就是王陽明知行合一的「致良知」，內在的「我心」與外在的事物合一，故王陽明認為：

> 夫良知之於節目時變，猶規矩尺度之於方圓長短也。節目時變之不可預定，猶方圓長短之不可勝窮也。故規矩誠立，則不可欺以方圓，而天下之方圓不可勝用矣；尺度誠陳，則不可欺以長短，而天下之長短不可勝用矣；良知誠致，則不可欺之以節目時變，而天下之節目時便不可勝應矣。〔註54〕

「誠意」之誠就不只是主觀的心理活動，具有向外擴展和實現的能力。將心中之誠運用於「節目時變」，無不中於「節目時變」，統一了未發之中與已發之和，便是誠於中而形於外。《中庸》中誠的天人合一，通過《大學》誠意得以實現，王陽明由此認為：

> 大抵中庸工夫只是誠身；誠身之極便是至誠；大學工夫只是誠意，誠意之極便是至善：工夫總是一般。〔註55〕

《大學》與《中庸》的工夫一致，能從誠之、誠身、誠意中直盡「我心」中

〔註50〕《王陽明全集》，第49頁。
〔註51〕同上，第44～45頁。
〔註52〕同上，第6頁。
〔註53〕同上，第972頁。
〔註54〕同上，第50頁。
〔註55〕同上，第39頁。

的良知。一旦「致良知」，就能止於至善。「八條目」雖然表現爲一個次第展開的過程，實際上是統一的，故王陽明在《大學問》中提出：「蓋其功夫條理雖有先後次序之可言，而其體之惟一，實無先後次序之可分。其條理功夫雖無先後次序之可分，而其用之惟精，故有纖毫不可得而缺焉者。此格致誠正之說，所以闡堯舜之正傳而爲孔氏之心印也。」〔註56〕於是，王陽明正心誠意的工夫，就有了接續道統的意義。

與陸九淵相同，王陽明也反對誠敬並用，從《中庸》與《大學》的一貫性出發，對誠敬並用進行了批評：

> 今說這裏補個敬字，那裏補個誠字，未免畫蛇添足。〔註57〕

「畫蛇添足」指的正是朱熹。朱熹對比二程與釋老，認爲：「人之心性，敬則長存，不敬則不存。如釋老等人，卻是能持敬。但是他只知得那上面一截事，卻沒下面一截事。覺而今恁地做工夫，卻是下面一截，又怕沒那上面一截。那上面一截，卻是個根本低。」〔註58〕朱熹雖然以上下爲一，卻是需要下學而上達才能實現，故以敬爲工夫下手處。朱熹擔心的是，遺落下學工夫，便落入釋老空談本體的虛無之中。王陽明與朱熹的不同之處，在於將本體與工夫合一，以誠意格物時，便是下學與上達一起並至，「學者只從下學裏用功，自然上達去，不必別尋個上達的工夫」〔註59〕。這種方法，被王陽明稱爲「立誠」，「近時與朋友論學，惟說『立誠』二字」〔註60〕。「立誠」的方法，成爲了王陽明門下的教旨〔註61〕。

南宋時期的胡宏，是一名有重大影響力的學者。與程朱之理本論與陸王之心本論不同，胡宏思想主旨是「性本論」，主張「性體心用」〔註62〕。作爲湖湘學派創始人的胡宏〔註63〕，圍繞其性命之說，對誠進行討論，《知言》開篇即言：

〔註56〕《王陽明全集》，第972頁。
〔註57〕同上，第38～39頁。
〔註58〕《朱子語類》，第210頁。
〔註59〕《王陽明全集》，第13頁。
〔註60〕同上，第152頁。
〔註61〕陳來：《有無之境——王陽明哲學的精神》，人民出版社，1991年，第127～131頁。
〔註62〕侯外廬、邱漢生、張豈之主編：《宋明理學史》，人民出版社，1997年，第294～295頁。
〔註63〕全祖望言：「紹興諸儒所造，莫出於五峰之上。其所作《知言》，東萊以爲過於《正蒙》，卒開湖、湘之學統。」見《宋元學案》卷四十二，《五峰學案》。《黃宗羲全集》（第四冊），浙江古籍出版社，2005年，第669頁。

　　　　誠者，命之道乎！中者，性之道乎！仁者，心之道乎！惟仁者

　　能盡性至命。〔註64〕

胡宏將誠、中、仁對應於命、性、心，是對《中庸》以命、性、道、教爲一貫的繼承和發展，其中特別突出了仁的作用。「仁者能盡其性命」，仁者就是誠者、中者、仁者。心爲人之主宰，故胡宏認爲仁者即是盡心者，表現在道德修養上即是修身。胡宏認爲：

　　　　儒者理於事而心有止，故內不失成己，外不失成物，可以贊化

　　育而與天地參也。〔註65〕

所謂「儒者理於事」，意指「聖人理天下，以萬物各得其所爲至極。井田封建，其大法也」〔註66〕，贊天地之化育就落到了人事。《中庸》以天道爲至誠，又說：「誠者，自成也；而道，自道也」，贊天地之化育即是達於至誠，人之心也就至誠。人心與天道合一，便是誠的內外合一。但是，「仁者能盡其性命」，並非所有人都能仁，先要有一個識仁的過程，即是《大學》描述的「八條目」，故胡宏說：「致知在格物。物不格，則知不至。知不至，則意不誠。意不誠，則心不正。心不正而身修者，未之有也。是故學爲君子者，莫大於致知。」〔註67〕誠意是「八條目」中不可缺少的環節，所致之知在於至誠之天道，《知言》的立意，即在於知誠，即如眞德秀所言：「孟子以知詖淫邪遁爲知言，胡子之書以是名者，所以辨異端與吾聖人也。」〔註68〕

小　結

　　周敦頤、張載和二程已經建立了理學的本體論，以太極、太虛、道、理等範疇確立了「誠者，天之道」的實質和內涵。四子之後的理學家們，已經沒有重新建立本體論的必要，而是直接繼承了四子的本體論，以至誠之天道爲前提，與天一致的人，就要以至誠之天道作爲人活動的依據和旨歸，以「自明誠」的方式去知曉什麼是誠之天道、如何自誠而合於天道。合於天道即是

〔註64〕〔宋〕胡宏：《胡宏集》，吳仁華點校，中華書局，2009年，第1頁。以下簡稱《胡宏集》。

〔註65〕同上，第3頁。

〔註66〕同上，第21頁。

〔註67〕同上，第32頁。

〔註68〕同上，第340頁。

要求合於天德，天德是通過人的道德修養和培育而完成的，於是，理學的誠論就由形而上的本體轉入形而下的工夫，對天道的關注被融入了人的道德修養之中。

由於理學家們對於誠與知、誠與致知、誠與敬的關係的看法不同，導致程朱與陸王的分野。這體現在對《大學》的「八條目」的理解上，前者認爲下學上達爲一次第展開的過程，誠只是其中的一個環節，誠的下學在先，而後上達於至誠的天道；後者認爲下學上達本無二致，無論是「誠身」抑或是「誠意」，一旦人能誠，則格、致、誠、正與心、意、知、物俱爲一體〔註69〕，下學與上達一時並了。但是，程、朱、陸、王都承認心的主體活動性，誠知、致誠知的主宰即是心，誠的主體性意義通過心表現出來，以心爲主宰而能窮理、盡性、至於命。這就顯示出理學家們「殊途而同歸，百慮而一致」的同中有異、異中有同的思想線索。

在理學家們看來，道德修養的內容是知，實現道德修養是致知。於是，從朱熹到王陽明，誠與知、致知的緊密聯繫，是這一時期誠論的主要特點。理學家們所謂的知與致知，不是以實驗的方法而獲取的科學之知，這就在方法上與近代科學有根本不同：「科學方法主要是分析性的，要盡可能地運用數學的方式並按照物理學的概念，來對現象作出解釋。」〔註70〕與西方科學家們以實驗方式進行的研究不同，理學家們卻是將世界道德化。理學家們雖然重視誠與致知的關係，所要達到的「知」卻不是客觀的知識，卻是道德良「知」。因此，從理學的「誠」論中產生不出科學。

在政治教化上，四子對以誠爲基礎的禮樂制度進行了大量的論證，周敦頤重視以誠爲本的師保之教，二程以誠「格君心之非」，北宋時期也有皇帝「與士大夫治天下」之說〔註71〕，誠在理論上就有引導皇帝通向「堯舜之治」、成就「聖王」的可能性。但是，封建國家的最高權力爲皇帝所掌握，寄希望於皇帝的「自誠」而「至誠」的方式，事實上卻行不通。明人謝肇淛批評道：

　　宋人硜硜守其所學，必欲強人主以從己，若哲、徽、寧、理，

〔註69〕 「……誦古人之言曰『聖，誠而已矣。』君子之學以誠身。格物致知者，立誠之功也。譬之植焉，誠，其根也；格致，其培壅而灌漑之者也。」見《王陽明全集》，第271頁。

〔註70〕 〔英〕W.C.丹皮爾：《原序》，載〔英〕W.C.丹皮爾：《科學史——及其與哲學和宗教的關係》，李珩譯，張今校，廣西師範大學出版社，2005年，第1頁。

〔註71〕 《續資治通鑒長編》卷二百二十一，熙寧四年三月戊子條。

> 皆昏庸下愚之資，而嘵嘵以正心誠意強聒之。彼且不知心意爲何物、
> 誠正爲何事，若數歲童蒙，即以《左》、《國》、班、馬讀之，安得不
> 厭棄也？〔註72〕

理學家們一心認爲人主必然是天資聰穎之人，必然能以「正心誠意」之說「格
君心之非」。宋哲宗年幼即位，大事決於宣仁太后，宋哲宗有「只見臀背」的
怨懟之語〔註73〕。因此，小程以「正心誠意」教導宋哲宗以誠治天下，卻不
能有實際效果，故謝肇淛繼續批評道：「宋儒有體而無用，議論繁而實效少」
〔註74〕。理學家們的誠論不可能在政治上實現。

〔註72〕　〔明〕謝肇淛：《五雜俎》，上海書店，2001年，第274頁。
〔註73〕　〔宋〕蔡絛：《鐵圍山叢談》，馮惠民、沈錫麟點校，中華書局，1983年，第
　　　　　5頁。
〔註74〕　〔明〕謝肇淛：《五雜俎》，上海書店，2001年，第274頁。

參考文獻

1. 古籍

1. 〔周〕左丘明傳、〔晉〕杜預注、〔唐〕孔穎達正義:《春秋左傳正義》,蒲衛忠、龔抗雲、于振波、胡遂、陳咏明整理,楊向奎審定,十三經注疏標點本,北京:北京大學出版社,1999 年。

2. 〔漢〕毛亨傳、〔漢〕鄭玄箋、〔唐〕孔穎達疏:《毛詩正義》,龔抗雲、李傳書、胡漸逵、肖永明、夏先培整理,劉家和審定,十三經注疏標點本,北京:北京大學出版社,1999 年。

3. 〔魏〕王弼注、〔唐〕孔穎達:《周易正義》,李申、盧光明整理,呂紹剛審定,十三經注疏標點本,北京:北京大學出版社,1999 年。

4. 〔魏〕何晏注、〔宋〕邢昺疏:《論語注疏》,朱漢民整理,張豈之審定,十三經注疏標點本,北京:北京大學出版社,1999 年。

5. 〔漢〕趙岐注、〔宋〕孫奭疏:《孟子注疏》,廖名春、劉佑平整理,錢遜審定,十三經注疏標點本,北京:北京大學出版社,1999 年。

6. 〔漢〕孔安國傳、〔唐〕孔穎達正義:《尚書正義》,黃懷信整理,十三經注疏整理本,上海:上海古籍出版社,2011 年。

7. 〔漢〕鄭玄注、〔唐〕孔穎達正義:《禮記正義》,呂友仁整理,十三經注疏整理本,上海:上海古籍出版社,2011 年。

8. 〔漢〕司馬遷:《史記》,北京:中華書局,2006 年。

9. 〔漢〕班固:《漢書》,北京:中華書局,2006 年。

10. 〔漢〕許慎:《説文解字》,北京:中華書局,2011 年。

11. 〔魏〕王弼:《王弼集校釋》,樓宇烈校釋,北京:中華書局,2009 年。

12. 〔南朝宋〕劉義慶:《世說新語》,諸子集成本,上海:上海書店,1996 年。

13. 〔南朝齊〕沈約:《宋書》,北京:中華書局,1974 年。

14. 〔隋〕姚思廉:《梁書》,北京:中華書局,1973 年。

15. 〔唐〕李鼎祚:《周易集解》,北京:中華書局,1985 年。

16. 〔唐〕韓愈:《韓昌黎全集》,北京:中國書店,1991 年。

17. 〔唐〕李翱:《李文公文集》,四部叢刊本,上海:上海商務印書館,民國十八年。

18. 〔宋〕范仲淹:《范仲淹全集》,李先勇、王蓉貴校點,成都:四川大學出版社,2007 年。

19. 〔宋〕歐陽修:《歐陽修全集》,李逸安點校,北京:中華書局,2001 年。

20. 〔宋〕王安石:《王文公集》,唐武標校,上海:上海人民出版社,1974 年。

21. 〔宋〕司馬光:《司馬溫公文集》卷七十七,明崇禎元年吳時亮刻本。

22. 〔宋〕周敦頤:《周敦頤集》,陳克明點校,北京:中華書局,2009 年。

23. 〔宋〕張載:《張載集》,章錫琛點校,北京:中華書局,2006 年。

24. 〔宋〕程顥、程頤:《二程集》,王孝魚點校,北京:中華書局,2004 年。

25. 〔宋〕邵雍:《邵雍集》,郭彧整理,北京:中華書局,2011 年。

26. 〔宋〕劉敞:《公是七經小傳》,文淵閣版《四庫全書》本,上海:上海古籍出版社,2007 年,第 183 冊。

27. 〔宋〕范祖禹:《帝學》,文淵閣版《四庫全書》本,上海:上海古籍出版社,2007 年,第 696 冊。

28. 〔宋〕蔡絛:《鐵圍山叢談》,馮惠民、沈錫麟點校,北京:中華書局,1983 年。

29. 〔宋〕李燾:《續資治通鑑長編》,北京:中華書局,2004 年。

30. 〔宋〕陳振孫:《直齋書錄解題》,上海:上海古籍出版社,1987 年。

31. 〔宋〕朱熹:《四書章句集注》,北京:中華書局,2005 年。

32. 〔宋〕朱熹編:《伊洛淵源錄》,叢書集成初編影印本,北京:中華書局,1985 年。

33. 〔宋〕黎靖德編:《朱子語類》,王星賢點校,北京:中華書局,1986 年。

34. 〔宋〕朱熹:《朱子全書》(第二十三冊),朱傑人、嚴佐之、劉永翔主編上海:上海古籍出版社、合肥:安徽教育出版社,2002 年。

35. 〔宋〕陳淳:《北溪字義》,熊國禎、高流水點校,北京:中華書局,2011 年。

36. 〔宋〕胡宏:《胡宏集》,吳仁華點校,北京:中華書局,2009 年。

37. 〔宋〕陸九淵:《陸九淵集》,鍾哲點校,北京:中華書局,2010 年。

38. 〔元〕脫脫:《宋史》,北京:中華書局,1985 年。

39. 〔明〕謝肇淛:《五雜俎》,上海:上海書店,2001 年。

40. 〔明〕王陽明:《王陽明全集》,吳光、錢明、董平、姚延福編校,杭州:浙江古籍出版社,2006 年。

41. 〔清〕李顒:《二曲集》,陳俊民點校,北京:中華書局,1996 年。

42. 〔清〕黃宗羲:《宋元學案》,《黃宗羲全集》(第三冊～第六冊),杭州:浙江古籍出版社,2005 年。

43. 〔清〕劉淇:《助字辨略》,上海:商務印書館,民國二十六年。

44. 〔清〕張玉書等編:《新修康熙字典》,上海:上海書店,1988 年。

45. 〔清〕崔述:《崔東壁遺書》,上海:上海古籍出版社,1983 年。

46. 〔清〕蘇輿:《春秋繁露義證》,北京:中華書局,2002 年。

47. 〔清〕永瑢等:《四庫全書總目》,北京:中華書局,2003 年。

48. 〔清〕戴震:《孟子字義疏證》,北京:中華書局,2011 年

49. 〔清〕趙在翰輯:《七緯》,鍾肇鵬、蕭文郁校注,北京:中華書局,2012 年。

50. 〔清〕徐元誥:《國語集解》,王樹民、沈長雲點校,北京:中華書局,2002 年。

51. 〔清〕劉寶楠:《論語正義》,諸子集成本,上海:上海書店,1996 年。

52. 〔清〕焦循:《孟子正義》卷九,諸子集成本,上海:上海書店,1996 年

53. 〔清〕王先謙:《荀子集解》,諸子集成本,上海:上海書店,1996 年。

54. 〔清〕王先慎:《韓非子集解》,諸子集成本,上海:上海書店,1996 年。

55. 〔清〕阮元:《十三經注疏》,上海:上海古籍出版社,2007 年。

2. 專著

1. 顧實:《漢書藝文志講疏》,上海:商務印書館,民國十三年。

2. 顧實:《大學鄭注講疏》,南京:至誠書店,民國二十六年。

3. 陳鍾凡:《兩宋思想述評》,商務印書館,民國二十七年。

4. 趙紀彬:《論語新探》,北京:人民出版社,1976 年。

5. 郭沫若:《郭沫若全集·歷史編》(第一卷),北京:人民出版社,1982 年。

6. 郭沫若:《郭沫若全集·歷史編》(第二卷),北京:人民出版社,1982 年。

7. 張舜徽:《周秦道論發微》,北京:中華書局,1982 年。

8. 張舜徽:《說文解字約注》,鄭州:中州書畫社,1983 年。

9. 呂澂:《中國佛學源流略講》,北京:中華書局,1983 年。

10. 張岱年:《中國哲學史方法論發凡》,北京:中華書局,1983 年。

11. 賈豐臻:《中國理學史》,上海:上海書店,1984 年。

12. 吳怡:《中庸誠的哲學》,臺北:東大圖書有限公司,民國七十三年。

13. 何樂士、敖鏡浩、王克仲、麥梅翹、王海棻:《古代漢語虛詞通釋》,北京:北京出版社,1985 年。

14. 張豈之主編:《中國儒學思想史》,西安:陝西人民出版,1990 年。

15. 陳來:《有無之境──王陽明哲學的精神》,人民出版社,1991 年,第 127 ～131 頁。

16. 黃懷信:《逸周書源流考辯》,西安:西北大學出版社,1992 年。

17. 張豈之:《儒學‧理學‧實學‧新學》,西安:陝西人民出版社,1994 年。

18. 侯外廬、趙紀彬、杜國庠:《中國思想通史》(第一卷),北京:人民出版社,1995 年。

19. 侯外廬、趙紀彬、杜國庠、邱漢生:《中國思想通史》(第二卷),北京:人民出版社,1995 年。

20. 朱伯崑:《易學哲學史》(第一卷),北京:華夏出版社,1995 年。

21. 朱伯崑:《易學哲學史》(第二卷),北京:華夏出版社,1995 年。

22. 張君勱:《中國現代學術經典‧張君勱卷》,石家莊:河北教育出版社,1996 年。

23. 張立文主編:《中國哲學範疇精粹‧心》,北京:中國人民大學出版社,1996 年。

24. 侯外廬、邱漢生、張豈之主編:《宋明理學史》,北京:人民出版社,1997 年。

25. 蒙培元:《理學範疇系統》,北京:人民出版社,1998 年。

26. 牟宗三:《心體與性體》,上海:上海古籍出版社,1999 年。

27. 胡適:《中國哲學史大綱》,上海:上海古籍出版社,2000 年。

28. 馮友蘭:《中國哲學史》,上海:華東師範大學出版社,2000 年。

29. 丁為祥:《虛氣相即──張載哲學體系及其定位》,北京:人民出版社,2000 年。

30. 馮友蘭:《三松堂全集》(第四卷),鄭州:河南人民出版社,2001 年。

31. 陳寅恪:《金明館叢稿初編》,北京:讀書‧生活‧新知三聯書店,2001 年。

32. 徐復觀:《中國人性論史》(先秦篇),上海:上海三聯書店,2001 年。

33. 張立文:《宋明理學研究》,北京:人民出版社,2002 年。

34. 劉澤華主編：《公私觀念與中國社會》，北京：中國人民大學出版社，2003年。

35. 錢穆：《中國學術思想史論叢》（卷五），合肥：安徽教育出版社，2004年。

36. 余英時：《朱熹的歷史世界》，北京：讀書・生活・新知三聯書店，2004年。

37. 張岱年：《中國哲學大綱》，南京：江蘇教育出版社，2005年。

38. 唐君毅：《中國哲學原論・導論篇》，北京：中國社會科學出版社，2005年。

39. 蒙培元：《心靈超越與境界》，北京：人民出版社，2005年。

40. 龔建平：《意義的生成與實現》，北京：商務印書館，2005年。

41. 劉成國：《荊公新學研究》，上海：上海世紀出版股份有限公司、上海古籍出版社，2006年。

42. 鄧小南：《祖宗之法——北宋前期政治述略》，北京：生活・讀書・新知三聯書店，2006年。

43. 陳贇：《中庸的思想》，北京：生活・讀書・新知三聯書店，2007年。

44. 彭國翔：《儒家傳統：宗教與人文主義之間》，北京：北京大學出版社，2007年。

45. 楊大春：《語言・身體・他者——當代法國哲學的三大主題》，北京：生活・讀書・新知三聯書店，2007年。

46. 楊樹達：《詞詮》，上海：上海古籍出版社，2008年。

47. 蔡仁厚：《宋明理學・北宋篇》，長春：吉林出版集團，2009年。

48. 李景林：《教養的本原》，北京：北京師範大學出版社，2009年。

49. 楊樹達：《論語疏證》，上海：上海古籍出版社，2012年。

50. 張豈之：《張豈之談中華傳統優秀文化》，西安：陝西出版集團，2012年。

51. 張豈之主編：《中國思想史》，西安：西北大學出版社，2012年。

52. 方東美：《中國哲學精神及其發展》，北京：中華書局，2012年。

3. 譯著

1. 〔古希臘〕柏拉圖：《巴曼尼得斯篇》，陳康譯注，北京：商務印書館，1985年。

2. 〔古希臘〕亞里士多德：《形而上學》，苗力田譯，北京：中國人民大學出版社，2003年。

3. 〔英〕W.C.丹皮爾：《科學史——及其與哲學和宗教的關係》，桂林：李珩譯，張今校，廣西師範大學出版社，2005年。

4. 〔英〕葛瑞漢：《中國的兩位哲學家——二程兄弟的新儒學》，程樹德譯，鄭州：大象出版社，2006 年。

5. 〔美〕威廉・詹姆斯：《徹底的經驗主義》，龐景仁譯，上海：上海世紀出版集團，2006 年。

6. 〔英〕A.E.泰勒：《柏拉圖——生平及其著作》，謝隨知譯，濟南：山東人民出版社，2008 年。

7. 〔美〕唐納德・戴維森：《真與謂述》，王路譯，上海：上海譯文出版社，2007 年。

8. 〔美〕孟旦：《早期中國「人」的觀念》，丁棟、張興東譯，北京：北京大學出版社，2009 年。

9. 〔美〕包弼德：《歷史上的理學》，王昌偉譯，杭州：浙江大學出版社，2010 年。

10. 〔美〕斯坦利・威斯坦因：《唐代佛教》，張煜譯，上海：上海古籍出版社，2010 年。

11. 〔美〕湯姆・羅克莫爾：《康德與觀念論》，徐向東譯，上海：上海譯文出版社，2011 年。

12. 〔美〕劉子健：《中國轉向內在——兩宋之際的文化轉向》，趙冬梅譯，南京：江蘇人民出版社，2012 年。

13. 〔日〕小野澤精一等編：《氣的思想——中國自然觀與人的觀念的發展》，李慶譯，上海：上海世紀出版集團，2007 年。

14. 〔日〕土田健次郎：《道學之形成》，朱剛譯，上海：上海古籍出版社，2010 年。

15. 吳震、〔日〕吾妻重二主編：《思想與文獻——日本學者宋明儒學研究》，上海：華東師範大學出版社，2010 年。

4. 期刊論文

1. 程宜山：《〈中庸〉「誠」說三題》，《孔子研究》，1989 年第 4 期。

2. 盧鍾鋒：《論朱熹及其〈伊洛淵源錄〉》，《孔子研究》，1990 年第 3 期。

3. 龐萬里：《〈二程集〉中〈中庸解〉作者考辨》，《中國哲學史》，1993 年第 2 期。

4. 〔日〕森三樹三郎：《〈中庸〉的誠與〈莊子〉的真》，王順洪譯，《中國典籍與文化》，1994 年第 2 期。

5. 路德斌：《面對君權：儒家的思考、理想及其困境——試論儒家政治觀點之根本誤區和盲點》，《孔子研究》，1996 年第 4 期。

6. 蔡方鹿：《大程、小程的道統思想》，《開封大學學報》，1997 年第 1 期。

7. 徐洪興、楊月清:《試論歐陽修與北宋理學思潮的興起》,《復旦學報》(社會科學版),1997 年第 6 期。

8. 葉蓬:《「誠」析》,《中國哲學史》,1998 年第 1 期。

9. 劉文英:《張載的夢說及其異夢》,《人文雜誌》,2003 年第 5 期。

10. 彭歲楓:《「不得於言,勿求於心;不得於心,勿求於氣」新解》,《中國文化研究》,2003 年夏之卷。

11. 〔日〕島田哲男:《慎獨思想》,張季琳譯,《中國文哲研究通訊》第十三卷第二期,中央研究院中國文哲研究所,2003 年 6 月。

12. 劉文英:《關於孔子夢見周公的幾個問題》,《孔子研究》,2004 年第 4 期。

13. 向世陵:《「生之謂性」與二程的「復性」之路》,《中州學刊》,2005 年第 1 期。

14. 范立舟:《論兩宋理學家的政治理想》,《政治學研究》,2005 年第 1 期。

15. 李祥俊:《北宋諸儒論孔子》,《孔子研究》,2006 年第 4 期。

16. 顧紅亮:《孔子儒學的他者哲學維度》,《華東師範大學學報》(哲學社會科學版),2006 年第 5 期。

17. 郭淑新、余亞斐:《儒家認識論傳統的延展與活化——朱熹格物補傳意義的再詮釋》,《北京師範大學學報》(社會科學版),2007 年第 3 期。

18. 張洪波:《〈中庸〉之「誠」範疇考辨》,《武漢大學學報》(哲學社會科學版),2007 年第 4 期。

19. 束景南、王曉華:《四書升格運動與宋代四書學的興起——漢學向宋學轉型的經典詮釋歷程》,《歷史研究》,2007 年第 5 期。

20. 李存山:《范仲淹與宋代新儒學》,《湖南大學學報》(社會科學版),2008 年第 1 期。

21. 張豐乾:《早期儒家與「民之父母」》,《現代哲學》,2008 年第 1 期。

22. 張豐乾:《「家」「國」之間——「民之父母」說的社會基礎與思想淵源》,《中山大學學報》(社會科學版),2008 年第 3 期。

23. 蔡錦昌:《荀子治氣養心之術的本色》,2008 年臺灣哲學學會年年會荀子討論小組論文。

24. 陳立勝:《論語中的勇:歷史建構與現代啟示》,《中山大學學報》(社會科學版),2008 年第 4 期。

25. 向世陵:《理學道統論的兩類文獻根據與實質》,《齊魯學刊》,2008 年第 6 期。

26. 任劍濤:《敬畏之心:儒家理論及其與基督教的差異》,《哲學研究》,2008 年第 8 期。

27. 張亞寧:《〈中庸〉「誠」的思想》,《孔子研究》,2009 年第 6 期。

28. 王云云：《北宋禮學的轉向——以濮議爲中心》，《安徽大學學報》（哲學社會科學版），2010 年第 2 期。

29. 盧國龍：《「絕地天通」政策的人文解釋空間》，《世界宗教研究》，2010 年第 6 期。

30. 李天道：《「誠」：中國美學的最高審美之維》，《社會科學研究》，2011 年第 6 期。

31. 孟琢：《對〈中庸〉「誠」的文化内涵的歷史解釋》，《社會科學論壇》，2011 年第 2 期。

32. 鄭熊：《從無極到誠——略論周敦頤本體思想的演變》，《孔子研究》，2012 年第 1 期。

33. 霍四通：《「修辭」「立誠」關係辨》，《當代修辭學》，2012 年第 5 期。

34. 周建剛、張利文：《化自然以歸人文——論周敦頤融道入儒的宇宙論思想》，《哲學研究》，2012 年第 11 期。

35. 王光松：《朱熹與孔子「有德無位」事件》，《現代哲學》，2012 年第 6 期。

36. 林樂昌：《張載〈西銘〉綱要新詮》，《中共寧波市委黨校學報》，2013 年第 3 期。

37. 吳根友、劉軍鵬：《荀子的「聖王」觀及其對王權正當性的論述》，《浙江學刊》，2013 年第 5 期。

38. 李承貴：《宋儒誤讀佛教的情形及其原因》，《湖南大學學報》（社會科學版），2013 年第 5 期。

5. 學位論文

1. 安延明：《中國哲學史上「誠」觀念的形成》，The idea of Cheng（Integrity）: Its formation in the history of chinese philosophy，密歇根大學博士論文，1997 年。

2. 周淑萍：《兩宋孟學研究》，西北大學博士論文，2004 年。

3. 王公山：《先秦儒家誠信思想研究》，山東大學博士論文，2005 年。

4. 姜飛：《修辭立其誠》，四川大學博士論文，2006 年。

5.〔美〕Theo A. Cope：《儒學中的「誠」及其在心理學和心理分析中的意義》，華南師範大學博士論文，2007 年。

6. 于濱：《論周敦頤「誠」的思想》，山西大學碩士論文，2008 年。

7. 孟耕合：《北宋〈中庸〉之「誠」思想研究》，復旦大學碩士論文，2009 年。

8. 李智群：《二程誠論研究》，中南大學碩士論文，2009 年。

9. 張景龍：《論〈中庸〉「誠」的思想及其特色》，中央民族大學碩士論文，2010 年。

10. 李同樂：《北宋士大夫的政治理想與實踐——以北宋中前期爲中心的研究》，華東師範大學博士論文，2010 年。

11. 王王：《「誠」的理論構建》，山西大學碩士論文，2012 年。

12. 程強：《「太極」概念內涵的流衍變化——從〈易傳〉到朱熹》，上海師範大學博士論文，2012 年。

13. 鄒曉東：《〈大學〉〈中庸〉的生存意識：境界論與起點論之爭》，山東大學博士論文，2012 年。